Printed in the United States
By Bookmasters

بسم الله الرحمن الرحيم

إدارة المنظمــات
منظور كلي

المملكة الأردنية الهاشمية
رقم الإيداع لدى دائرة المكتبة الوطنية
(2009 / 6 / 2642)

658.9

حريم، حسين
إدارة المنظمات: منظور كلي / حسين محمد حريم.
ط2 _ عمان : دار الحامد ، 2009 .
( ) ص .
ر. أ. : (2009 / 6 / 2642) .
الواصفات : /المنظمات// الإدارة/

❖ أعدت دائرة المكتبة الوطنية بيانات الفهرسة والتصنيف الأولية .
❖ يتحمل المؤلف كامل المسؤولية القانونية عن محتوى مصنفه ولا يعبّر هذا المصنف عن رأي دائرة المكتبة الوطنية أو أي جهة حكومية أخرى.

* (ردمك) ISBN 978-9957-32-013-3

دار الحامد للنشر والتوزيع

شفا بدران - شارع العرب مقابل جامعة العلوم التطبيقية
هاتف: 5231081 -00962 فاكس : 5235594 -00962
ص.ب . (366) الرمز البريدي : (11941) عمان - الأردن

Site : www.daralhamed.net
E-mail : info@daralhamed.net
E-mail : daralhamed@yahoo.com
E-mail : dar_alhamed@hotmail.com

إدارة المنظمـــات
منظور كلي

الأستاذ الدكتـــور

حسين حريم

الإصدار الثاني

1431هـ - 2010م

المحتويات

الفصل الثالث

الفصل السادس

حجم المنظمة، وعمرها، ودورة حياتها

Size, Age and Life – Cycle of Organizations

تقديــم

يمكن إطلاق أوصاف وتسميات عديـدة على عصرنا الحاضر ومن بينها "عصر ـ التغيير"، و"عصر الثورة المعرفية"، و"عصر الاتصالات". وبإمكاننا أن نضيف إلى ذلك "عصر المنظمات". فالمنظمات هي الشكل المؤسسي السـائد في المجتمعات المعاصرة، وهي الوسيلة الرئيسة لإشباع مختلف الحاجات الإنسانية مـن غذاء وكسـاء وسكن ومواصلات واتصالات وتعليم وصحة وفن ورفاه وغيرها. والمنظمات تحيط بالإنسـان من كل جانب وتلازمه من ولادته إلى حين وفاته، ويستحيل تجنبها أو الفرار منها. هذا بالإضافة إلى أن نسبة كبيرة مـن الأفراد في كـل مجتمـع يعملـون في مختلف المنظمات، حكومية أم أهليـة، صنـاعية أم تجاريـة أم زراعيـة أم تعليميـة أم صحيـة وغيرها.

من هنا تأتي أهمية دراسة وتحليل المنظمات وفهم كيف تعمل المنظمات والقوى الداخلية والخارجية التي تؤثر في عملها ونجاحها. لذا فقد جاء هـذا المؤلـف ليقدم لكل مهتم بدراسة المنظمات وعملها، للمدير، وللعامل، والمـدرس والباحـث والطالب، أهم النظريات والمبادئ والمفاهيم والممارسات الحديثة التي تسـاعد عـلى فهم دينامية المنظمات وعملها وإدارتها من منظور كلي متكامل.

يتضمن هذا المؤلف ثلاثة عشر فصلاً تكمل بعضها بعضاً. يعرض **الفصل الأول** تطور الفكر التنظيمي وأهم مدارس ونظريات التنظيم. ويناقش **الفصل الثاني** البيئة الخارجية للمنظمة من حيث أنواعها وخصائصها وأبعادها، وكيفية إدارتها. ويتناول **الفصل الثالث** رسالة المنظمة وأهدافها واستراتيجيتها وكيفية قياس أدائها. أما **الفصل الرابع** فيناقش الهيكل التنظيمي مـن حيث أهميته وأبعاده وخصائصه ومكوناتـه الرئيسة، ويناقش **الفصـل الخـامس** نمـاذج الهيكـل التنظيمـي الرئيسة. أمـا **الفصـل السادس** فيتناول حجم المنظمة وعمرها ودورة حياتها. ويعالج **الفصل السـابع** إدارة التقنية في المنظمات الصناعية والخدمية. ثم يلي ذلك مناقشـة إدارة المعلومـات في المنظمات، في **الفصـل الثامن**. وفي **الفصل التاسـع** تجرى مناقشـة القوة والسياسـة والصراع التنظيمي. ويتبع ذلك مناقشة إدارة ثقافة المنظمـة، في **الفصل العـاشر**. ويتناول **الفصلان الحادي**

عشر والثاني عشر- التغيير والتطوير التنظيمي، والإبداع في المنظمات على التوالي. وأخيراً يستعرض **الفصل الثالث عشر** التوقعات والاتجاهات المستقبلية بشأن منظمات المستقبل.

ويأمل المؤلف أن يجد القارئ، الطالب أو المدير أو الممارس أو الباحث، بعض الإجابات المفيدة لتساؤلاته حول عمل وديناميكية منظمات الأعمال وإدارتها. ويسعده تلقي أي ملاحظات أو تعليقات أو اقتراحات بنّاءة تسهم في الوصول إلى الأفضل، وللاستفادة منها في المستقبل إن شاء الله تعالى.

ولا يفوت المؤلف أن يوجه كل الشكر والتقدير لكل من أسهم وساعد ويسّر إخراج الطبعة الأولى من الكتاب.

والله أسأل أن يوفقنا جميعاً لما فيه الخير والفلاح.

"وقل اعملوا فسيرى الله عملكم ورسوله والمؤمنون"

صدق الله العظيم

المؤلف

الفصل الأول

تطور الفكر التنظيمي
Evolution of Organizational
Thought

الأهداف:

بعدما تكون قد أنهيت دراسة هذا الفصل، ستكون قادراً على:

1- التمييز بين الأطر الأربعة الرئيسة لدراسة المنظمات.

2- توضيح وشرح الأفكار والمرتكزات الرئيسة لكل من المدرسة الكلاسيكية، والمدرسة السلوكية، ومدرسة النظم والمدرسة الشرطية.

3- توضيح أسباب ومبررات دراسة المنظمات والصعوبات التي تعترض ذلك.

4- فهم العلاقة التكاملية بين نظرية الإدارة، ونظرية السلوك التنظيمي ونظرية المنظمة.

الفصل الأول
تطور الفكر التنظيمي
Evolution of Organizational Thought

أطر/ مداخل دراسة المنظمات:

لقد اسـتقطبت، ولا تـزال، ظـاهرة المـنظمات اهتمام الكتـاب والبـاحثين مـن ميادين العلم والمعرفة المختلفة، والـذين تناولـت أبحـاثهم ودراسـاتهم مـنظمات مختلفة من حيث طبيعة النشاط والأهداف، والحجم، وغيرها.

كما تباينت وحدات التحليل التي استخدموها (المنظمة ككل أو أجـزاء منهـا). كل ذلك أدّى إلى تعدّد الأطر/ المداخل المستخدمة لدراسة وتحليل المنظمات، وتعدّد وجهات النظر حول المنظمات.

يصنف الكاتبان (Bolman و Deal 1991) أطر (Frames) دراسـة المـنظمات إلى أربعة أطر، وهي: [1]

1- الإطار/ المنظور الهيكلي   Structural Frame
2- إطار الموارد البشرية   Human Resources Frame
3- الإطار السياسي   Political Frame
4- الإطار الثقافي   Cultural/ Symbolic Frame

لقد اهتم الإطار الهيكلي بجوانب تحليـل وتصـميم الأعمـال، وتحديـد الأدوار، وتكوين الوحدات التنظيمية، وتحديد السلطات، وتنظيم جماعات العمل والتنسيق.

أما إطار المـوارد البشـرية، فقـد عنـى بسـلوك الأفراد ودوافعهـم وحاجـاتهم وميولهم، وعلاقات الرئيس بالمرؤوسين، وأكّد على أهمية المشاركة.

وفيما يتعلق بالمنظور السياسي فقد نظر إلى المنظمة على أنها مسرح للسياسة وصراع القوى والتحالفات والتفاوض والمساومة. ويرى أن أهداف المنظمة وسياسـاتها وهيكليتها تتطور وتنشأ نتيجة عملية مستمرة من النـزاع والتفـاوض والمسـاومة بـين جماعات وتحالفات الأطراف الرئيسة في المنظمة.

وأخيراً فإن المنظور الثقافي يركّز على القيم والمثاليات والرموز، ويرى أن أهمية الأحداث في المنظمة تكمن في ما تعنيه وترمز إليه تلك الأحداث أكثر من الأحداث نفسها. فالحدث نفسه قد يعني أشياء مختلفة لأناس مختلفين. وإن أكثر الأحداث الرئيسة في أي منظمة غامضة ومعقدة. لذا يلجأ الناس إلى الرموز واللغة والقصص والحكايات والطقوس لتفسير هذه الأحداث وإعطائها معنى ولتوضيح المسارات للناس. وهذا المنظور يعتبر الأكثر حداثة بين الأطر كلها، ولم يتبلور بعد كبقية الأطر.

إن كل منظور قد طوّر مجموعة مختلفة من المفاهيم والمبادئ والاستراتيجيات، ويوفّر كل منها إطاراً يرسم صورة مختلفة عن المنظمة، ويمكن أن يؤدي إلى نتائج مختلفة. ولكن لكل منظور ميّزة فريدة بالمقارنة مع غيره، ويحتوي على عناصر حيوية وضرورية لفهم متكامل للمنظمات.

ومن ناحية أخرى برزت وجهات نظر وتصوّرات عديدة بشأن المنظمات، وأكثر الأوصاف شيوعاً:

- المنظمات كيانات عاقلة تسعى لتحقيق أهداف معينة.
- المنظمات هي تحالفات من الأطراف القوية.
- المنظمات نظم مفتوحة.
- المنظمات نظم لإنتاج المعاني Meaning – Producing system.
- المنظمات تتكون من نظم فرعية متضاربة الأهداف.
- المنظمات عبارة عن نظم سياسية Political Systems.
- المنظمات أدوات قهر وسيطرة.
- المنظمات كيانات لمعالجة المعلومات.
- المنظمات عقود اجتماعية (Social Contracts): المنظمات تتكون من مجموعة اتفاقيات غير مكتوبة يلتزم العاملون بموجبها القيام بأدوار معينة مقابل أجر معين.[2]

إن واقع المنظمات بما فيه من تعقيدات وتعددية وغموض وأبعاد متنوّعة، يتطلب مدخلاً متعدد الأطر (Multi-frame) يدمج مختلف الأطر من أجل دراسة وتحليل وفهم المنظمات وإدارتها بكفاءة وفاعلية. ومن أهم المحاولات في هذا الصدد نظرية النظم المفتوحة التي تعتبر المنظمة نظاماً اجتماعياً مفتوحاً، وسنناقش ذلك لاحقاً.

مدارس الفكر التنظيمي:

لقد استخدم كتّاب ومفكرو التنظيم أكثر من أساس واحد لتصنيف مدارس ونظريات المنظمة، ومن الصعب أن نجد تصنيفاً يستوعب بشكل جامع مانع ظاهرة المنظمات، وسيتم الأخذ بالتصنيف الأكثر شيوعاً. يمكن تصنيف نظريات المنظمة إلى المجموعات الرئيسة الآتية:

1- المدرسة التقليدية/ الكلاسيكية	The Classical School
2- المدرسة السلوكية	The Behavioral School
3- مدرسة النظم	The Systems School
4- المدرسة الشرطية/ الظرفية	The Contingency School

وقبل البدء بمناقشة هذه المدارس، تجب الإشارة إلى أن كثيراً من الأفكار والمفاهيم التي ستتم مناقشتها تحت كل مدرسة تمتّ بصلة وثيقة بتطور الفكر الإداري. ويعزى ذلك جزئياً إلى أن بعض الجوانب التي كانت تعتبر ضمن حقل نظرية الإدارة قد أعيد تصنيفها لاحقاً تحت نظرية المنظمة. كما أن بعض الجوانب/ المكونات (مثل السلطة، وتفويض السلطة، والأهداف) يمكن تصنيفها بحيث تتبع كلا الحقلين كما هو الحال الآن.

ومن ناحية أخرى، يجب التنويه إلى أن بعض الأفكار والمفاهيم التنظيمية قد تمتدّ جذورها إلى العصور والحضارات القديمة مثل السومرية والبابلية والفرعونية والصينية والهندية والإغريقية والعربية الإسلامية وغيرها. ولكن الاهتمام الحقيقي الفعلي بنظرية المنظمة قد بدأ مع حلول القرن الماضي (العشرين)، وإن الثورة الصناعية قد سجلت بداية ما نسميه الآن المنظمات الحديثة.

أولاً- المدرسة الكلاسيكية (1890-1930) Classical School:

تضم هذه المدرسة النظريات (الاتجاهات الفكرية) الآتية:

1- الإدارة العلمية — Scientific Management

2- التقسيمات الإدارية (نظرية المبادئ) — Administrative Principles

3- البيروقراطية — Bureaucracy

لقد اعتمدت المدرسة الكلاسيكية بنظرياتها واتجاهاتها الفكرية المختلفة عدداً من الافتراضات حول المنظمات والناس، وأهمّها: [3]

1- نظرت للإنسان نظرة ساذجة محدودة، واعتبرته "كائن اقتصادي"، أي أنه يمكن التأثير على سلوكه عن طريق الأجور والحوافز المادية فقط.
2- نظرت للمنظمة على أنها تعمل في محيط مغلق ولا تتفاعل مع البيئة الخارجية، التي تعمل فيها، وأن هذه البيئة هادئة ومستقرة.
3- اعتبرت أن أعمال المنظمات معروفة وذات طبيعة روتينية بسيطة.
4- اعتمدت معيار الكفاءة الإنتاجية (Efficiency) فقط للحكم على نجاح المنظمات.
5- رأت أن هنالك أسلوباً أمثل لأداء العمل يمكن تطبيقه عالمياً.

وانطلاقاً من الافتراضات السابقة طوّرت المدرسة الكلاسيكية أفكارها ومفاهيمها التي سنعرضها بإيجاز.

1- الحركة العلمية Scientific Management:

تقترن هذه النظرية بالكاتب الأمريكي فردريك ونسلو تايلور (Frederick Winslow Taylor) بشكل أساسي. ولكن هناك كتاب آخرون (قبل وبعد تايلور) قد أسهموا كذلك في هذه النظرية، ومن أهمهم: جيمس وات (James Watt)، وروبرت أوين (Robert Owen)، وشارلز بابيج (Charles Babbage) وفرانك جالبريث (Frank Gilbreth)، وهنري جانت (Henry Gantt). ويعد تايلور المنظّر الرئيسي لهذه النظرية.

لقد كان تايلور مهندساً ميكانيكياً، وعمل في شركات للفولاذ والفحم في ولاية بنسلفانيا في أمريكا. ونتيجة لملاحظاته المباشرة المكثّفة لأساليب العمل في ذلك الوقت، فقد أصبحت لديه قناعة مؤكّدة بأن الإنتاجية الفعلية للعامل متدنية جداً، بالمقارنة مع ما يمكن إنتاجه. وهنا باشر العمل على تصويب الوضع، من خلال تطبيق الأسلوب العلمي في ورشة العمل (Shop floor). وكانت لديه رغبة جامحة في إيجاد "الطريقة المثلى" لأداء كل عمل. وقد قام بدراسات وتجارب علمية مستفيضة لسنوات عديدة حول طرق أداء الأعمال وحركات العامل والوقت وتصميم المجارف المناسبة لجرف الحديد والفحم وغيرها. ونتيجة تلك الدراسات والتجارب توصل إلى أربعة مبادئ في الإدارة العلمية، وهي:[4]

1- إحلال الأسلوب العلمي في أداء كل عنصر من عناصر العمل الذي يؤدّيه العامل محل الحدس والتخمين.
2- اختيار العاملين وتدريبهم وفق أسس علمية.
3- تعاون الإدارة والعاملين لتحقيق أهداف العمل، وفق الأسلوب العلمي.
4- تقسيم العمل وتوزيع المسؤوليات بالتساوي بين الإدارة والعمال، بحيث تتولى الإدارة مسؤولية التخطيط والإشراف، ويعهد للعاملين مسؤولية التنفيذ.

وقام تيلور في عام (1911) بإصدار كتابه مبادئ الإدارة العلمية (Principles of Scientific Management) الذي اشتمل على المبادئ الأربعة السابقة، ومثل هذا الكتاب أول بداية جادّة لتطوير نظرية في الإدارة والتنظيم.

بالرغم من أن تيلور (وغيره من أتباع الحركة العلمية) قد ركّز على جانب محدود من المنظمة، حيث كان مهتماً بتنظيم العمل عند أدنى مستوى في المنظمة -مستوى ورشة العمل والمستوى الإشرافي من الإدارة- فقد مثّلت الإدارة العلمية فلسفة في عمل وتفكير المدير. حيث يتوجب على المدير أن يستخدم الأسلوب العلمي للوصول إلى الحل/ القرار الأمثل، وعليه أن يقيّم بعناية الطريقة المثلى لأداء كل عمل من أجل تحقيق أعلى إنتاجية وكفاءة. ومن واجب المدير أيضاً اختيار العاملين وتدريبهم وتحفيزهم متبعاً الأسلوب العلمي في ذلك لضمان اتباعهم الطريقة المثلى في

أداء العمل، وأن يعهد المدير إلى العامل بأداء عمل محدّد على أن يوفر له الآلات والأدوات والتعليمات والإرشادات فيما يتعلق بكيفية الأداء الأمثل للعمل.[5]

2- نظرية مبادئ الإدارة (التقسيمات الإدارية):

كما يطلق عليها أيضاً نظرية "العملية الإدارية". وتنسب هذه النظرية بشكل رئيس إلى الكاتب الفرنسي هنري فايول (Henry Fayol). ولكن هنالك كتاب آخرون قد أسهموا في هذه النظرية أيضاً، وأهمهم: الإنجليزيان ليندال ايرويك (Lyndall Urwick) ولوثرجوليك (Luther Gulick)، والأمريكيان موني (Mooney) ورايلي (Reiley). وكانوا جميعاً مهتمين بتطوير مبادئ عالمية في الإدارة، تصلح لكل مدير في أي منظمة.

كان هنري فايول مهندساً وقد عمل مديراً لمدة طويلة في أحد مناجم الفحم في فرنسا. وقد تميّز عن تايلور في جانبين هامّين وهما:

1- اعتمد تايلور على الدراسة والتجربة العلمية، بينما اعتمد فايول على خبرته، كمدير ممارس.

2- ركّز تايلور على تنظيم العمل على مستوى ورشة العمل، بينما سعى فايول لتطوير نظرية عامة للإدارة، من خلال تطوير مبادئ عامة تصلح لكل مدير في كل مستوى في جميع المنظمات وجميع الظروف.

كما اهتم فايول بوصف وظائف المدير (ما يجب على المدير عمله). وقد لخص أفكاره في كتابه "الإدارة العامة والصناعية" الذي صدر في عام 1916.

لقد اقترح فايول (14) مبدأً عالمياً، يمكن تعليمها في الكليات والجامعات. ومع أنّ كثيراً من هذه المبادئ تفتقر إلى العالمية، إلا أنها تطبّق في عصرنا الحاضر على نطاق واسع من قبل العديد من المديرين. وهذه المبادئ هي:[6]

1- تقسيم العمل Division of work.

2- السلطة (تكافؤ السلطة والمسؤولية) Authority and Responsibility.

3- الانضباط (التزام العامل بالأنظمة) Discipline.

4- وحدة الأمر Unity of Command.

5- وحدة التوجيه Unity of Direction.

6- خضوع المصلحة الشخصية للمصلحة العامة.

7- تعويض العاملين (Remuneration) بشكل عادل لقاء خدماتهم.

8- المركزية (Centralization) تحقيق الدرجة المثلى من المركزية لكل موقف/ حالة.

9- التسلسل الهرمي/ الرئاسي Scalar Chain.

10- الترتيب والنظام Order.

11- العدالة Equity.

12- الاستقرار الوظيفي Stability of tenure.

13- المبادرة Initiative.

14- روح الفريق Esprit de Corpe.

ومن ناحية أخرى، فقد حدّد فايول وظائف المدير بخمس وظائف وهي: التخطيط، والتنظيم، وإصدار الأوامر، والتنسيق، والرقابة. كما أن فايول صنّف أنشطة المنظمة إلى (6) مجموعات، وهي:

- أنشطة فنية (إنتاج وتصنيع).

- أنشطة تجارية (البيع والشراء والمبادلة).

- أنشطة مالية (تأمين رأس المال واستخدام الأموال).

- أنشطة محاسبية (تقدير التكاليف، والإحصاءات).

- أنشطة الضمان والوقاية (جماعة الممتلكات والأشخاص).

- أنشطة إدارية (تخطيط وتنظيم وتوجيه وتنسيق ورقابة). [7]

وقد مثّلت الأفكار والمفاهيم التي قدمها فايول ثلاثة جوانب ثورية في غاية الأهمية في تطوير الإدارة، وهي: [8]

1- مفهوم أن الإدارة هي معرفة منفصلة وتصلح لجميع أنواع العمل الجماعي- عالمية الإدارة.

2- أول نظرية شاملة في الإدارة يمكن تطبيقها في جميع المجالات.

3- مفهوم تعليم وتطوير مناهج الإدارة في الكليات والجامعات.

3- النظرية البيروقراطية Bureaucracy:

تنسب هـذه النظرية لعالم الاجتماع الألماني ماكس ويبر (Max Weber) (1864-1920). وقد اهتم ويبر بدراسة المنظمات كبيرة الحجم، والتي كانـت تتصـف بعدم الكفاءة وتواجه العديد من المشكلات التنظيمية. وقد اقترح نموذجاً مثالياً للتنظيم، أطلق عليه "النموذج البيروقراطي" واعتبره الأكثر كفـاءة ودقّة في تحقيـق أهداف المنظمة، لكونه يعتمد على الرشد (Rationality) في اتخاذ القرارات. واعتبر ويبر المعرفة والمقدرة أساساً للتنظيم بدلاً مـن المحابـاة والمحسوبية.[9] واقترح ويبر عدة سمات لهذا النموذج البيروقراطي المثالي تجعلـه أكثر أنواع التنظيم كفاءة في تحقيق الأهداف، وهذه السمات هي:[10]

1- تقسيم العمل والتخصص، حيث يتم تحديد سلطة ومسؤولية كـل فرد بوضوح، وهي سلطة مشروعة بحكم أنها واجبات رسمية.

2- يتم تنظيم المكاتب/ الوظائف في شكل سلم هرمي للسلطة مما ينتج عـن ذلك سلسلة الأوامر.

3- اختيار جميع العاملين على أساس المؤهلات الفنية عـن طريـق الامتحانـات الرسمية أو استناداً للتعليم والتدريب.

4- الموظفون يعيّنون ولا ينتخبون.

5- الموظفون الإداريون يعملون مقابل رواتب ثابتة، وهم موظفون مهنيون.

6- الموظف الإداري لا يملك الوحدة التي يديرها.

7- عـلى الإداري أن يخضـع لقوانين وضـوابط ورقابـة شـديدة، فيما يتعلـق بسلوكه أثناء تأديـة مهامه الرسمية. وتتصف هـذه الضـوابط والقوانين والقيود بأنها لا شخصية وتطبّق بشكل موحّد في جميع الحالات.

بالرغم من الأفكار والمفاهيم الهامة التي قدمها ويبر بشأن المنظمة وكان لها تأثير كبير في تطوير نظرية المنظمة، إلا أن هذه الأفكار والمفاهيم لم تنل اهتماماً يذكر حتى عام (1940) حينما ترجم كتابه إلى اللغة الإنجليزية، وبدأ الاهتمام يتركّز أكثر فأكثر على دراسة وتحليل المنظمات. وبالرغم من الانتقادات والتحفظات العديدة التي أثيرت حول النموذج البيروقراطي، إلا أن هذا النموذج الذي اقترحه ويبر أصبح

"نموذج تصميم" تطبّقه الكثير من المنظمات الكبيرة في العصر الحالي في تصميم هياكلها التنظيمية.[11]

ثانياً- المدرسة السلوكية (1930-1960):

لقد ركّزت المدرسة الكلاسيكية بمختلف نظرياتها واتجاهاتها الفكرية على الرشد والعقلانية لتحقيق أعلى كفاية إنتاجية من خلال الاهتمام بتقسيم العمل والتخصص والتسلسل الرئاسي والتنسيق والتأكيد على القوانين والأنظمة وغيرها، وأهملت الجانب السلوكي للأفراد والجماعات في المنظمات. وقد جاءت المدرسة السلوكية رد فعل على قصور المدرسة التقليدية في تناولها العنصر ـ الإنساني في المنظمات وعدم الاهتمام به.

لقد كان محور اهتمام المدرسة السلوكية هو دراسة وتحليل سلوك الأفراد والجماعات في المنظمة باستخدام المنهجية العلمية، بهدف مساعدة المديرين على فهم هذا السلوك ليكونوا قادرين على تعديله بما يخدم أهداف المنظمة.[12] وينتمي معظم الكتاب والباحثين في هذه المدرسة إلى علم النفس، وعلم النفس الاجتماعي، وعلم الاجتماع. وسنناقش بإيجاز أهم الكتاب الذين أسهموا في تطوير هذه النظرية.

1- إلتون مايو: حركة العلاقات الإنسانية:

تقترن حركة العلاقات الإنسانية (Human Relations) بالكاتبين إلتون مايو (Elton Mayo) وروتلزبرجر (F.J. Roethlisberger)، ودراسات هوثورن (Hawthorn studies). ففي الفترة ما بين 1927-1932 قام إلتون مايو وزملاؤه من جامعة هارفارد بدراسات وتجارب مكثّفة في مصانع شركة وسترن إليكتريك الكهربائية (Western Electric) في إحدى ضواحي مدينة شيكاغو بالولايات المتحدة الأمريكية، وشملت الدراسات والتجارب إعادة تصميم الأعمال، وتغييرات في ساعات الدوام اليومي والأسبوعي، وإدخال فترات راحة، وأسس احتساب الأجور، وذلك لمعرفة تأثير كل ذلك على إنتاجية العامل. وكانت النتائج متناقضة حيث لم تثبت بصورة قاطعة أي علاقة خطية مباشرة بين تلك العوامل المادية وإنتاجية العامل. وتوصلت الدراسات إلى أن العامل الحاسم في التأثير على إنتاجية العامل هو ضغط

الجماعة والمعايير الاجتماعية للجماعة. ومن أهم الأفكار والمفاهيم المستمدة من تجارب هوثورن ما يلي:[13]

1- إن المنظمة نظام اجتماعي، بالإضافة إلى كونها نظام فني، وأن هذا النظام الاجتماعي يحدّد أدواراً ومعاييراً لسلوك الفرد قد تختلف عن أدوار ومعايير التنظيم الرسمي للمنظمة.

2- لا تتم إثارة دوافع الأفراد بفعل حوافز اقتصادية فقط، فالحوافز المعنوية لها دورها أيضاً في إثارة دوافع الأفراد.

3- تلعب الجماعة غير الرسمية في المنظمة دوراً في تحديد اتجاهات الأفراد العاملين وأدائهم.

4- يجب التركيز على اتباع الأسلوب الديمقراطي والمشاركة كنمط في القيادة.

5- ربطت حركة العلاقات الإنسانية بين رضا الفرد العامل وإنتاجيته.

6- من الضروري تطوير اتصال فعّال بين مستويات المنظمة المختلفة لتبادل المعلومات. وعلى هذا فإن مشاركة العاملين مبدأ مهم في حركة العلاقات الإنسانية.

7- يحتاج مديرو المنظمات مهارات اجتماعية بقدر حاجتهم إلى مهارات فنية.

8- يمكن حفز العاملين في المنظمة عن طريق تحقيق حاجاتهم النفسية والاجتماعية.

2- ماري باركر فولليت Mary Parker Follet:

ركّزت فولليت على الجماعة أكثر من تركيزها على الفرد؛ واهتمت في كتاباتها بالمشاركة، والتعاون، والاتصال، والتنسيق، والمشاركة في السلطة. والمفهوم الأخير – مشاركة الأفراد بالسلطة- يعتبر خروجاً واضحاً عن المبادئ الأساسية للمدرسة الكلاسيكية.

وفيما يتعلق بالجماعة فقد اهتمت بكيفية تكوين الجماعات وكيف تعمل هذه الجماعات وكيف أن مشاركة المرؤوسين يمكن أن تسهم في نجاح المنظمة.[14]

كما أنها ركّزت على أهمية التنسيق واعتبرته مهمة حيوية وأساسية للإدارة الفعّالة الكفؤة، واقترحت مجموعة من المبادئ العامة للمساعدة في تحقيق التنسيق السليم.

3- شيستر بارنارد Chester Barnard:

لقد نظر بارنارد إلى المنظمة باعتبارها نظام اجتماعي تعاوني، وأكد على أن التعاون هو الوسيلة الرئيسة لتحقيق النجاح للفرد وللمنظمة على السواء، وهي تتكون من أنشطة/ أعمال (Tasks) وأناس (People) يجب إبقاؤهما في حالة توازن. وأن الاهتمام بأحدهما فقط دون الآخر لن يمكن النظام من تحقيق نتائج مثلى. ولذا على المديرين أن يقوموا بالتنظيم استناداً لمتطلبات العمل الواجب إنجازه وحاجات الناس الذين سيقومون بالعمل. [15]

ومن الأفكار الهامة التي أسهم بها بارنارد هي مبدأ قبول السلطة، فبدلاً من الإقرار بأن السلطة تنساب من الأعلى إلى الأسفل، فإن للعامل إرادة حرّة في اختيار (قبول أو رفض أوامر الإدارة)، كما أدخل دور التنظيم غير الرسمي في نظرية المنظمة، واقترح أن أدوار المدير الرئيسة هي تسهيل الاتصالات وتحفيز الأفراد لبذل أقصى جهد ممكن. [16] وكتابه وظائف المدير (The Functions of the Executive) من الكتب القيّمة في الفكر التنظيمي.

4- دوجلاس ماكجروجر Douglas McGregor:

اقترح ماكجروجر وجود فلسفتين/ وجهتي نظر مختلفتين بشأن الإنسان: الأولى - نظرية -X- وهي سلبية، والثانية - نظرية -Y- وهي إيجابية. واستنتج ماكجروجر أن افتراضات المدير بشأن الآخرين لها تأثير كبير على الطريقة التي يعاملهم بها.

تتضمن نظرية X أربعة افتراضات: [17]

- العامل لا يحب العمل، ويحاول، كلما أمكن ذلك، تجنب العمل.
- بما أن العامل يكره العمل، يجب إرغامه، أو السيطرة عليه، أو تهديده بالعقاب، من أجل تحقيق الأهداف المرغوبة.
- العامل يبتعد عن المسؤولية ويرغب التوجيه الرسمي، كلما أمكن ذلك.

- معظم العاملين يضعون الاستقرار والأمان فوق كل اعتبار/ عامل يرتبط بالعمل، ولا يظهرون إلا طموحاً ضئيلاً.

وقد اقترح ماكجروجر أربعة افتراضات أخرى أطلق عليها نظرية Y بالمقارنة مع الافتراضات السلبية بشأن الإنسان:

- العامل يحب العمل مثل حبه للعب والراحة.
- يمارس الناس توجيهاً ورقابة ذاتية إذا ما التزموا بالأهداف.
- الفرد العادي قادر على أن يتعلم قبول المسؤولية، وحتىّ السعي لها.
- الناس بصفة عامة لديهم قدرات كامنة -مقدرة على اتخاذ قرارات جيّدة- وليست تلك القدرات بالضرورة محصورة فقط في أولئك الذين يشغلون وظائف قيادية.(18)

وقد فضّل ماكجروجر افتراضات نظرية Y واقترح أن توجّه المديرين في تصميم المنظمات وتحفيز مرؤوسيهم. ويمكن أن يعزى الحماس الكبير، في أوائل الستينيات من القرن الماضي، للمشاركة في اتخاذ القرارات، وإيجاد أعمال تتضمن المسؤولية والتحدّي للعاملين، وتطوير علاقات جيدة في الجماعة، إلى تبنيّ افتراضات نظرية Y.(19)

5- أبراهام ماسلو Abraham Maslow:

وقد أسهم بشكل ملحوظ في نظرية الدافعية الإنسانية، من خلال نظرية سلم الحاجات (Hierarchy of Needs). حيث صنّف حاجات الإنسان إلى خمس مجموعات مرتبة على شكل سلّم تأتي في قاعدته الحاجات الفسيولوجية، تليها حاجات الأمان والاستقرار، ثم حاجات الانتماء، فحاجات الاحترام أو المكانة، وأخيراً تأتي حاجات تحقيق الذات في أعلى السلم.

فالإنسان يهتم أولاً بإشباع الحاجات الفسيولوجية، ثم حاجات الأمان وهكذا. فالحاجات غير المشبعة تؤثر في سلوك الفرد، وإذا ما تم إشباع حاجة يتوقف تأثيرها على سلوك الفرد.

6- فريدريك هيرزبرغ Frederick Herzberg:

وهو صاحب نظرية ذات العاملين (Two – Factor theory) في الدافعية.
وقسم عوامل العمل إلى مجموعتين: عوامل الصيانة (Maintenance) وهي إن لم
تتوافر تسبب عدم الرضا للفرد، وتتعلق هذه العوامل بظروف العمل (مثل ظروف
العمل، الراتب، نوع الإشراف، وغيرها). أما العوامل الثانية فهي العوامل
الدافعية (Motivators) وهي إذا توافرت تسبب الرضا وتحفز الفرد إلى مزيد من
العمل والجهد. وتتعلق هذه العوامل بجوهر العمل (الاعتراف، الترقية، التطور
وغيرها). وقد استنتج بأن إثراء/ إغناء العمل هو أساس الدافعية.

إذا كانت المدرسة الكلاسيكية قد ركّزت على جوانب تقسيم العمل،
والتخصص، والتسلسل الرئاسي، والسلطة والتنسيق وغيرها فيما يتعلق بتنظيم
العمل، وأهملت العنصر الإنساني، فإن المدرسة السلوكية قد ركّزت بدورها على
سلوك الأفراد والجماعات وأهملت الجوانب التنظيمية الأخرى مثل تصميم الأعمال،
والإجراءات والتقنيات والعلاقات الوظيفية الكلية في المنظمة وغيرها. ويرى أحد
الكتاب أن الكلاسيكيين قد درسوا "المنظمات بدون أناس" "Organizations
without People" بينما السلوكيون درسوا "أناساً بدون منظمات" "People
Without Organizations".[20]

ثالثاً- مدرسة النظم The Systems School (1960 حتى الآن):

لقد قدم كل من الكلاسيكيين والسلوكيين إطاراً (منظوراً) عالج جانباً من
المنظمة وأغفل الجانب الآخر، علماً بأن كلاً منهما يكمّل الآخر. ولذا فقد جاءت
مدرسة النظم للسعي نحو دمج المنظورين. ومن بين أهم أتباع هذه المدرسة
(Kenneth Boulding) و(Ludwig von Bertalanffy) و(Norbert Weiner)
و(Stafford Beer) و(Jay Forrester) و(Martin Starr) وغيرهم.

لقد اعتبرت هذه المدرسة المنظمة نظاماً اجتماعياً مفتوحاً. تشتمل النظم
عامة
- المفتوحة والمغلقة- على مدخلات وأنشطة (عمليات تحويل)، ومخرجات، حيث
تأخذ النظم من البيئة المواد الخام، والموارد البشرية، والمعلومات، والطاقة...الخ،

وتقوم بتحويل هذه الموارد إلى سلع، وخدمات، وأرباح، ونفايات وغيرها.

وبالإضافة إلى ذلك، فإن النظام المفتوح له سمات أخرى هامة ذات علاقة بدراسة المنظمات. وأهم هذه السمات: [21]

1- **خاصية الدورة Cycle Character**: النظام المفتوح عبارة عن سلسلة من الأحداث والأنشطة المتعاقبة، حيث أن مخرجات النظام تشكل مصدراً لمدخلات جديدة تعمل على تكرار الدورة.

2- **مقاومة الفناء Negative Entropy**: يستطيع النظام المفتوح البقاء والمحافظة على ذاته من الفناء، بل والنمو لكونه يملك المقدرة على استخدام طاقة وموارد (مدخلات) تفوق مخرجاته.

3- **الوعي بالبيئة**: لكل نظام مفتوح حدوده التي تفصله عن بيئته، وإن كان من الصعب تحديد هذه الحدود بدقة، وهنالك علاقة اعتمادية وتبادلية بين النظام وبيئته. والشيء الهام هنا، هو أن التغيير في بيئة النظام يمكن أن يؤثر في جانب أو أكثر من النظام، والعكس صحيح أيضاً.

4- **الاستقرار والثبات Steady State**: إن الموارد (المدخلات) التي يحصل عليها النظام لتجنب الفناء، تؤدي إلى حالة ثابتة نسبياً.

5- **الميل نحو التوسع والنمو**: حينما يزداد النظام تعقيداً، ويسعى للتغلب على خاصية الفناء، يتحرك النظام المفتوح نحو النمو والتوسع. ولكي تضمن بقاءها، تعمل النظم المعقدة الكبيرة نحو تحقيق هامش من الأمان يتجاوز الحد المطلوب للبقاء. فالنظم الفرعية الكثيرة المعقدة داخل النظام تميل إلى استخدام مزيد من المدخلات تفوق ما تتطلبه المخرجات، وذلك لكي تتغلب على خاصية الفناء.

6- **توازن أنشطة الصيانة وأنشطة التكيف Balance of Maintenance and Adaptive Activities**: تعمل النظم المفتوحة على تحقيق نوع من التوافق والمواءمة بين الأنشطة التي تعمل على ضمان بقاء الأنظمة الفرعية في حالة توازن/ ثبات، وإبقاء النظام ككل في توازن مع بيئته. وهذا يحول دون التغييرات السريعة المفاجئة التي يمكن أن تخلّ بتوازن النظام. ومن ناحية أخرى، فالأنشطة التكيفية

(Adaptive) ضروريـة للنظام حتـى يسـتطيع أن يتكيـف مـع المتطلبـات الداخلية والخارجية مع مرور الزمن. وكلا النشاطين ضروري لبقاء المنظمة.

7- وجود أكثر مـن بـديل لتحقيـق الهـدف Equifinality: بإمكان النظام الوصول إلى نفس الغاية/ النهاية، وإن اختلفت نقاط البداية، وبطرق عديدة. وهذا يعني أن أي منظمة يمكن أن تحقق أهدافها بمدخلات وعمليات تحويلية متنوعة. وتكمن أهمية هذا المفهوم في الاعتقاد بوجود أكثر من حل واحد لمشكلة معينة بدلاً من محاولة التوصل إلى حل مثالي جامد.

أهمية منظور النظم في دراسة المنظمات: [22]

يمثل منظور النظم إطاراً فكرياً مفيداً للباحث والدارس ليتفهم ويتصور المنظمات بشكل أفضل. وعلى المستوى العملي التطبيقي يفيد هذا المنظور المديرين وغيرهم من المعنيين بإدارة المنظمات في تحليل وفهم المنظمات وإدارتها بشكل أفضل، وذلك من خلال الأفكار الآتية التي يتضمنها هذا المنظور:

1- يساعد هذا المنظور في النظر إلى المنظمة على أنها كيان اجتماعـي يعمـل كوحدة واحدة تتكون من أجزاء/ نظم فرعية مترابطة. وهذا المنظور يمنع (أو عـلى الأقـل لا يشـجع) الرؤسـاء والمشرفين عـلى النظـر إلى وظائفهم وأدوارهم على أنها مجرّد الإشراف على أجزاء ساكنة منعزلة عن المنظمة.

2- وانطلاقاً من (2) فإن أي تغيير في أي جزء من المنظمة يجب أن ينظر إليـه مـن منظـور أداء المنظمـة ككـل. وهـذا يستدعي النظر إلى أداء جميـع جوانب/ أجزاء المنظمة حين إدخال تغييرات في جانب أو أكثر من النظام.

3- يتضمن منظور النظام مفهوم التداؤب "Synergism" ويشير هذا المفهوم إلى نتيجـة وتأثير التفاعل بين الأجزاء وهي تعمل معاً. فالتفاعل الحقيقي بين أجزاء المنظمة يسبب تأثيراً أكبر بكثير من تأثير الأجزاء منفردة. إذ أن كل جزء يـؤدي دوره وفي نفس الوقت يساعد الأجزاء الأخـرى، وبالتالي الأداء الكلي للمنظمة، وفي الحقيقة هذا هو السبب الذي من أجله ربطت الأجزاء بعضها ببعض.

4- إن منظور النظم يشجع المديرين على تحديد وفهم البيئة التي يعملون فيها للتعامل معها بنجاح، وتبرز أهمية هذا الأمر في ظل البيئة المضطربة التي تعيشها معظم المنظمات المعاصرة.

5- وأخيراً فإن منظور النظم ينبّه المديرين إلى وجود مدخلات وعمليات تحويلية بديلة لتحقيق أهدافهم وأهداف منظماتهم. أي أنه يمكن تحقيق هدف معيّن أو حلّ مشكلة معينة بأكثر من طريقة أو بديل.

وظائف النظم الفرعية في المنظمات:

تتكون المنظمة من عدد من النظم الفرعية التي تقوم بالوظائف المختلفة لضمان بقاء المنظمة واستمرارها. وهذه الوظائف هي:[23]

1- **الوظائف الحدودية Boundary Spanning**: وهي التي تعمل على استمرار تأمين مدخلات المنظمة من البيئة الخارجية، وتسويق مخرجاتها (مثل وظائف الموارد البشرية، والمشتريات والتسويق).

2- **وظيفة الإنتاج Production**: وتقوم بتحويل المدخلات إلى مخرجات في شكل سلع وخدمات (مثل دائرة الإنتاج في شركة صناعية، والأقسام الأكاديمية في الجامعات، والطبّية في المستشفيات).

3- **وظيفة الصيانة Maintenance**: وهي المسؤولة عن الأنشطة المعنيّة بالمحافظة على النظام ككل وإدامته (صيانة المباني والآلات والمعدات، والمحافظة على الموارد البشرية).

4- **وظيفة التكيف Adaptation**: وهي مسؤولة عن رصد ومراقبة البيئة الخارجية والبحث عن الفرص المتاحة والتهديدات التي تواجه المنظمة، واقتراح التغييرات اللازمة في المنظمة (مثل الأبحاث، التطوير، الهندسة، والدراسات).

5- **وظيفة الإدارة Management**: ويتركّز دورها في التنسيق بين النظم الفرعية والوظائف الأخرى وتوجيهها نحو تحقيق الأهداف، كما تقوم بوضع الاستراتيجيات والسياسات والأهداف، والتوجيه العام للمنظمة.

ويجب الإشارة هنا إلى أن النظم الفرعية السابق ذكرها تعمل بصورة متداخلة، وتتفاعل مع بعضها البعض باستمرار، ويمارس كل منها أكثر من دور، فمثلاً، لو أخذنا التسويق والذي يعتبر أساساً وظيفة حدودية، لكنه يمكنه أن يتعرف على الفرص المتاحة والمشاكل والتهديدات التي تواجه المنظمة، وبذلك يؤدي أدواراً تكيفية.. وكذلك المديرون الذين يقومون أساساً بدور إداري، ولكنهم من خلال اتصالاتهم الخارجية يستطيعون أداء أدوار حدودية وتكيفية أيضاً.[24]

رابعاً- المدرسة/ النظرية الموقفية Contingency Theory:

تعتبر هذه النظرية امتداداً لنظرية النظم، حيث اعتمدت أساساً على مفهوم "النظام المفتوح". وهي تمثل "اتجاهاً حديثاً يقوم على أساس أنه ليست هنالك نظرية أو مدرسة في التنظيم يمكن تطبيقها في مختلف الظروف وفي كل أنواع المنظمات، وإنما يجب استخدام النظرية بشكل انتقائي بحيث تتلاءم مع الظروف والأوضاع التي تعيشها المنظمة".[25] أي أن جوهر هذه النظرية هو أن علاقات المنظمة ككل وأنظمتها الفرعية بالمنظمات الأخرى، وبالبيئة العامة تعتمد على الموقف.[26]

لقد استقطب هذا الاتجاه/ المنظور اهتماماً متزايداً من قبل الكتاب والباحثين، الذين يسعون لتحديد المتغيّرات والعوامل الموقفية التي تؤثّر على قرارات تصميم الأعمال والهيكل التنظيمي والعمليات التنظيمية المختلفة. ومن بين أهم تلك العوامل التي نالت اهتماماً زائداً من الكتاب والباحثين: بيئة المنظمة، حجم المنظمة ودورة حياتها، والتقنيات المستخدمة في المنظمة، وثقافة المنظمة وغيرها، وركّزت الدراسات بصفة رئيسة على تأثير تلك المتغيرات على تصميم الهيكل التنظيمي للمنظمة.

وفيما يلي عرض موجز لأهم النظريات التي تبحث العلاقة بين المنظمة والبيئة:

1- مدرسة الميزة التنافسية Competitive Advantage School:

تركّز هذه النظرية على أهمية أن يكون لدى المنظمة ميزة تنافسية مستدامة، لا تستطيع المنظمات الأخرى تقليدها أو نسخها. وتعنى النظرية بشكل خاص بتحديد مصادر الميزة التنافسية المستدامة، وتتلخص في كيفية إدارة القوى البشرية في

المنظمة، وإيجاد دافعية عالية لدى العاملين، وتطوير ثقافة تستثير حماس الأفراد، وتشجع الإبداع وتنمّي الولاء والانتماء للمنظمة.[27]

2- نظرية التكاليف التبادلية Transactions Costs Theory:

وتنسب للاقتصادي ويليامسون (Williamson) وقد حاولت النظرية تفسير الظروف التي يمكن من خلالها اختيار الشكل التنظيمي الأكثر كفاءة من الناحية الاقتصادية في تعامل المنظمة مع بيئتها الخارجية.[28]

3- النظرية المؤسسية (Institutional Theory):

وتمتد جذورها إلى دراسات سيلزنيك (Selznick)، واهتمت النظرية بدراسة أسباب التماثل والتشابه في الهياكل التنظيمية في المنظمات في ذات المجال الواحد. وأشارت النظرية إلى أن للقيم والأعراف والتاريخ الطبيعي دوراً في تشكيل الهياكل التنظيمية والممارسات الإدارية في المنظمات، أكبر بكثير من المتطلبات الفنية للعمل.[29]

3- نظرية اعتمادية الموارد (Resource Dependency Theory):

ومن أهم من أسهموا في تطويرها (Pfeiffer and Salaneck). ومحور هذه النظرية أن أي منظمة تعتمد على بيئتها الخارجية (المنظمات الأخرى) في تأمين مواردها. وقد حاولت النظرية توضيح أساليب تقليل اعتماد المنظمة على المنظمات الأخرى، وتخفيض عدم التأكد البيتي، وقدّمت بعض الوسائل والطرق التي يمكن للمنظمات أن تستخدمها من أجل السيطرة على الموارد وزيادة نفوذها على البيئة الخارجية.[30]

5- نظرية التبيؤ البيئي (The Population Ecology Theory):

ومن أبرز كتابها (Freeman) و(Hannan)، وتستند إلى افتراض أن المنظمات غير قادرة على التكيف مع بيئتها الخارجية، كما اعتمدت مفهوم الانتقاء الطبيعي (Natural Selection)، أي بمعنى أن البيئة تختار شكل ونوع التنظيم الذي يناسبها، وأن الأشكال الأخرى لا بد وأن تفنى. أي أنها اعتبرت المنظمة متلقّي للمؤثرات البيئية

ودورها ينحصر في الاستجابة فقط لهذه المؤثرات، وهكذا ألغت دور القـوى الداخلية والأطراف الخارجية في التأثير على البيئة. [31]

لماذا ندرس المنظمات:

هنالك أسباب عديدة تدفع المـرء لدراسـة المنظمات وتحليلها، وأهـم هـذه الأسباب هي: [32]

1- لقد أطلق على عصرنا الحاضر أوصاف وتسميات عديدة ومن بينها: عصر ـ التغيير، عصر العولمة، عصر الثورة المعرفية، وعصر ـ الاتصالات؛ ويمكن أن يضاف إلى ذلك "عصر المنظمات". فالمنظمات هي الشكل المؤسسي السـائد في المجتمعات المعاصرة، وهي تحيط بالإنسان من كل جانب وتلازمه منـذ ولادته إلى حين وفاته، ويستحيل تجنبها أو الفرار منها. وهكذا فالمنظمات تؤثر إلى حد كبير علـى الجوانـب الاقتصادية والاجتماعية والثقافيـة، بـل ويمتد تأثيرها إلى المعتقدات الدينية والحياة الأسرية، لذا ليس مستغرباً أن يحاول المرء فهم هذه الظاهرة التي تتغلغل في حياتنا إلى أبعد الحدود.

2- تعتبر المنظمات الوسيلة الرئيسة لإشباع مختلف الحاجات الإنسانية في المجتمع، ومن شأن دراسة المنظمات ونظرياتها أن يساعد المنظمات علـى اختيار وسائل وطرق أكثر فاعلية لإشباع هذه الحاجات.

3- يعمل في المنظمات نسبة كبيرة من الناس في كل مجتمـع، ويمكن لدراسة المنظمات العمل على توفير بيئة عمل أكثر إنسانية وكرامة تسهم بالتالي في تحسين أداء المنظمات.

4- على الرغم من المنافع والإيجابيات الواضحة الملموسة التي جلبتها تلك المنظمات للإنسان، فقد جلبت معها كذلك الأضرار والمخاطر والتهديدات عن قصد وغير قصد، إن كان على مستوى العاملين في المنظمات (من غربة وعزلة وعدم مساواة وفقدان شخصانية الإنسان، والامتثال الزائد للأنظمة)، أو على مستوى المجتمع (من عدم استجابة لحاجات المجتمع،

وعدم كفاءة واستنزاف الموارد والإضرار بالبيئة وغيرها). ومن شأن دراسة المنظمات أن يساعد على تقليص الآثار والنتائج السلبية للمنظمات.

5- إن دراسة المنظمات يساعد المديرين والعاملين على فهم آليات عمل المنظمة وتعقيداتها ومشكلاتها المختلفة، وبالتالي التعامل بفاعلية مع هذه المشكلات والتعقيدات وتطوير الحلول المناسبة لها.

6- ومن مبررات دراسة المنظمات هو مساعدة المرء الذي يتعامل مع المنظمات على اختلاف أنواعها وبصورة شبه يومية، على فهم عمل المنظمات بطريقة علمية ومنتظمة بدلاً من الاعتماد على الحدس والتخمين.

7- قد يكون من بين أسباب دراسة المنظمات هو اهتمام الفرد بممارسة عمل/ مهنة في مجال الإدارة. لذا لا بد أن تتوافر لديه قاعدة معرفية علمية حول المنظمات.

8- وأخيراً فإن أحد مبررات دراسة المنظمات هو من أجل استكمال متطلبات حصول الإنسان على درجة أو شهادة علمية.

صعوبات/ مقيّدات دراسة المنظمات:

بالرغم من تنوع المنظمات من حيث طبيعة أنشطتها وأهدافها وملكيتها وحجمها وآليات عملها، لكنها تشترك في خصائص وسمات عامة تزيد من صعوبة دراستها وتحليلها وفهمها، وأهم هذه الخصائص هي: [33]

1- التعقيد والاعتمادية (Complexity and Interdependence):

إن أي منظمة هي نظام/ نسق (System) يتكون من مجموعة أجزاء/ نظم فرعية، تتفاعل مع بعضها البعض، ويؤثر كل منها على الآخر ويتأثر به، وإن النظام الكلّ يتأثر بأي نظام فرعي. كما أن المنظمة ككل لا تعمل بشكل فعّال وناجح إذا كان أي جزء من أجزاء (أنظمتها الفرعية) لا يعمل بصورة جيدة.

2- المنظمة نظام اجتماعي مفتوح (Open Social System):

تعمل المنظمة (أي منظمة) ضمن إطار/ نظام أوسع وأشمل يضم العديد من المنظمات الكبيرة والصغيرة المتنوعة في أنشطتها وأهدافها. والمنظمة تتفاعل

باستمرار مع المنظمات الأخرى في المجتمع وخارجه، من أجل تأمين مدخلاتها من تلك المنظمات، وتزويد تلك المنظمات بمخرجاتها. كما أن المنظمة تتأثر بعوامل بيئية أخرى عديدة من سياسية واقتصادية وثقافية وتقنية وغيرها.

3- تعدد الأغراض والأهداف:

يمكن الحديث عن ثلاث مستويات في المنظمة: الفرد، والجماعة، والمنظمة ككل. ولكل فرد وجماعة أهدافهما وحاجاتهما وتوقعاتهما التي قد لا تتوافق مع بعضها البعض أو مع أهداف المنظمة. هذا بالإضافة إلى الفئات الأخرى خارج المنظمة.

ومن الخصائص الأخرى للمنظمات التي يقترحها الكاتبان (Deal و Bolman 1991) ما يلي:[34]

1- الفجائية Surprising:

إن من الصعب توقع نتائج القرارات والمبادرات في المنظمات بصورة دقيقة. فقد تكون النتائج الفعلية عكس التوقعات أحياناً. فالحل الذي استخدم لمعالجة مشكلة في الماضي قد يتسبب في إيجاد مصاعب/ عقبات أمام أي تقدم في المستقبل، ويمكن أن يتسبّب في احتمالات جديدة قد تقود المنظمة إلى الانهيار.

2- الخداع Deceptive:

إن المنظمات لا تتحدّى التنبؤ/ التوقع فحسب، ولكنها أيضاً تلجأ إلى التمويه والتضليل (Camouflage). إذ أن كثيراً من الأفراد في المنظمات يلجأون للخداع والمراوغة ليس بسبب سمات شخصية معينة فقط، ولكن أيضاً لاعتقادهم بان هذا التصرف الذي يقومون به هو البديل الأخلاقي الوحيد في ظل الظروف التي يتم فيها. ومن ناحية أخرى، فإن الاتصالات في المنظمات نادراً ما تكون صحيحة، وصريحة وتتم في الوقت المناسب.

3- المنظمات غامضة Ambiguous:

نظراً للتعقيد والفجائية والخداع والتعددية، فإن المنظمات غالباً ما تكون غامضة جداً، فمن الصعب معرفة ما يجري في المنظمات من جامعات ومستشفيات

ومؤسسات عامة وغيرها. وحتى لو عرفنا ما يجري، من الصعب معرفة تفسير ذلك أو ما يعنيه.

أما مصادر الغموض فهي عديدة، ومن أهمها: عدم معرفة المشكلة بدقة، نقص في المعلومات، عدم معرفة ما نريده حقاً، عدم امتلاك الموارد، عدم معرفة الفرد ما يجب عليه عمله وغيرها.

إن الخصائص السابق ذكرها تزيد من صعوبة فهم وتحليل المنظمات وإدارتها بكفاءة وفاعلية.

العلاقة بين نظرية الإدارة ونظرية السلوك التنظيمي ونظرية المنظمة:
تبحث نظرية الإدارة (Management Theory) أساساً في عملية الإدارة وفي دور المدير وكيفية القيام بهذا الدور، فتركّز على وظائف التخطيط والتنظيم والتوجيه والقيادة والرقابة.

أما نظرية السلوك التنظيمي (Organizational behavior) فتعنى بصفة رئيسة بسلوك الأفراد والجماعات في المنظمات وتفسير هذا السلوك والمساعدة في التنبؤ بسلوك الأفراد والسعي نحو توجيهه لتحقيق أهداف المنظمة.

وأخيراً فإن نظرية المنظمة (Organization theory) تضم مجموعة من المفاهيم والمبادئ والفرضيات المترابطة لتفسير أجزاء المنظمة وكيفية عملها؛ وهكذا تفيد نظرية المنظمة في المساعدة على فهم ماهية المنظمات وسلوكها في بيئة معينة.

وهكذا تعتبر النظريات الثلاث مكمّلة لبعضها البعض، وضرورية من أجل فهم المنظمات فهماً شاملاً متكاملاً على مختلف المستويات؛ الفرد والجماعة والمنظمة ككل. وليس غريباً أن نجد بعض التداخلات والتقاطعات في موضوعات النظريات الثلاث.

أما مكوّنات أو محاور نظرية المنظمة فتتلخص بما يلي:
- بيئة المنظمة.
- رسالة المنظمة وأهدافها واستراتيجيتها.
- الهيكل التنظيمي.

- حجم المنظمة.
- دورة حياة المنظمة.
- التقنيات المستخدمة في المنظمة.
- نظم المعلومات الإدارية.
- القوة والنفوذ والصراع التنظيمي.
- ثقافة المنظمة.
- التغيير التنظيمي والإبداع.

وستتم مناقشة هذه المحاور بالتفصيل في الفصول اللاحقة.

أسئلة للمراجعة والنقاش

س1- وضّح محور اهتمام/ تركيز كل من الأطر الآتية في دراسة المنظمات: الإطار الهيكلي، وإطار الموارد البشرية، والإطار السياسي، والإطار الثقافي.

س2- ما هي أهم مبادئ الحركة العلمية في الإدارة؟

س3- ناقش إسهامات الكاتب هنري فايول في تطوير الفكر التنظيمي؟

س4- ما هي خصائص التنظيم البيروقراطي المثالي في رأي ماكس ويبر؟

س5- ما هي أهم الأفكار والمفاهيم التي نتجت عن دراسات هوثورن؟

س6- قارن بين نظريتي X و Y للكاتب دوجلاس ماكجروجر؟

س7- اشرح باختصار الأفكار التي أسهم بها كل من: إبراهام ماسلو، وفردريك هيرزبرغ؟

س8- ما هي أهم خصائص النظام المفتوح؟ اشرح باختصار؟

س9- ناقش أهمية منظور النظم في دراسة المنظمات من الناحية العملية؟

س10- ما هي النظم الفرعية الخمسة اللازمة لضمان بقاء المنظمة؟

س11- ناقش باختصار: النظرية الموقفية، مدرسة الميزة التنافسية، النظرية المؤسسية، نظرية اعتمادية الموارد؟

س12- أذكر (5) أسباب ومبررات مختلفة تدعو لدراسة المنظمات؟

س13- ناقش أهم الصعوبات/ المقيدات التي تعترض دراسة المنظمات؟

س14- ناقش العلاقة بين نظرية الإدارة، ونظرية السلوك التنظيمي ونظرية المنظمة؟

قائمة الهوامش

1- Lee G. Bolman and Terrence E. Deal (1991), Reframing Organizations, San Francisco: Jossey – Bass Publishers, pp. 9-16.

2- Stephen Robbins (1990), Organization Theory: Structure, Design and Applications, 4th ed., Englewood Cliffs, N. J.: Prentice-Hall Inc., pp. 10-11.

3- محمد قاسم القريوتي، ومهدي حسن زويلف (1993)، المفاهيم الحديثة في الإدارة، الطبعة الثالثة، عمان: مكتبة دار الشروق، ص ص31-32.

4- Robbins, Organization Theory, p. 35.

5- Ibid., Claude S. George (1972), The History of Management Thought, 2nd ed. Englewood Cliffs, New Jersey: Prentice-Hall Inc., pp. 93-96.

6- George, The History of Management Thought, p. 113.

7- Ibid., p. 112.

8- Ibid., p. 114.

9- B.J. Hodge and William P. Anthony (1991), Organization Theory: A Strategic Approach, 4th ed., Boston, Mass: Allyn and Bacon, p. 19.

10- Ibid.

11- Robbins, Organization Theory, p. 37.

12- Hodge and Anthony, Organization Theory, p. 22.

13- أميمة الدهان (1992)، نظريات منظمات الأعمال، عمان: مطبعة الصفدي، ص ص26-27.

14- Hodge and Anthony, Organization Theory, pp. 22-23.

15- شوقي ناجي جواد (2000)، إدارة الأعمال: منظور كلي، عمان: دار الحامد للنشر، ص67.

16- Robbins, Organization Theory, p. 39.

17- Ibid.

18- Ibid.

19- Ibid., Hodge and Anthony, Organization Theory, p. 23.

20- Hodge and Anthony, Organization Theory, p. 23.

21- W. Richard Scott (1992), Organization: Rational, Natural, and Open Systems, 3rd ed., Englewood Cliffs, New Jersey: Prentice-Hall Inc., p. 73.

22- Robbins, Organization Theory, pp. 15-19; Daniel Katz and Robert Kahn (1966), The Social Psychology of Organizations, New York: John Wiley and Sons, Inc., p. 464.

23- Richard Daft (1992), <u>Organization Theory and Design</u>, New York: West Publishing Co., pp. 10-11.

24- علي عبد الهادي مسلم (1997)، <u>مذكرات في تحليل وتصميم المنظمات</u>، الإسكندرية: جامعة الإسكندرية، كلية التجارة، ص ص34-.35.

25- Ernest Dale (1978), <u>Management: Theory and Practice</u>, Tokyo: McGraw-Hill Kogakusta Ltd., p. 4.

26- Hodge and Anthony, <u>Organization Theory</u>, p. 26.

27- Patrick M. Wright and Raymond A. Noel (1996), <u>Management of Organizations</u>, Boston, Mass: McGraw-Hill, pp. 15-16.

28- مسلم، <u>مذكرات في تحليل المنظمات</u>، ص.29.

29- Richard H. Hall (1991), <u>Organizations: Structures Processes, and Outcomes</u>, 5th ed. Englewood Cliffs, New Jersey: Prentice-Hall, Inc., pp. 287-290.

30- <u>Ibid.</u>, pp. 277-282.

31- <u>Ibid.</u>, pp. 274-277.

32- V.K. Narayanan and Raghu Nath (1993), <u>Organization Theory: A Strategic Approach</u>, Boston, Mass: Richard D. Irwin, p. 5; Robbins, <u>Organization Theory</u>, pp. 8-9; Scott, <u>Organizations</u>, pp. 4-5; Hall, <u>Organizations</u>, pp. 1-2.

33- الدهان، <u>نظريات منظمات الأعمال</u>، ص ص12-.13

34- Bolman and Deal, <u>Reframing Organizations</u>, pp. 25-27.

الفصل الثاني

إدارة البيئة
الخارجية للمنظمة
Managing Organizational
External Environment

الأهداف:

بعدما تكون قد أنهيت دراسة هذا الفصل، ستكون قادراً على:

1- توضيح مفهوم بيئة المنظمة ومكوناتها.

2- وصف البيئة العامة، وبيئة النشاط، والنطاق/ المجال والعلاقة بينها.

3- وصف الخصائص العامة للبيئة المعاصرة.

4- شرح نظم/ استراتيجيات الربط بين المنظمة والبيئة ووصف وظيفة الرصد الحدودي والاستشعار.

5- وصف الأبعاد البيئية الرئيسة التي تؤثر مباشرة على عدم التأكد البيئي.

6- شرح الاستراتيجيات الداخلية والخارجية المختلفة لتقليص عدم التأكد البيئي.

الفصل الثاني

إدارة البيئة الخارجية للمنظمة

Managing Organizational
External Environment

منذ تطور نظرية النظم ومفهوم النظام المفتوح، أصبحت البيئة الخارجية للمنظمات جزءاً أساسياً وعنصراً هاماً من عناصر النظريات الحديثة للمنظمات وفي التنظيم، بل وتطورت عدّة نظريات تتناول العلاقة بين البيئة والمنظمة. ويتفق معظم المفكرين والباحثين على أن للبيئة تأثيراً هاماً واضحاً على المنظمة (كما أن للمنظمة تأثيراً على البيئة). وينبغي على المديرين التكيف والتعامل مع المتغيرات البيئية بنجاح وفاعلية لضمان بقاء المنظمات ونموّها.

وتتضح أهمية البيئة للمديرين لسببين رئيسيين:

1- أن البيئة تتضمن مخاطر وتهديدات يمكن أن تعيق عمل المنظمات وتحقيق أهدافها.

2- أن البيئة توفّر فرصاً مساندة للمنظمات تساعدها على القيام بأعمالها وتحقيق أهدافها.

لذا لا بد للمديرين من تحديد المخاطر والفرص، والتعامل معها بفاعلية. ومن ناحية أخرى، تزداد أهمية البيئة الخارجية بالنسبة للمديرين يوماً بعد يوم، نظراً لاضمحلال الموارد التي تحتاجها المنظمات، وتزايد البيئة اضطراباً وتعقداً وتشابكاً، هذا بالإضافة إلى تزايد المنافسة الشديدة، ونشوء ظاهرة العولمة، والقوانين والاتفاقيات الدولية، وتزايد المنظمات متعددة الجنسيات (أي تعاظم البعد الدولي وتعقّده وتشابكه).

وسنحاول في هذا الفصل توضيح مفهوم البيئة ومستوياتها وأنواعها وخصائصها، ومناقشة استراتيجيات الربط بين المنظمة والبيئة، وتحليل الأبعاد البيئية الرئيسة، ومناقشة استراتيجيات إدارة البيئة.

مفهوم البيئة:

استناداً إلى مفهوم النظام المفتوح، فإن لكل منظمة حدودها (Boundaries) "شبه المعرّفة" التي تميزها عن المنظمات الأخرى. وهذه الحدود - بالنسبة للمنظمات- نادراً ما تكون واضحة ومحددة، بل في الغالب غامضة ومتغيّرة وليست ثابتة، ومن الصعب تحديد وترسيم هذه الحدود.

إن وجود حدود لكل منظمة يعني أن هنالك شيئاً -بيئة- خارج المنظمة. لقد عرّف روبنز (Robbins، 1990) البيئة بأنها "جميع العوامل والمتغيرات الواقعة خارج حدود المنظمة".[1] أما روبرت مايلز (Robert Miles) فقد عرّف البيئة على النحو الآتي "خذ الكون واطرح منه النظام الفرعي الذي يمثل المنظمة، فيكون الباقي هو البيئة".[2] كما عرّف هاولي (Hawley) البيئة بأنها "جميع الظواهر خارج المنظمة وتؤثر أو لديها إمكانات التأثير على المنظمة".[3]

وأخيراً فقد عرّف الكاتبان (Wren و Voich) البيئة بأنها "تلك الأحداث والمنظمات والقوى الأخرى ذات الطبيعة الاجتماعية والاقتصادية، والتكنولوجية والسياسية، والواقعة خارج نطاق السيطرة المباشرة للإدارة".[4]

يلاحظ أن وجهات النظر السابقة بشأن بيئة المنظمة تتبنى نظرة عامّة شاملة حول البيئة، إذ تتضمن جميع العوامل والظروف المحيطة بالمنظمة والتي يصعب حصرها وقياسها، كما أن بعض هذه أو كثيراً منها قد لا تكون له صلة مباشرة أو غير مباشرة بالمنظمة، ونتيجة لذلك سعى الكتاب إلى تصنيف البيئات من أجل التعرف على العوامل والمتغيرات البيئية التي تؤثر على المنظمة أكثر من غيرها.

تصنيف البيئة:

لقد صنّف الكاتبان (Hodge و Anthony، 1991) بيئة المنظمة إلى (3) مستويات؛ وهي:[5]

1- البيئة الجزئية (.Micro env):
وهي تمثل المنظمة نفسها (البيئة الداخلية)، وتضم:

رسالة المنظمة، وأهدافها وثقافتها، والعاملين فيها، والموارد، والسياسات والتقنيات والإجراءات، وعمليات الإنتاج، والمنتجات/ الخدمات.[6]

2- البيئة الوسيطة (Intermediate env.):

وهي تربط المنظمة بالبيئة الكلية (Macro). وتتكون من نظم ربط (Linking Systems) تسهّل التفاعلات بين البيئة الجزئية (المنظمة) والبيئة الكلية. وتشمل على المكونات الآتية (بالإضافة إلى غيرها):[7]

- الموردين/ الموزعين.
- وكالات الإعلان/ العلاقات العامة.
- الوكلاء/ السماسرة.
- مكاتب التوظيف.
- وحدات الخدمات، مثل مكاتب المحاماة، مؤسسات الإقراض، وشركات التأمين.

وكل وحدة في البيئة الوسيطة تسهّل الحصول على الموارد من البيئة أو توزيع المنتجات/ الخدمات للبيئة.

هذا وهنالك وحدات داخل المنظمة تؤدي أيضاً دور الربط، مع أنها ليست من البيئة الوسيطة؛ مثل وحدة الدعاية، وحدة الشؤون القانونية في المنظمة وغيرها.

3- البيئة الكلية (Macro env.):

وتضم (8) نظم رئيسة وهي:[8]

1- النظام الثقافي (Cultural System) ويشتمل على: القيم الاجتماعية والاعتقادات، وأنماط السلوك المقبولة، والمؤسسات.

2- النظام السياسي (Political System) ويتكون من القوانين والأنظمة، والأحزاب السياسية والعملية السياسية، والخدمات الحكومية.

3- النظام الاقتصادي (Economic): توافر الموارد، وطرق توزيعها، وهيكلية السوق، وآليات التسعير، والتشريعات الاقتصادية، وبيئة الأعمال الدولية.

4- **النظام التنافسي ـ (Competition):** المنافسة المحلية، المنافسة العالمية، المنافسة في غير العمل، الاستبدال (Substitutability)، ومعالجة المعلومات التنافسية.

5- **النظام التقني/ التكنولوجي (Technological):** ويشتمل على: فنون وعلم الإنتاج والتوزيع، والأتمتة، وتدفق العمل والعمليات، وحالة التطور الصناعي.

6- **نظام القوى العاملة (Manpower):** توافر الموارد البشرية حسب المهارة والمنطقة الجغرافية، قابلية التنقل (Mobility)، التدريب والتطوير، الاتحادات العمالية والمهنية.

7- **نظام المستهلكين (Customers):** القوة الشرائية، والتوقعات، والحاجات، والرغبات، والمدركات.

8- **نظام البيئة المادية (Physical System):** ويشتمل على المناخ، ومدى توافر الموارد الطبيعية، وخصائص الأرض.

ومن التصنيفات الأكثر شيوعاً هو تصنيف البيئة الخارجية للمنظمة إلى نوعين/ مستويين:

1- البيئة العامة (General env.).
2- البيئة المحددة/ بيئة النشاط Task/ Specific.

1- البيئة العامة:

أما البيئة العامة فتشمل نفس العوامل والمتغيرات البيئية التي تتكون منها البيئة الكلية. ولكن يجب التنويه بأهمية البعد/ القطاع الدولي (International Sector) فهنالك منظمات كثيرة تنتج في دولة معينة وتقوم بتسويق منتجاتها عالمياً، وهو أمر هام بالنسبة للمنظمات. ومن ناحية أخرى لا يمكن إغفال ظاهرة المنظمات متعددة الجنسيات، وظاهرة العولمة (Globalization) والاتفاقيات الدولية والإقليمية في مجالات التجارة وغيرها. وهذه جميعاً تلعب دوراً كبيراً في التأثير على المنظمات.

2- بيئة النشاط Task Environment:

ويطلق عليها أحياناً بيئة المهمة (Mission Environment) وتشمل تلك المتغيرات والعوامل والقوى البيئية ذات الصلة المباشرة بتحديد أهداف المنظمة

وتحقيقها، وهذه البيئة هي الأكثر أهمية بالنسبة للمديرين، لكونها تشتمل على الظروف والعوامل التي يمكن أن تؤثر إيجاباً أو سلباً على فاعلية المنظمة ونموّها. وتشتمل بيئة النشاط على المكونات الآتية:[9]

- المنتفعين Customers.
- المنافسين Competitors.
- المورّدين Suppliers.
- الجهات الحكومية Government.
- الاتحادات العمالية Labour Unions.
- الجمعيات/ الاتحادات المهنية Trade Associations.
- جماعات الضغط العامة Public Pressure Groups.

هذا ويصعب في حالات كثيرة وضع حدود فاصلة بين البيئة العامة وبيئة النشاط/ المهمة، نظراً للتداخل والتأثير المتبادل بينهما. ويرجع ذلك إلى ديناميّة مكوّنات كل من البيئتين، فضلاً عن القدرات الذاتية للمنظمة.[10]

وتعتمد بيئة النشاط (البيئة المحددة) لأي منظمة على النطاق (المجال) (Domain) الذي اختارته. ويشير النطاق إلى ما تعتبره المنظمة حقاً لها فيما يتعلق بالمنتجات/ الخدمات التي تقدمها والفئات التي تخدمها.

Domain "Consists of the claims it (an organization) makes with respect to products or services provided and population served."[11]

وهكذا فإن النطاق يحدّد سوق/ بيئة المنظمة ('Org. Niche)، ويمكن أن يكون هذا السوق/ البيئة واسعة أو ضيّقة اعتماداً على مجموع الموارد والعوامل العامة التي تتعلق بقطاع الصناعة/ الخدمة التي تعمل فيه المنظمة، ومن هذه العوامل دورة العمل، ودورة المنتج، ومعدل الإبداع، والسياسات، والاقتصاد العام والسياسات والأنظمة الحكومية، والاتجاهات النقدية. وبصورة عامة فإن المنظمات العامة ذات سوق واسع، بينما المنظمات المتخصصة لديها مجال بيئي ضيّق. والمنظمات المتخصصة تزدهر في البيئة المستقرة والتي تتغيّر ببطء وبشكل يمكّن التنبؤ به، ولدى هذه المنظمات متطلبات محددة من الموارد، وأسواقها محدّدة بأحكام. أمّا المنظمات العامة فمن

المحتمل أن تجد صعوبة في البقاء في البيئة المستقرة، وذلك لأنها يجب أن تحشد موارد فائضة لمواجهة البيئة الواسعة ولتقي نفسها من المنافسة. [12]

ومن ناحية أخرى فإن النطاق (domain) يربط المنظمة مباشرة بمنظمات أخرى (المنتفعين، الموردين، المنافسين..الخ) تؤثر في سلوك المنظمة ونتائجها. والأمر الهام هنا أن لا يكون هنالك أي خلاف بين المنظمة وبين الأطراف الأخرى حول هذا النطاق. [13]

الخصائص العامة للبيئة المعاصرة:

تتميز بيئة المنظمات المعاصرة (والمستقبلية) بعدّة خصائص تفرض على المنظمات تحديات وضغوطاً كبيرة يمكن أن تؤثر كثيراً على عمليات تصميم المنظمات وثقافتها واستراتيجياتها وقراراتها المختلفة. ومن بين تلك الخصائص والتحديات:

1- **ظاهرة العولمة (Globalization):** [14] إن ظاهرة عولمة الاقتصاد واتفاقيات التجارة الدولية وغيرها من الاتفاقيات الدولية سوف تفرض على المنظمات تحديات كثيرة، ومن أهمها:

أ- الجودة (Quality): سوف تجد كل منظمة نفسها أمام ضغوط كبيرة للعمل باستمرار على تحسين جودة منتجاتها، الأمر الذي يدفع المديرين إلى تبنّي وتطبيق منهجية متكاملة في إدارة الجودة الشاملة، وبناء ثقافة الجودة الشاملة وغرسها في نفوس العاملين كافّة.

ب- أما التحدي الثاني الذي يصاحب عولمة الاقتصاد فهو المنافسة (Competition). حيث يتسع الأفق الجغرافي للمنافسة فتجد المنظمة نفسها تواجه المنافسين من شتّى أرجاء العالم.

2- **دينامية البيئة واضطرابها (Turbulence):** سوف تستمر المنظمات تواجه تغييرات وتقلبات متسارعة في شتى المجالات من اقتصادية وثقافية وتقنية وغيرها.

3- **تزايد درجة عدم التأكد البيئي (Uncertainty):** إن كثيراً من التغييرات والتقلبات التي تواجه المنظمات لا يمكن توقّعها أو التنبؤ بها أو احتساب احتمالات

حدوثها، وبعض الظواهر لا تخضع للقوانين المعروفة، وهي مـزيج مـا بـين النظـام والفوضى، ويصعب إدراكها والسيطرة عليها.

4- التنـوع البيئـي (Diversification): وهو يشير إلى عـدم تجـانس خصـائص واحتياجات الأطراف الخارجية المختلفة التي تتعامل معها المنظمة من منافسين ومـوردين وغيرهم.

5- التعقـد الفنـي (Technical complexity): إن ديناميـة البيئـة وتنوعهـا والعولمة وغيرها سوف تزيد من حاجة المدير إلى معلومات فنية بالغة التعقيد مـن أجـل اتخاذ القرارات اللازمة.

6- تنـوع القوى العاملة: من المتوقع أن يـزداد تنـوع القـوى العاملـة التـي تعمـل تحت إشراف أي مدير، سواءً من حيث الثقافة والجنس والتعليم وغيرها.

7- الثورة المعلوماتية (Information explosion): وما يصاحبها من تدفق هائل وسريع في المعلومات الغزيرة التي يجب معالجتها وتحليلها والاستفادة منها.

8- المسؤولية الاجتماعية وأخلاقيات العمل (Social responsibility and work ethics): سـوف تتزايـد الضـغوط عـلى المـنظمات لتسـهم بـدور أكـبر في حـل القضـايا والمشكلات الاجتماعية، مثل الفقـر، والبطالة والتخلـف، وتأهيـل بعـض ذوي الحاجـات الخاصة، والتدريب ومساعدة المناطق الأكثر فقراً، وغيرها.

كما أنه يتوقع أن تتزايد دور القيم والأخلاق الإنسانية في قرارات وأفعال المـديرين، وأن تتبنى المنظمات قانوناً أخلاقياً يلـزم العـاملين فيهـا بالممارسـات المقبولـة أخلاقيـاً، وأن تجعل بيئة العمل أكثر إنسانية.

9- سـوف تشـهد المـنظمات ضـغوطاً متزايـدة في مجـال ترشـيد اسـتخدام المـوارد واستغلالها لما فيه مصلحة الأجيال القادمة.

10- القيود البيئية (Restrictiveness): تضطر المـنظمات أحيانـاً للعمـل في ظـلّ قيود معينة قد تكون قانونية أو سياسية أو اقتصادية (مثل تسعير المنتجـات، الحـد الأدنى للأجور، قوانين العمالة، وتحديد أسعار الصرف وغيرها).

إن التحـديات والضـغوط السـابقة (وغيرهـا) التـي تواجههـا المـنظمات، حـاضراً ومستقبلاً، تتطلب قيادات ومديرين قادرين على إدارة عمليات المنافسة والتغيير

والإبداع وعدم التأكد البيئي وثقافة المنظمة وفرق العمل متعددة الجنسيات والثقافات، والتعلم التنظيمي، وتدفق المعلومات الهائل، وغيرها.

حدود المنظمات والروابط بين المنظمة والبيئة:

Org. Boundaries and Org. – Env. Linkages

لكل منظمة حدودها التي تميزها عن المنظمات الأخرى، ويعتبر مفهوم الحدود جزءاً مكمّلاً لمفهوم النظام المفتوح، والذي تعتبر المنظمة وفقاً له نظاماً فرعياً مفتوحاً ضمن نظام أوسع وأشمل. إلا أن تحديد وترسيم الحدود التنظيمية أمر صعب، وتنشأ تلك الصعوبة للأسباب الآتية: [15]

- الصعوبة في تعيين الحدود المناسبة لأي منظمة وكذلك الصعوبة في تقدير حجم البيئة الخارجية.
- تعدد أهداف المنظمات وتعدد أنشطتها وعملياتها.
- التداخل بين مكونات البيئة الداخلية للمنظمة وبين مكوّنات البيئة الخارجية.
- سرعة التطور والتغير الجاري في البيئة الخارجية.

ولكن لا بدّ من الاعتراف بوجود حدود لكل منظمة وإن كانت شبه معروفة ومتغيرة. ويمكن تعريف حدود المنظمة بأنها تلك الوحدات التنظيمية التي تحيط بالنظام التقني في المنظمة، وتعدّل تدفق الموارد إليه والمخرجات منه. ويحدث التفاعل بين المنظمة والبيئة الخارجية عبر الحدود التنظيمية من خلال ما يسمى بوحدات الوصل/ الربط (Boundary Spanners)، ووظيفتها الرئيسة هي توفير منافذ تمتد عبرها التفاعلات والروابط بين المنظمة والبيئة، وذلك من أجل تكييف المنظمة وملاءمتها للقيود والاشتراطات والمتغيرات البيئية الواقعة خارج سيطرة المنظمة. ومن أمثلة تلك الوحدات: الوحدات العاملة في التوظيف، أو الدعاية، أو الشؤون القانونية. ومن الجائز أن تكون وحدة الربط الحدودي (Spanning Unit) جزءاً من المنظمة أو جزءاً من البيئة الوسيطة (أو بيئة النشاط).

تقوم أنشطة الربط الحدودي (Boundary spanning activities) بوظيفتين رئيسيتين وهما: (1) مراقبة البيئة (monitoring) والكشف عن أي تغييرات بيئية

واطلاع المنظمة عليها. (2) تمثيل المنظمة (Representation) [16]. فالهدف من رقابة البيئة هو حماية الجزء التقني في المنظمة من أي تأثيرات خارجية، وهذا الدور يعنى بتتبع الظروف البيئية التي هي معروفة لدى المديرين في المنظمة. وهذا النشاط أساسي للمساعدة في وضع الخطط استناداً إلى التنبؤ بسيناريوهات مستقبلية فيما يتعلق بالمنتجات/ الخدمات.

بالإضافة إلى الرقابة تقوم المنظمة بنشاط الاستشعار/ الرصد البيئي (Scanning)، وهي عملية البحث عن المعلومات في البيئة الفورية، البحث عن الفرص والتهديدات التي يمكن أن تنشأ نتيجة تغييرات رئيسة في البيئة العامة. وتتركز الوظيفة الرئيسة للاستشعار/ الفحص البيئي في جمع المعلومات الهامة وتفسيرها بشكل منتظم وإدخال نتائج التحليل في عملية اتخاذ القرارات الاستراتيجية للمنظمة.

أما نشاط/ دور التمثيل (Representation) فيتركز أساساً في إرسال معلومات عن المنظمة إلى الجهات الخارجية للتأثير في مدركاتها. فالأفراد الذين يقومون بهذا الدور يعملون بمثابة الوجه العام للمنظمة (.Public face of the Org). فالكثير من الجهات الخارجية يكونون آراء قوية حول طبيعة المنظمة استناداً إلى ما يقوله ممثلو المنظمة. وهكذا يتم تكوين صورة المنظمة والمحافظة عليها من خلال هذا الدور. ومن الناحية النظرية، لهذا الدور (التمثيل) القدرة على التأثير على خصائص البيئة الخارجية المباشرة (immediate) والتأثير على الأفراد والمنظمات الأخرى في كيفية إدراكهم للمنظمة وبالتالي تغيير سلوكهم نحوها.

وهكذا فإن وحدات الوصل والاستشعار البيئي تعمل على إقامة الروابط (الوشائج) (Linkages) بين المنظمة وبيئتها، وبشكل خاص البيئة المحددة (بيئة النشاط) وبيئة النشاط المحتملة.

وهنالك أربعة نظم/ استراتيجيات للروابط مع البيئة تلجأ إليها المنظمات، وهي: [17]

1- نموذج الانسحاب (Imperviousness-Withdrawal Model): وهنا تحاول المنظمة عزل نفسها والانسحاب من البيئة وإغلاق حدودها. فتقوم المنظمة بتطوير وسائل تقي المنظمة من تدخلات البيئة في عملياتها (مثلاً تكديس المواد الخام).

ومن الممكن استخدام هذه الاستراتيجية مؤقتاً ولكن يستحيل تطبيقها على المدى البعيد لأن ذلك سيؤدي إلى فنائها.

2- **النفاذ الانتقائي Selective Imperviousness**: وهذه الاستراتيجية أكثر شيوعاً من الأولى. وفيها تختار المنظمة نظم الروابط مع البيئة، فتسمح لأجزاء أساسية في بيئة النشاط (التي لها تأثير مباشر على العمليات الفنية الأساسية) بالنفاذ إلى المنظمة، فقط في الحالات التي تتطلب موارد أو معلومات هامة وحيوية. وهذه الاستراتيجية تعطي اهتماماً ضئيلاً بباقي جوانب بيئة النشاط، ولا تهتم ببيئة النشاط المحتملة.

3- **نموذج التكيف (Adaptation)**: وبموجب هذا النموذج تقوم المنظمة بتغيير نفسها للتكيف مع الظروف البيئية. وتكمن الخطورة في استخدام هذا النموذج في أن البيئة تتغير باستمرار وهذا يتطلب من المنظمة أن تبقى في تغيير مستمر، وينشأ عن ذلك فقدان الحد الأدنى من الاستقرار.

4- **نموذج الفعل - التكيف (Action - Adaptation)**، وفي هذا النموذج تتحوّل المنظمة إلى عامل تغيير في البيئة ولا تكون فقط متلقّية للمؤثرات البيئية كما في النموذج السابق. ولا يقتصر دور المنظمة على التكيف فقط ولكنها تحاول إيجاد فرص، وظروف مفضلة للمنظمة (مثل الإعلان لإقناع العملاء، وبحوث السوق وإبرام عقود طويلة الأمد مع الموردين أو الموزعين، والدمج، وغيرها). ومن مخاطر هذا النموذج أن يؤدي إلى الاحتكار والهيمنة على السوق.

تحليل الأبعاد البيئية **Environmental Analysis:**

لقد أولى الكتّاب والباحثون اهتماماً زائداً لتحليل الأبعاد والخصائص البيئية التي تلعب دوراً حاسماً في تحديد آثار البيئة على المنظمة، وبخاصة بيئة النشاط (Task env.)، ويصنّف سكوت (Scott) آثار البيئة هذه إلى مجموعتين رئيسيتين: [(18)]

1- عدم التأكد Uncertainty.

2- الاعتمادية Dependency.

ويتأثر كل من عدم التأكد والاعتمادية بعدّة أبعاد بيئية عامة، سوف نناقشها باختصار.

1- عدم التأكد البيئي Uncertainty:

تتفاوت درجة عدم التأكد من منظمة لأخرى، وينشأ عدم التأكد البيئي في أي من الحالات الآتية:

- عدم توافر معلومات كافية لدى صانعي القرارات بشأن موقف/ عامل بيئي أو أكثر.
- صعوبة التنبؤ بالتغيرات المحتملة في البيئة.
- الافتقار للمعلومات الكافية حول تكاليف/ مخاطر فشل ردود أفعال المنظمة نحو التغيرات البيئية.

وهنالك عدة أبعاد بيئية تؤدي إلى حالة أو أكثر من الحالات الثلاث السابقة، وبالتالي تحدّد درجة عدم التأكد البيئي الذي تواجهه المنظمة. وهذه الأبعاد التي تؤثر في عدم التأكد هي: [19]

1- درجة التماثل - التنافر (Homogeneity - heterogeneity): ويشير إلى أي مدى تتشابه العوامل البيئية التي يجب أن تتفاعل معها المنظمة. ويطلق على هذا البعد أيضاً: التعقيد (Complexity)، التنوع (diversity).

2- درجة الاستقرار - التغيير (Stability - Variability): ويشير إلى أي مدى تتغيّر العوامل والمكونات البيئية.

3- درجة التهديد - الأمان (Threat - Security): ويعني ما مدى تأثّر المنظمة بالبيئة؛ إلى أي مدى يمكن أن يؤدي عدم كفاءة المنظمة أو أخطاؤها إلى فنائها.

4- درجة الارتباط - العزلة (Interconnectedness - isolation): ويشير إلى مدى ارتباط المنظمة بقطاعات بيئية كثيرة يمكن أن تؤثر أعمالها على المنظمة.

5- درجة التنسيق - عدم التنسيق (Coordination - noncoord): إلى أي مدى تواجه المنظمة مجموعات قطاعات بيئية أعمالها وأنشطتها منسّقة أو منظمة.

ويرى سكوت أنه بصورة عامة، فإنه يتوقع أنه كلما زادت درجة الاختلاف (التنافر)، ودرجة عدم الاستقرار، ودرجة التهديد والخطر، ودرجة الارتباط، وقلّت درجة التنسيق في البيئة، زادت درجة عدم التأكد البيئي.[20]

أما بالنسبة للعوامل التي تؤثر في الاعتمادية (Dependency) فهي ما يلي:

1- **درجة الوفرة - الندرة Munificence - Scarcity:** ما مدى توافر الموارد التي تحتاجها المنظمة.

2- **درجة التركيز - التشتت Concentration - dispersion:** ويشير إلى مدى توزيع الموارد التي تحتاجها المنظمة بتوازن في البيئة.

3- **درجة التنسيق - عدم التنسيق Coord - noncoord:** ما مدى ما تواجهه المنظمة من مجموعات أو مكوّنات بيئية أعمالها منسّقة أو منظمة.

وكلّما قلّت الموارد، وزادت درجة التركيز، وزادت درجة التنسيق من قبل الكيانات البيئية الأخرى، زاد اعتماد المنظمة على البيئة.[21]

وتجدر الإشارة إلى أن المتغيرين التابعين -عدم التأكد والاعتمادية- لا يتغيران بالضرورة معاً استجابة لحالة بيئية معيّنة. فمثلاً، إن تزايد التنسيق البيئي يتوقع أن يؤدي إلى تقليل درجة عدم التأكد لدى المنظمة، وفي نفس الوقت زيادة اعتماديتها على البيئة. ويمكن توقع نفس الشيء بالنسبة لدرجة التركيز.[27]

أما الكاتب (Aldrich) فقد صنّف الأبعاد التنظيمية التي تؤثر في عدم التأكد إلى ما يلي:[23]

1- **قدرة المنظمة (Capacity):** ويشير إلى مدى توافر الموارد في البيئة.

2- **التماثل - الاختلاف (Homogeneity - Heterogeneity):** ويشير إلى مدى تماثل المكونات البيئية التي تتعامل معها المنظمة.

3- **الاستقرار - عدم الاستقرار (Stability - instability):** ما مدى تغيّر الجوانب/ المكوّنات البيئية المختلفة.

4- **التركيز - التشتت (Concentration - Dispersion):** مدى توزيع العناصر البيئة التي تتعامل معها المنظمة، (من الأسهل التعامل مع مستهلكين في منطقة واحدة).

5- **الإجماع/ عدم الإجمال على النطاق Domain Consensus- Dissensus:** ما مدى قبول الأطراف الأخرى لنطاق المنظمة الذي تدعيه حق لها.

6- **الاضطراب البيئي env. Turbulence:** ويعني التقلبات البيئية وترابط العناصر البيئية، هل التقلبات الاقتصادية تنعكس على الأوضاع السياسية أو التكنولوجية.

ومن الدراسات التحليلية لعدم التأكد واسعة القبول تلك التي قام بها الكاتب (Duncan)؛ واقترح بعدين أساسيين يحدّدان درجة عدم التأكد وهما: 1- التعقد (Complexity) 2- الاستقرار (Stability).[24]

1- **تعقّد البيئة:** ويشير إلى مدى تعدّد العناصر والمكونات البيئية التي تتعامل معها المنظمة ومدى تجانسها. ويمكن وصف التعقد على شكل خط مستقيم تمثل البيئة البسيطة أحد الطرفين، وعلى الطرف الآخر بيئة معقّدة. فالمنظمة التي تتعامل مع عدد كبير من المكونات والعناصر البيئية غير المتجانسة في احتياجاتها وخصائصها، تعمل في بيئة معقدة (مثل شركات تصنيع الطائرات). أما المنظمات التي تتعامل مع عدد محدود من العناصر البيئية ذات الاحتياجات المتشابهة، فهي تعمل في بيئة بسيطة (صناعة صناديق الكرتون).

2- **الاستقرار - الديناميية Stability - Dynamism**، ويشير إلى مدى عدم الاستقرار والتغير في المكوّنات والعناصر البيئية.

ووفقاً لبعدي التعقد وعدم الاستقرار يمكن التمييز بين أربع درجات مختلفة من عدم التأكد البيئي، كما في الجدول الآتي:

ثابتة

عدم تأكد منخفض باعتدال (2)	عدم تأكد منخفض (1)
- عدد كبير من العناصر البيئية. - العناصر البيئية غير متماثلة. - العناصر البيئية تبقى أساساً ثابتة.	- عدد قليل من العناصر البيئية. - العناصر البيئية متماثلة. - العناصر البيئية تبقى ثابتة.
الجامعات الحكومية، شركات التأمين	صناعة صناديق الكرتون، محطات البنزين
درجة عدم تأكد عالية (4)	درجة عدم تأكد عالية نسبياً (3)
- عدد كبير من العناصر البيئية. - العناصر البيئية غير متماثلة. - العناصر البيئية تتغير باستمرار.	- عوامل بيئية قليلة. - العوامل البيئية نوعاً ما متشابهة. - العوامل البيئية تتغير باستمرار.
صناعة الإلكترونيات، شركات الطيران	صناعة الملابس، لعب الأطفال

درجة التغير البيئي

معقدة   درجة التعقد   بسيطة   متغيرة

1 - **فالبيئة البسيطة – الثابتة**، تتصف بعدم تأكد منخفض وذلك لوجود عناصر بيئية قليلة وهي متشابهة في نفس الوقت، كما أن هذه العناصر تميل إلى الاستقرار خلال فترة زمنية معينة. ومن أمثلة ذلك بيئة البقال، وبيئة محطة البنزين.

2 - **أما البيئة المعقدة الثابتة**، فهي ذات درجة متوسطة (معتدلة الانخفاض) من عدم التأكد، وذلك لوجود عدد كبير من العناصر البيئية غير المتشابهة، وهذه العناصر إن تغيرت فهي تتغيّر بشكل تدريجي ومتوقع. ومن أمثلة ذلك الجامعات والمعاهد وشركات التأمين.

3 - **البيئة البسيطة – المتغيرة**، وهي ذات درجة تأكد عالية نسبياً، ويرجع سبب ذلك إلى وجود عناصر بيئية قليلة وهي نوعاً ما متشابهة، ولكن هذه العناصر البيئية تتغير باستمرار، ولا يمكن التنبؤ بها. ومن أمثلة ذلك صناعة الأزياء ولعب الأطفال.

4 - **البيئة المعقدة – المتغيرة**، وتتميّز بأعلى درجة عدم تأكد، لكونها تشتمل على عدد كبير من العناصر البيئية غير المتجانسة، وهذه العناصر تتغير بشكل سريع وغير متوقع.

-58-

وبالنسبة لمنظمات الخدمات فقد اقترح لارسون وباور (Larson and Power) بعدين للبيئة يتعلقان بالمستهلك، وهما:

1- مدى تنوع الخدمات التي يطلبها المستهلك.

2- مدى التغيّر في استعداد المستهلك للمشاركة والإسهام في تقديم الخدمة.

واستناداً لهذين البعدين يمكن وصف البيئة بأنها مستقرّة أو مضطربة. فمنظمات الخدمات التي يطلب عملاؤها خدمات متجانسة ولا يسهمون بأي دور في تقديم هذه الخدمات، تعمل في بيئة مستقرة، ومثال ذلك البنوك، وشركات التأمين والخطوط الجوية.

أما المنظمات التي يطلب عملاؤها خدمات متنوّعة ويسهمون أنفسهم في كيفية تقديم هذه الخدمات، فهي تعمل في بيئة غير مستقرة. ومن أمثلة ذلك المنظمات الصحية، ومنظمات الاستشارات والتعليم العالي.[25]

تأثير البيئة على الهيكل التنظيمي:

دلّت الدراسات والأبحاث العديدة على وجود علاقة بين البيئة التي تعمل فيها المنظمة والهيكل التنظيمي لتلك المنظمة. وسنلقي الضوء في هذا الجزء على الأبحاث والدراسات الرائدة والأكثر شهرة في هذا المجال؛ وهي: دراسة بيرنز وستوكر (Burns and Stalker)، دراسة إميري وتريست (Emery and Trist)، ودراسة لورنس ولورش (Lawrence and Lorsh).

1- دراسة (Burns و Stalker)[26]:

قام توم بيرنز وجي أم ستوكر بدراسة حوالي (20) منظمة صناعية بريطانية وإسكتلندية بهدف معرفة مدى التباين في هياكلها التنظيمية وممارستها الإدارية تبعاً لتباين الظروف البيئية. وقد كشفت نتائج الدراسة عن وجود اختلاف بين الهيكل التنظيمي في المنظمات التي تعيش في بيئة ديناميكية ومتغيرة بسرعة كبيرة، وبين الهيكل التنظيمي في المنظمات التي تعيش في بيئة مستقرة وهادئة. وقد أطلقا على الهيكل التنظيمي الأول (النموذج العضوي)، وعلى الثاني (النموذج الآلي).

وأشار Burns و Stalker إلى أن أكثر المنظمات فاعلية ونجاحاً تلك التي اختارت هيكلاً تنظيمياً يتوافق مع المتطلبات البيئية، أي بمعنى تطبيق النموذج الآلي من قبل المنظمات التي تعمل في بيئة مستقرة وثابتة ومعلومة، وتطبيق النموذج العضوي من قبل المنظمات العاملة في بيئة مضطربة مجهولة.

وقد لفتا النظر إلى أنه لا يوجد في الحياة العملية ما يسمّى النموذج العضوي النقي/ الخالص أو النموذج الآلي النقي، وإنما تغلب على الهيكل التنظيمي في أي منظمة خصائص هذا النموذج أو ذاك. كما أنهما لم يفضلا أحد النموذجين على الآخر، وإنما أكدا على أن طبيعة بيئة المنظمة هي التي تحدد أياً من النموذجين هو الأنسب.

2- دراسة إميري وتريست Emery و Trist:[27]

لقد صنّف Fred Emery و Eric Trist البيئة إلى أربعة أنواع تتدرج من حيث الاستقرار والثبات من بيئة مستقرة وثابتة نسبياً ذات درجة منخفضة من عدم التأكد، إلى بيئة مضطربة ذات درجة عالية من عدم التأكد، في النوع الرابع. لقد وجدا أن المنظمات التي تعمل في بيئة من النوعين الأول والثاني -حيث تتصف البيئة بالاستقرار والثبات والتأكد نسبياً- قد استخدمت نموذج التنظيم الآلي، بينما تطلّب النوعان الثاني والثالث من البيئة، اللذان يتصفان بالتغير وعدم الاستقرار وعدم التأكد، التكيّف والمرونة والاستجابة للمتغيرات، وبالتالي ضرورة استخدام النموذج العضوي.

3- دراسة لورنس ولورش (Lawrence and Lorsh):[28]

أجرى بول لورنس (Paul Lawrence) وجاي لورش (Jay Lorsh) – وهما من كلية إدارة الأعمال بجامعة هارفارد- دراسة على عدد من المنظمات الصناعية في المجالات الثلاثة: البلاستيك، والغذاء، والحاويات، وذلك لاعتقادهما أن هذه المجالات الثلاثة هي الأكثر تفاوتاً من حيث درجة عدم استقرار البيئة. فقد تميّزت صناعة البلاستيك بدورة قصيرة واستمرار تطوير المنتجات والعمليات، وساد الثبات والاستقرار صناعة الحاويات، في حين كانت صناعة الغذاء تتوسط النقيضين – أكثر استقراراً من صناعة البلاستيك وأكثر تغييراً من صناعة الحاويات.

أكّد لورنس ولورش على أهمية إيجاد التوافق الملائم بين البيئة الداخلية للمنظمة والبيئة الخارجية لها. ونظرا للبيئة الداخلية مـن حيث: (1) التمايـز (differentiation) و(2) التكامل (integration). وأما البيئة الخارجية فتتكون مـن نظم فرعية/ مكونـات. وأشارا إلى أن النظم الفرعية/ الأجزاء المختلفـة في المنظمـة (تسـويق، إنتاج، مشتريات، تطوير وغيرها) تتعامل مع أجزاء مختلفة من البيئة تتباين من حيث عدم الاستقرار وعدم التأكد (مثلاً المستهلكون، المنافسون، الموردون، التكنولوجيا وغيرها).

لقد وجدت الدراسة أن الصناعات البلاستيكية هـي الأكثـر تمـايزاً، تليها الصناعات الغذائيـة فصناعات الحاويات. وإن ضمن كـل صناعة مـن الصناعات الثـلاث، كانت المنظمات التي استخدمت هيكلاً تنظيمياً يتلاءم مع بيئـة المنظمات، هي الأفضل من حيث مستوى الأداء. فحيثما كانت البيئة متنوعة ومتغيّرة كانت النظم الفرعية في المنظمة أكثر تمايزاً مما عليه في البيئة المتجانسة المستقرة. كما أن أكثر المنظمات نجاحاً ضمن الصناعات الثلاث كانت تتصف بدرجة عالية من التكامل والتنسيق بـين نظمها الفرعية، أعلى من مثيلاتها ذات الأداء المنخفض.

وهكذا فقد كشفت الدراسات السابقة –وغيرها- عن وجود علاقة سببية بين البيئة والهيكل التنظيمـي. وأن المنظمات متميزة الأداء والإنجاز قد اختارت هيكلاً تنظيمياً يتوافق مع المتطلبات البيئية التي تعمل فيها. في حين أن المنظمات ذات الأداء المنخفض طبقت هيكلاً تنظيمياً لا يتلاءم مع بيئتها.

ويلخص روبنـز (Robbins) نتائج الدراسات السابقة وغيرها، بشأن العلاقة بـين البيئة والهيكل التنظيمي كما يلي:

1- هنالك علاقة عكسية بين درجة استقرار البيئة وتعقد الهيكل التنظيمي. فالبيئة غير المستقرة تتطلب هيكلاً تنظيمياً معقداً (يتضمن العديد مـن الوحدات والاختصاصيين والمهن). أي أن البيئة غير المستقرة تحتاج إلى درجة تمـايز عاليـة (differentiation).

2- هنـاك علاقة إيجابيـة بـين درجـة استقرار البيئة ودرجة الرسمية في الهيكل التنظيمي.

3- كلـما ازدادت البيئـة تغـيراً واضـطراباً، ازدادت الحاجـة إلى درجة أكـبر مـن اللامركزية في الهيكل التنظيمي.⁽²⁹⁾

إدارة البيئة الخارجية **Managing the External Environment:**

جميع المنظمات تواجه درجات متفاوتة من عدم التأكد البيئي، وكثير من البيئات مضطربة. لذا يسعى المديرون إلى تقليص درجة عدم التأكد إلى أدنى درجة ممكنة؛ ويستطيع هؤلاء المديرون الاستفادة من الأفكار والمبادئ والمفاهيم التي قدمتها النظريات التي تمت مناقشتها في الفصل الأول، ولا سيما تلك التي تركز على البيئة وهي: النظرية الموقفية، ونظرية اعتمادية الموارد، ونظرية التبيؤ البيئي Population Ecology.

يصنف الكاتب روبنز (Robbins، 1990)، استراتيجيات تقليص عدم التأكد البيئي إلى مجموعتين رئيسيتين: 1- استراتيجيات داخلية. 2- استراتيجيات خارجية. ونستعرض بإيجاز هذه الاستراتيجيات.[30]

أولاً- الاستراتيجيات الداخلية Internal Strategies:

وتتمثل هذه الاستراتيجيات في التكيف وإجراء التغييرات داخل المنظمة لتتلاءم مع البيئة. وأهم هذه الاستراتيجيات هي:[31]

1- اختيار النطاق (domain): الذي تقل فيه درجة عدم التأكد، مثلاً تغيير النطاق حيث يقل عدد المنافسين الأقوياء.

2- تعيين الكفاءات Recruitment: اختيار مديرين تنفيذيين يعملون في منظمات منافسة للحصول على معلومات عن المنظمات المنافسة.

3- استشعار وتفحص البيئة (env. Scanning): وذلك لرصد ومعرفة إجراءات المنافسين، والحكومة، واتحاد العمال. ومن المهم أن يؤدي ذلك إلى توقعات صحيحة حول التغيرات المحتملة.

4- المنطقة العازلة Buffering: اتخاذ الإجراءات التي تقلل احتمال تأثّر عمليات المنظمات بالمتغيرات البيئية، من خلال ضمان تدفق الموارد وتصريف المخرجات. مثلاً تكديس الموارد والمستلزمات، واستخدام عدّة موردين، اختيار وتدريب موظفين جدد، تكديس مخزون من المنتجات لمواجهة المواسم.

5- **التخفيف Leveling/ Smoothing:** تخفيـف حدّة التقلبات. فمـثلاً قـد تقـوم شركات الهواتف في حالات تزايد الطلب على المكالمات بزيادة التعرفة وأجـور المكالمـات في وقت الازدحام، وتخفيض الأجور خلال الفترات الأخـرى. كـما أن شركـات تـأجير السـيارات يمكنها رفع الأسعار في المواسم التي يشتد الطلب، وتخفيض الأسعار في أوقات الركود.

6- **التقنين Rationing:** تخصيص/ توزيع المخرجـات وفـق نظـام الأولويـات. مـثلاً تقـوم المستشـفيات في حـال طلـب متزايـد عـلى الـدخول، بإعطـاء الأولويـة للحـالات المستعصية، وتعطى الإقامة فقط للحالات الحرجة فقط. بعض الجامعات مثلاً تقوم برفـع متطلبات الالتحاق بتخصص معيّن حينما يزداد الإقبال كثيراً عليه.

7- **الانتشار الجغرافي Dispersion:** حيث تقوم المنظمات بتوسيع نشاطها بحيـث يمتد إلى مناطق تقل فيها درجة عدم التأكد.

ومن بين الاستراتيجيات الداخلية الأخرى:

1- **التنبؤ Forecasting:** في حال صعوبة ضبط التقلبات البيئية من خلال تكـديس المخزون أو التخفيض (Smoothing)، تلجأ المنظمات إلى تنبؤ/ توقع التغييرات في ظـروف العرض أو الطلب والتكيّف معها.

2- **تعـديل حجـم الإنتــاج (Adjusting Scale)**، مـثلاً تعديــل الطاقـة الإنتاجيـة استجابة للمعلومات التي تتوافر نتيجة التنبؤ.[32]

كما يقترح دافت (Daft) الأساليب الآتية للتعامل مع عدم التأكد البيئي:

1- إنشاء المراكز والأقسام الإدارية المتنوعة للتعامل مع القطاعات البيئية المختلفة.

2- استخدام وحدات الحماية والأدوار الحدودية؛ لتقـي عملياتهـا الفنيـة الأساسـية (العملية الإنتاجية) من أي مؤثرات خارجية.

3- تحقيق قدر مناسب من التمايز والتكامل. ونعني بالتمايز هنا درجـة التخصـص في المهـام والوظـائف والاتجاهـات والاهتمامـات الـخ؛ وكـذلك مـنح سـلطات متفاوتة للمستويات الإدارية المختلفة. أما التكامل فهـو التنسـيق والـربط بـين الوحدات التنظيمية المختلفة.

4- المفاضلة بين التنظيم الميكانيكي (الآلي) والعضوي؛ أي اختيار التصميم التنظيمي الملائم لطبيعة البيئة التي تتعامل معها المنظمة. فالتنظيم البيروقراطي/ الآلي يناسب البيئة الثابتة البسيطة، بينما التنظيم العضوي يلائم البيئة المتغيرة المعقدة.

5- التقليد المؤسسي، وهو أن تقوم المنظمة بتقليد ومحاكاة المنظمات الأخرى الناجحة.[33]

ثانياً- الاستراتيجيات الخارجية External Strategies:

وتهدف هذه الاستراتيجيات إلى تغيير البيئة لتصبح مفضّلة بدرجة أكبر بالنسبة للمنظمة، ومن أهمها:

1- **الإعلان Advertising**، وذلك بهدف إيجاد طلب دائم على السلعة.

2- **التعاقد Contracting:** إبرام عقود طويلة الأمد لتأمين المدخلات، أو لتصريف المخرجات لمدة زمنية معينة.

3- **الاستمالة Cooping:** وتعني استيعاب الأفراد والمنظمات التي تهدد استقرار المنظمة، من خلال تعدّد عضوية الأفراد أنفسهم في مجالس إدارات الشركات المختلفة التي تشكل تهديداً للمنظمة، وهو ما يعرف بظاهرة تبادل عضوية مجالس الإدارات (Interlocking directors) حيث يشترك مدير فأكثر في عضوية مجلس الإدارة لمنظمتين أو أكثر. وهذا أسلوب شائع حالياً.

4- **الاندماج Coalescing.** ويعني اندماج منظمتين فأكثر بغرض القيام بعمل مشترك؛ ويشمل الدمج (merger)، والمشاريع (cooperative agreements) لتحديد الأسعار وتقاسم السوق؛ والضّم (acquisition).

5- **الاتصالات مع الجهات الحكومية (Lobbying)** بغرض التأثير عليها لتحقيق نتائج مرغوبة.[34]

ويضيف الكاتبان فيفر وسالانيك (Salanick و Ffeffer) إلى ذلك استراتيجيات المساومة (Bargaining). بهدف تقليل اعتمادية المنظمة على الغير، ومساعدة المنظمة على مزيد من الاستقلالية.[35]

مواءمة الاستراتيجيات لمصادر عدم التأكد:

يوضح الجدول الآتي استراتيجيات إدارة البيئة التي تلائم مصادر عدم التأكد البيئـي المختلفة: [36]

مصدر عدم التأكد	أمثلة على الاستراتيجيات
الحكومة	- اللوبي لتحقيق معاملة مفضلة. - تعين موظفين حكوميين. - نقل النشاط إلى موقع آخر.
المنافسون	- الإعلان لزيادة الطلب. - اختيار نطاق تقل فيه المنافسة. - الاندماج مع المنافسين للحصول على حصة سوقية أكبر.
الاتحادات/ النقابات	- التفاوض للوصول إلى اتفاقات بعيدة المدى. - اختيار مهنيين (Professionals) لإبقاء الاتحادات بعيدة. - إنشاء تسهيلات في البلاد التي تتوافر فيها أيدي عاملة رخيصة. - تعيين شخص هام من الاتحاد في مجلس إدارة المنظمة.
الموردون	- استخدام عدة موردين. - تخزين المواد الحيوية. - التفاوض لإبرام عقود طويلة الأمد. - التكامل الرأسي بوساطة الدمج.
المؤسسات المالية	- تعيين أعضاء من المؤسسات المالية في مجلس إدارة المنظمة. - إيجاد خط ائتماني للاعتماد عليه حين الحاجة. - التنويع باستمالة مؤسسات مالية. - استخدام مصادر متعددة.
العملاء/ المستهلكون	- استخدام هيكل أسعار متمايز. - تقنين الطلب. - تغيير النطاق حيث يتواجد عدد أكبر من المستهلكين.
جماعات الضغط العامة	- تعيين ناقدين من الجماعات في مجلس إدارة المنظمة. - تعيين موظفين - المشاركة في أنشطة واضحة وظاهرة ذات طابع اجتماعي. - استخدام الجمعيات/ الاتحادات (trade association) لمواجهة النقد.

محددات نجاح المنظمة في التعامل مع البيئة:

إن نجاح المنظمة في إدارة البيئة التي تتعامل معها يتوقف على نجاحها في تحليل مصدر عام التأكد واختيار الاستراتيجية التي تستطيع المنظمة تنفيذها بفاعلية. ويتأثر ذلك بثلاثة عوامل هامة وهي: [37]

1- درجة التنبؤ Predictability، وهو مدى قدرة المنظمة على التنبؤ بشكل صحيح ودقيق بالمتغيرات البيئية.

2- إدراك البيئة (Perception)، ويشير إلى مدى دقة البيئة المدركة من قبل المنظمة، هل البيئة التي يتم إدراكها قريبة من الواقع أم لا. فالإدراك السليم للبيئة يساعد على الاستجابة لها بشكل أفضل.

3- عقلانية المنظمة Rationality، ويشير إلى مدى تصرف المنظمة بعقلانية. فكلما تمّت عمليات تطوير واختيار الاستجابات البديلة للبيئة بأسلوب عقلاني راشد، زاد احتمال اختيار الاستجابة الملائمة لمتطلبات البيئة.

الخلاصة:

جميع المنظمات تعمل ضمن شبكة مترابطة من النظم (القطاعات) السياسية والثقافية والاجتماعية والاقتصادية، والموارد الطبيعية والبشرية، والمناخية وغيرها. وتشكل هذه المكونات ما نسميه البيئة الكلية (العامة). ومن بين هذه النظم (المكونات) ما له صلة مباشرة بالمنظمة من حيث تحديد أهدافها وتحقيق هذه الأهداف، وهذه المكونات البيئية تشكل البيئة المحددة (بيئة النشاط).

إن البيئة، سواء الكلية أو المحدّدة – تتصف بالاضطرابات والتعقد والتشابك، الأمر الذي يتطلب من المديرين أن يبقوا على وعي ودراية واستشعار بالبيئة التي يعملون في ظلّها، من أجل التعامل معها بنجاح.

ترتبط المنظمات ببيئاتها من خلال الوحدات الحدودية التي تخترق حدود المنظمة وتمدّها بالموارد التي تحتاجها، وتعمل على تسويق منتجاتها. وتقوم هذه الوحدات دوماً برصد واستشعار العوامل البيئية وإعلام صانعي القرارات بذلك. وقد تختار المنظمة إحدى الاستراتيجيات الأربع الآتية للتعامل مع البيئة: الانسحاب، النفاذ الانتقائي، التكيف، والفعل – التكيف.

إن عامل عدم التأكد البيئي يؤثر على العديد من قرارات الإدارة فيما يتعلق بهيكلية المنظمة وعملياتها. وتم استعراض عدد من النماذج لتحليل عدم التأكد، ومن بينها نموذج دنكان Duncan الذي يتضمن بعدين وهما: (1) البساطة – التعقيد (2) الاستقرار – الاضطراب. وباستخدام هذين البعدين، يمكن تحديد أربع أنواع من البيئات لكل منها درجة عدم تأكد معينة.

تستطيع المنظمات استخدام العديد من الاستراتيجيات في التعامل مع البيئة وإدارتها بنجاح، وتستند هذه الاستراتيجيات إلى نظريات اعتمادية الموارد، التبيؤ السكاني (Population Ecology)، والنظرية الشرطية (الموقفية). ويمكن تصنيف هذه الاستراتيجيات إلى استراتيجيات داخلية تركز على إجراء تغييرات داخل المنظمة؛ واستراتيجيات خارجية تسعى إلى التأثير على البيئة.

ويتوقف نجاح أي استراتيجية على قدرة المنظمة على التنبؤ بالمتغيرات البيئية بشكل صحيح ودقيق، والإدراك السليم للبيئة الواقعية، وعقلانية قرارات المنظمة.

أسئلة للمراجعة والنقاش

س1- لماذا تعتبر دراسة وفهم البيئة أمر هام بالنسبة للمدير؟

س2- اشرح مكونات البيئة العامة (الكلية) للمنظمة؟

س3- ماذا نعني بـ بيئة النشاط (البيئة المحددة)، وما هي مكوناتها؟

س4- عرّف النطاق/ المجال (domain) وما هي العلاقة بين النطاق وبيئة النشاط؟

س5- ما هي أهم خصائص البيئة المعاصرة للمنظمات؟

س6- ما هو دور وحدات الربط/ الوصل (بين المنظمة والبيئة)، والرصد (الاستشعار)؟

س7- ناقش نظم/ استراتيجيات روابط المنظمة مع البيئة؟

س8- ما هي أهم الأبعاد البيئية التي تؤثر في درجة عدم التأكد البيئي؟

س9- ناقش نموذج الكاتب دنكان (Duncan) في تحليل عدم التأكد البيئي؟ مبيناً
البعدين اللذين اعتمدهما في عدم التأكد، ومستويات عدم التأكد الأربعة؟

س10- ناقش العلاقة بين البيئة والهيكل التنظيمي؟

س11- اشرح (5) استراتيجيات داخلية لإدارة البيئة الخارجية؟

س12- ناقش (5) استراتيجيات خارجية لإدارة البيئة الخارجية؟

س13- ما هي محددات نجاح المنظمة في التعامل مع البيئة الخارجية؟

الهوامش

1- Stephen Robbins (1990), <u>Organization Theory: Structure, Design and Applications</u>, 3rd ed. (Englewood Cliffs, N.J.: Prentice-Hall, Inc.),   p. 206.

2- Robert Miles in Robbins (1990), <u>Organization Theory</u>, p. 206.

3- Richard H. Hall (1991), <u>Organization: Structures, Processes, and Outcomes</u>, 5th ed. (Englewood Cliffs, N. J.: Prentice-Hall, Ine.),   p. 1990.

4- مؤيد سعيد السالم (1988)، <u>نظريات المنظمة: مداخل وعمليات</u>، (بغداد: مطبعة شفيق)، ص.168.

5- B. J. Hodge and William P. Anthony, <u>Organization Theory: A Strategic Approach</u>, (1991), 4th ed. (Boston: Allen and Bacon), p. 55.

6- <u>Ibid</u>.

7- <u>Ibid</u>., p. 56.

8- <u>Ibid</u>., p. 78.

9- Robbins (1990), <u>Organization Theory</u>, p. 207.

10- السالم (1988)، <u>نظريات المنظمة</u>، ص.169.

11- W. Richard Scott (1992), <u>Organizations: Rational, Natural, and Open Systems</u>, 3rd ed. (Englewood Cliffs, NJ: Prentice-Hall, Inc.), p. 126.

12- Robert H. Rosenfeld and David C. Wilson (1999), <u>Managing Organizations</u>, 2nd ed. (London: McGraw-Hill Publishing Co.), p. 361.

13- Scott, <u>Organizations</u>, p. 193.

14- John M. Invacevich, Peter Lorenzi, Steven Skinner and Phili B. Crosby (1997), <u>Management: Quality and Competitiveness</u>, 2nd ed: Boston: Mass., Irwin McGraw-Hill, p. 106.

15- شوقي ناجي جواد (2000)، <u>إدارة الستراتيج</u>، (عمان: الحامد للنشر)، ص.165.

16- Rosenfeld and Wilson, <u>Managing Organizations</u>, pp. 367-368.

17- Hodge and Anthony, <u>Organization Theory</u>, pp. 124-127.

18- Scott, <u>Organizations</u>, p. 134.

19- <u>Ibid</u>.

20- <u>Ibid</u>., p. 135.

21- <u>Ibid</u>.

22- <u>Ibid</u>.

23- Howard E. Aldrich (1979), <u>Organizations and Environments</u>, (Englewood Cliffs, NJ.: Prentice-Hall), pp. 53-70.

24- R. Duncan, "Characteristics of Perceived Environments and Perceived Environmental Uncertainty", <u>Administrative Science Quarterly</u>, Vol. 17, No. 3, 1972, pp. 313-327.

25- Rikard Larson and David Bower in James L. Gibson, John Ivancevich and James H. Donnelly, Jr. (1994), <u>Organizations: Behavior and Processes</u>, (Boston: Mass: IRWIN), p. 554.

26- Robbins, <u>Organization Theory</u>, pp. 210-212; John M. Ivancevich, James H. Donnelly and James Gibson (1989), <u>Management: Principles and Functions</u>, 4th ed. (Homewood: Ill: Irwin), pp. 266; Gary Dessler (1980), <u>Organization Theory</u>, 2nd ed. (Englewood Cliffs, NJ: Prentice-Hall Inc.). pp. 88-92.

27- Dessler, <u>Organization Theory</u>, pp. 94-95, Robbins, <u>Organization Theory</u>, pp. 212-214; V.K. Naraynan and Raghu Nath (   ), <u>Organization Theory: A Strategic Approach</u>, (Homewood, Ill: Irwin), pp. 202-205.

28- Ivancevich et al, <u>Management</u>, p. 266; Robbins, <u>Organization Theory</u>, pp. 215-218; Dessler, <u>Organization Theory</u>, pp. 92-94.

29- Robbins, <u>Organization Theory</u>, pp. 230-233.

30- <u>Ibid.</u>, p. 361.

31- <u>Ibid.</u>, pp. 362-369.

32- Scott, <u>Organizations</u>, pp. 196-197.

33- مسلم، <u>مذكرات</u>، ص ص53-57.

34- Robbins, <u>Organization Theory</u>, pp. 369-375.

35- Scott, <u>Organizations</u>, p. 198.

36- Robbins, <u>Organization Theory</u>, p. 377.

37- Steers, <u>Introduction</u>, pp. 352-354.

الفصل الثالث

رسالة المنظمة، والأهداف،
والاستراتيجيات وقياس الأداء
Organizational Mission, Goals,
Strategies and Performance
Evaluation

الأهداف:

بعد إتمامك دراسة هذا الفصل سوف يكون بإمكانك:

1- تعريف رسالة المنظمة وتحديد معايير صياغة الرسالة.

2- تعريف الأهداف، وتحديد خصائص الأهداف الجيدة وفوائدها، والعوامل المؤثرة في وضع الأهداف.

3- توضح معنى الاستراتيجية وشرح أنواع الاستراتيجيات المختلفة، وعلاقة الاستراتيجية بالهيكل التنظيمي.

4- التمييز بين مفهومي الكفاءة والفعالية، والعلاقة بينهما.

5- تحديد وشرح نماذج معايير الفعالية.

الفصل الثالث

رسالة المنظمة، والأهداف، والاستراتيجية، وقياس الأداء

Organizational Mission, Goals, Strategies and Performance Evaluation

يناقش هذا الفصل توضيح مفهوم رسالة المنظمة وكيفية صياغتها، وتوضيح مفهوم الأهداف وأهميتها وأنواعها ومسؤولية وضعها وخصائص الأهداف الجيدة، ثم توضيح مفهوم الاستراتيجية والإدارة الاستراتيجية وأهم نماذج تصنيف الاستراتيجيات، وأخيراً مناقشة أهم نماذج قياس أداء المنظمة.

رسالة المنظمة   **Mission:**

رسالة المنظمة هي بيان رسمي صريح يوضّح سبب وجود المنظمة وطبيعة النشاط الذي تمارسه. ومع أن الغرض أو السبب الذي وجدت المنظمة من أجله قد يتغيّر من حين لآخر، ولكن لا بد أن تعي وتفهم جميع الأطراف والجماعات ذات العلاقة بالمنظمة سبب وجودها، أي رسالتها.

قد يتم صياغة رسالة المنظمة في جملة بسيطة بلغة عامة وعريضة جداً. ولكن الظروف المعقدة المتشابكة التي تواجه المنظمات تتطلب أن لا تكون رسالة المنظمة عامة وواسعة جداً إلى حد يسبب الإرباك والغموض ولا يوضّح مسار/ اتجاه المنظمة. كما أنه يجب أن لا تكون محددة إلى حد لا يسمح باستغلال الفرص المتاحة. بل يجب أن تصاغ بلغة واسعة نوعاً ما. وبما يساعد على تحقيق المعيارين الهامين التاليين:

1- السماح للمنظمة بتوسيع نطاقها/ مجالها، وتوفير المرونة لها لتطوير استراتيجيات وأهداف بديلة، وبالتحديد فرص بديلة للتوسع.

2- السماح لها بإشباع وتلبية حاجات مختلف الجماعات والناس الذين لهم علاقة بالمنظمة.[1]

أهداف وفوائد رسالة المنظمة:

توضّح رسالة المنظمة المسار أو الاتجاه العام للمنظمة والذي يشكل أساساً لصياغة أهداف المنظمة واستراتيجياتها. ويمكن لرسالة المنظمة أن تحقق الأهداف الآتية:

1- الإجماع إلى الغرض Unanimity of Purpose:

الهدف الأول من رسالة المنظمة هو تحديد الصناعات/ الأعمال الحالية التي تشارك فيها المنظمة. وهذا يوفّر مساراً/ اتجاهاً يدركه جميع المديرين ويلتزمون به.

2- استغلال الموارد Resource Utilization:

تأسيساً على الغرض الذي توضحه رسالة المنظمة، فإن هذه الرسالة تسمح بمراجعة أولية للاتجاهات التي يمكن استغلال الموارد فيها.

3- مناخ المنظمة وفلسفتها Company Climate and Culture:

توفّر الرسالة نقطة بداية لتطوير قيم المنظمة واعتقاداتها وتوجهاتها التي ستشكل ثقافتها التي توجه سلوك المنظمة.

4- رؤية بعيدة المدى Long-Range Vision:

من الأسباب الرئيسة لوجود رسالة للمنظمة هو توفير نقطة بداية للتفكير أبعد من العمل الحالي، وبما يسمح سيناريو للآمال المستقبلية.

5- تحديد مجال العمل Business Domain Specification:

سوف تكون رسالة المنظمة أكثر فاعلية إذا كانت محدّدة وليست مجرد عبارات عامة واسعة، متضمّنة العملاء وحاجاتهم التي يجب تلبيتها.

6- التوجه نحو السوق Market-Base Orientation:

وهذه الخاصية في الرسالة تسمح بتوفير بؤرة تركيز (Focus) أولية وعامة بشأن العملاء. إذ يجب وضع العملاء في قلب/ مركز العمل (Center of Business)، حتى تقوم المنظمة بتطوير توجهات نحو تلبية حاجاتهم.

7- إيجاد دافعية لدى العاملين Motivation of Personnel:

يجب أن تكون صياغة الرسالة قادرة على أن تتضمن طبيعة عمل المنظمة بصورة جاهزة وسهلة الفهم من قبل العاملين. ينبغي أن تساعد العاملين على فهم مسار/ اتجاه المنظمة، وكذلك الربط بين أدوارهم والمسار العام.[2]

صياغة رسالة المنظمة Mission Development:

من أجل أن تكون رسالة المنظمة فاعلة وتحقق الغايات والأهداف التي سبق ذكرها، يجب أن تتم صياغتها وكتابتها بالاسترشاد بمجموعتين من المعايير:[3]

1- المعايير التي يجب أن تتضمنها الرسالة، وهي:
- تعريف المنتج الأساسي (سلعة/ خدمة) للمنظمة.
- تعريف العملاء والأسواق وحاجاتهم التي ستتم تلبيتها.
- التقنيات: الأخذ في الاعتبار التطورات التكنولوجية التي يمكن استخدامها.
- النمو والربحية: يجب أن تعكس الرسالة التطلعات نحو التوسع والربحية.
- فلسفة المنظمة: يجب أن تتضمن الرسالة ثقافة وقيم الإدارة.
- المسؤولية الاجتماعية والرأي العام: يجب أن تتضمن الرسالة قبول المنظمة مسؤوليتها عن أعمالها وقراراتها، مثلاً تقديم منتجات موثوقة، وكفاءة العمليات.

2- مجموعة المعايير التي تؤثر في صياغة الرسالة، وهي:
- تاريخ المنظمة.
- قدرات/ مواطن قوّة متميّزة لدى المنظمة.
- الفرص والتهديدات التي تواجه المنظمة.
- توافر الموارد المتاحة للمنظمة.

أهداف المنظمة   Goals:

إذا كانت رسالة المنظمة تعبّر عن سبب وجود المنظمة، فإن الأهداف تمثّل الغايات (النهايات) العامة التي تكرّس لها الجهود.[4] وتعبّر الأهداف عن النتائج/ الغايات التي ترغب المنظمة بلوغها، ومن خلال ذلك تحقق رسالتها. وفي رأي الكاتب سكوت (Scott) يمكن تعريف الأهداف "بصورة أولية تصوّرات لنهايات مرغوبة – ظروف وحالات يسعى العاملون لتحقيقها من خلال أداء واجباتهم".[5]

وقد عرّف الكاتب بيرو (Perrow) الأهداف بأنها "تمثل المخرجات المحدّدة التي تضعها المنظمة وتسعى إلى تحقيقها. وهذه الأهداف عبارة عن بيانات عامّة لما يجب أن تفعله المنظمة وهي سبب وجودها، وتعبّر عن القيم التي يرتكز عليها هذا الوجود".[6]

أهمية الأهداف ودورها:

بالرغم من صعوبة تحديد أهداف المنظمة وتعدّدها وتضاربها، ولكنها تخدم أغراضاً هامة عديدة، على مستوى المنظمة، والوحدات والأفراد، ولا سيما لصانعي القرارات. ويلخّص الكاتب بيرو (Perrow) أهمية الأهداف للمنظمات على النحو الآتي:

1- تمثل الأهداف ما ترغب فيه المنظمة، فهي تحدد رسالتها وتعطيها هوية.

2- توفر الأهداف أساساً لتوجيه المنظمة وتزود الأفراد بالمخرجات التي عليهم أن يتطلعوا إليها.

3- تمكّن الأفراد والجماعات من تنسيق جهودهم المشتركة وبالتالي تكون بمثابة مصدر للتماسك بين الأفراد والجماعات في المنظمة.

4- تزود الأهداف المنظمات بمعايير لقياس الأداء وتكون أساساً لمراقبة أعمال المنظمات.

5- تساعد الأهداف على إيجاد الأساس القانوني لوجود المنظمات، الأمر الذي ينظم علاقات الأفراد والجماعات والمنظمات الأخرى معها.

6- تساعد الأهداف المنظمة على التعلم والتكيف؛ فهي تبين الفرق بين الأهداف الرسمية والأهداف الفعلية، وبالتالي تقدم معلومات تمكن المنظمة من التعلم من خبراتها المتراكمة.

7- وللأهداف أيضاً أهمية في العلاقات العامة للمنظمة، فهي تجذب دعماً من مختلف الأفراد والجماعات والمنظمات في البيئة، خصوصاً إذا وجد هؤلاء في هذه الأهداف تحقيقاً لمصالحهم أو رغباتهم.[7]

كما أن الأهداف تعدّ قوّة دافعة ومحفزة للأفراد العاملين في المنظمة وتساعدهم في ضمان خط السير الآمن،[8] ويضيف سايمون (Simon) أن الأهداف توفر القيم والأفضليات المرغوبة التي توجّه متخذي القرارات في المنظمة.[9]

تصنيف الأهداف **Types of Goals:**

لقد استخدم الكتاب عدة معايير وأسس لتصنيف أهداف المنظمات، نستعرض فيما يلي أهمها: [10]

1- أهداف رئيسة مقابل أهداف ثانوية Primary VS. Secondary:

فالأهداف الرئيسة أو الأساسية ترتبط مباشرة بتلبية حاجات ورغبات الجماعات المستهلكة الرئيسة (المستفيدين الرئيسيين).

أما الأهداف الثانوية فهي تسعى لتلبية حاجات ورغبات الجماعات المستهلكة الثانوية (مثلاً بالنسبة للعاملين الرواتب والأجور، وظروف العمل وغيرها). وهنالك الجهات الحكومية المختلفة التي تفرض متطلبات على المنظمات.

2- أهداف قصيرة الأمد وأهداف طويلة الأمد (Short -and Long- Term):

فالأهداف قصيرة الأمد هي تلك الأهداف التي تأمل المنظمة في تحقيقها خلال سنة مثلاً.

أما الأهداف طويلة الأمد فلا يمكن تحقيقها خلال سنة، وهي قد تمتد إلى سنوات ويمكن أن تصل (20) سنة. وهي توفّر مساراً للمنظمة لعدد من السنوات.

وهنا تجب الإشارة إلى أنه يجب أن تؤخذ الأهداف طويلة الأمد في الاعتبار حين وضع الأهداف قصيرة الأمد. كما أن الأمر قد يتطلب من الإدارة مراجعة الأهداف طويلة الأمد سنوياً لتأكيدها أو تعديلها.

3- **أهداف صريحة وأهداف ضمنية (Explicit and Implicit):**

تضع المنظمات عادة أهدافاً رسمية صريحة توزع على الجهات الخارجية (مثل المالكين، والحكومة ووسائل الاتصال) وقد لا تكون هذه الأهداف هي الأهداف الفعلية.

أما الأهداف الفعلية أو غير الرسمية فهي تلك الأهداف التي تعمل المنظمة فعلياً على تحقيقها، وقد تختلف هذه عن الأهداف الرسمية المعلنة.

ويتشابه هذا التصنيف مع تصنيف بيرو (Perrow)، حيث صنّف أهداف المنظمة إلى:

1- أهداف رسمية (Official)، وهي التي تثبتها المنظمة في قانونها، وتقاريرها السنوية، وبياناتها العامة الصادرة عن المديرين التنفيذيين وغيرها من التصريحات المسؤولة.

2- أهداف عملية (Operative)، وهي التي تسعى المنظمة إلى تحقيقها من خلال السياسات التشغيلية/ العملية الفعلية للمنظمة، وهي تخبرنا ما الذي تحاول المنظمة فعله حقاً، بغض النظر عن الأهداف الرسمية.[11]

4- **أهداف التوازن مقابل أهداف التحديث (Equilibrium and Improvement):**

المنظمات التي ترغب في الحفاظ على حالة ثابتة تقوم بوضع أهداف للتوازن، وتحقيق هذه الأهداف يسمح للمنظمة بالمحافظة على حصتها من السوق وحصتها من الموارد مع مرور الزمن. وهذه الأهداف تتطلب من المنظمة أن تتبنّى استراتيجية التكيف مع البيئة. أما أهداف التحسين والتحديث فهي تتضمن سعي المنظمة للقيام بعملها بطريقة أفضل.

5- أهداف على مستوى المنظمة وأهداف القطاعات/ الوحدات (Org. and Business):

تتعلق الأهداف على مستوى المنظمة بالمنظمة ككل متضمنة الأداء الكلي بين مختلف القطاعات، وهذه الأهداف تأتي مباشرة بعد رسالة المنظمة في سلم الأهداف.

أما أهداف الوحدات/ القطاعات فهي تتعلق بقسم أو قطاع معين وهذه الأهداف تظهر في المنظمات متعددة المنتجات/ الأعمال.

أمـا الكاتـب جـرينلي (G.E.Greenley) فيصـنف الأهـداف التنظيميـة إلى أربـع مجموعات رئيسة وهي: [13]

1- الأهداف التوجيهية (Directional):

* قيادة السوق (Market leadership) وتقاس بـ:

- الوضع التنافسي.

- درجة الإبداع.

- التقدم التقني.

* الانتشار السوقي (Market spread) ويقاس بـ:

- عدد الأسواق.

- عدد الجماعات الاستهلاكية.

- عدد الصناعات.

- عدد البلدان.

* خدمة المنتفعين (Customer service) وتقاس بـ:

- فائدة (قيمة) المنتج.

- جودة المنتج.

- موثوقية المنتج.

2- المجموعة الثانية: أهداف أدائية (Performance)

* النمو (التوسع) (Growth) ويقاس بـ:

- عائدات المبيعات.

- حجم الإنتاج.

- هامش الربح.

* الربحية (Profitability) وتقاس بـ:

- العائد على رأس المال.
- العائد على الموجودات.
- هامش الربح على عائدات البيع.
- العائد على أموال المساهمين.

3- المجموعة الثالثة: الأهداف الداخلية (Internal)

* الكفاءة (Efficiency) وتقاس بـ:

- المبيعات على مجموع الموجودات.
- دوران المخزون.
- فترة الائتمان.
- السيولة.

* شؤون العاملين (Personnel) وتقاس بـ:

- علاقات العاملين ومعنوياتهم.
- النمو الشخصي.
- معدل راتب العامل.
- عائدات البيع لكل عامل.

4- المجموعة الرابعة: أهداف خارجية (External)

* المسؤولية الاجتماعية (Social Responsibility) وتقاس بـ:

- صورة الشركة.
- العلاقة بين السعر – الربح.
- استخدام الموارد.
- النشاط العام.
- رفاه المجتمع المحلي.

التسلسل الهرمي للأهداف   Hierarchy of Goals:

يتضح من مناقشة أنواع الأهداف التنظيمية تعقّد وتنوّع تلك الأهداف، وتنوّع مصالح الجماعات المختلفة التي تتأثر بالمنظمة، وتعدّد المستويات الإدارية في المنظمة التي تملك سلطة وضع الأهداف. كل ذلك يستدعي تحقيق تكامل وثيق بين مختلف الأهداف التنظيمية من خلال ترتيب الأهداف وفق تسلسل هرمي سليم يأخذ في الاعتبار مختلف المصالح والاهتمامات.

لقد كان سايمون (Simon) من أوائل من أشار إلى مفهوم التسلسل الهرمي للأهداف حيث أن كل مستوى يعتبر غاية بالنسبة إلى المستوى الذي يليه ووسيلة بالنسبة إلى المستويات الأعلى منه. ومن خلال التركيب الهرمي للغايات، يحقق السلوك التكامل والثبات. ويمكن أن نتصور مثل هذا التسلسل الهرمي البسيط بإعداد قائمة بالأهداف التي يتم وضعها عند المستويات المختلفة في الهيكل التنظيمي للمنظمة بدءاً برسالة المنظمة، فالأهداف التنظيمية، ثم أهداف القطاعات/ الوحدات، ثم أهداف الإدارات، فأهداف الأقسام وأخيراً أهداف الأفراد.[14]

إن وجود تسلسل هرمي للأهداف في المنظمة حتى لو أعدّ بعناية فائقة، لا يمكن أن يحول دون حدوث حالات التضارب وعدم التوافق بين هدفين أو أكثر في بعض الحالات، وذلك بسبب تعدد الجماعات والأطراف ذات المصالح المختلفة، وتعدّد المستويات الإدارية باهتماماتها وأفضلياتها المختلفة، وتنوّع الأهداف على مستوى الفرد والوحدة والمنظمة، وعلى المستوى الداخلي والخارجي للمنظمة، وغيرها.

ومن ناحية أخرى، هنالك مشكلة أخرى فيما يتعلق بتسلسل الأهداف وهي استبدال الأهداف (goals displacement)، ويعني تغيير ترتيب هدف أصلي في التسلسل وإحلال مكانه هدف آخر، لم تعتبره المنظمة أساساً هدفاً هاماً. وقد ينشأ استبدال الأهداف في أي من الحالات الآتية:

- قيام الإدارة العليا بتغيير مقدار الاهتمام والموارد المخصصة لهدف معيّن بعدما تمّت المصادقة على التسلسل الأصلي.

- الاهتمام الزائد بتطبيق الأنظمة والإجراءات يمكن أن يحيد المنظمة عن الخطة الأصلية؛ وتصبح القوانين والإجراءات غاية في ذاتها بدل أن تكون وسيلة.
- تسوية النزاعات العمالية يمكن أن تؤدي إلى استبدال الأهداف. إن استبدال الأهداف هو احتمال دائم فيما يتعلق بالتسلسل الهرمي للأهداف. وسواءً تم هذا الاستبدال عن قصد أو غير قصد، فإنه يمكن أن يؤثّر بدرجة كبيرة على أداء المنظمة، وعلى مستويات الرضا الوظيفي للعاملين، أيضاً.[15]

مسؤولية وضع الأهداف **Responsibility for Goal Setting:**

من الأمور والقضايا بالغة التحدي والصعوبة التي تواجه إدارة أي منظمة هي وضع أهداف المنظمة، وذلك لتعدد وتنوع أهداف المنظمة وتعارض مصالح واهتمامات الجماعات والأطراف والناس العديدين الذين تعنيهم المنظمة. وهنا تجد الإدارة صعوبة بالغة في إيجاد التوافق المتوازن بين تلك المصالح والأهداف.

إن التسلسل الهرمي السليم للأهداف يقتضي أن تبدأ عملية وضع الأهداف بقيام الإدارة العليا للمنظمة بتعريف الاتجاه الأساسي للمنظمة (رسالة المنظمة). ومن الضروري أن تتوافر لديها معلومات كافية من داخل المنظمة وخارجها لتتمكن من وضع أهداف فعّالة وناجحة. ثم يتبع ذلك قيام الإدارة في كل مستوى بوضع أهداف القطاع/ الدائرة التي تديرها. ولا بدّ من مشاركة جميع المديرين وغير المديرين في عملية وضع الأهداف.

إن واقع الحياة العملية في المنظمة يختلف عن ذلك. إذ يرى سيرت ومارش (Syert and March) أن وضع الأهداف في المنظمات يتم من خلال عملية تفاوضية بين أعضاء الجماعات المتحالفة المهيمنة (dominant coalitions) ... إن المنظمات مكوّنة من تحالفات - جماعات من الأفراد لها اهتمامات ومصالح معينة، وتحاول كل جماعة فرض أفضلياتها (أهدافها) على النظام الأوسع، ولكن بصورة عامة لا تستطيع أي جماعة بمفردها أن تقرّر بصورة كاملة ما هي الأهداف التي ينبغي تحقيقها. فيُحاول أفراد كل جماعة التحالف مع الجماعات الأخرى ذات المصالح المتشابهة،

ويتفاوضون مع تلك الجماعات التي تختلف مصالحها عن مصالحهم ولكن مشاركتها ضرورية؛ وتقوم الجماعة الواحدة بقبول مطالب الجماعة الأخرى لكسب تعاونها. وهكذا فإن كل جماعة ترغب أن تؤخذ مصالحها بعين الاعتبار، تساعد في وضع أهداف المنظمة، وهذه الجماعات كلها أعضاء في التحالف المهيمن. [16]

كما يعطي الكاتبان هودج وأنتوني (Hodge and Anthony، 1991) رأياً مماثلاً فيقولان "يتم في الغالب وضع أهداف المنظمة من قبل تحالف مهيمن (dominant coalition) من المديرين والخبراء أو أولئك ذوي المصالح الخاصة والنفوذ في المنظمة. إن هؤلاء الأفراد يمكن، في الواقع، أن يكونوا غير مسؤولين رسمياً عن وضع الأهداف، ومع ذلك قد يكونون مؤثرين جداً حينما يتعلق الأمر بوضع الأهداف التي تعمل المنظمة على تحقيقها، بصفة رسمية وغير رسمية". [17]

وهكذا يمكن القول بأن عملية وضع الأهداف تتضمن قدراً كبيراً من ممارسة النفوذ والتأثير والمساومة والتفاوض والاستمالة، والصراع، أكثر مما تستند إلى العقلانية (Rationality).

العوامل المؤثرة في وضع الأهداف   Factors Affecting Goal Setting:
ينبغي على الإدارة أثناء عملية وضع الأهداف أن تأخذ في الاعتبار العديد من العوامل والقوى المختلفة. ومن العوامل الرئيسة بالنسبة لجميع المنظمات ما يلي: [18]

1- حاجات المستهلكين (Consumer needs)، إذ لا بد أن تعي الإدارة بوضوح احتياجات ورغبات وتطلعات الجماعات المستهلكة.

2- التقنيات (technology)؛ من المهم أن تقوم الإدارة بمراجعة التقنيات ذات العلاقة بأعمال المنظمة للاستفادة من تلك التقنيات حيثما أمكن ذلك.

3- الموارد (Resources)، يجب أن تدرك الإدارة الدور الحاسم الذي تلعبه الموارد في تحديد الأهداف، وأن تضع الأهداف التي تستطيع المنظمة توفير الموارد اللازمة لتحقيقها.

4- فلسفة الإدارة (Management Philosophy)؛ إن القيم والمثاليات التي تتمسك بها الإدارة لها تأثير كبير على وضع الأهداف.

5- **ممارسات الآخرين (Practices of others)**، إن المنظمات غالباً ما تسترشد بما تقوم به المنظمات الأخرى، ولا سيما الناجحة منها؛ وهكذا فإن أهداف المنظمات الأخرى قد تحدد أهداف المنظمة.

6- **القوانين والتشريعات (Mandates)**، لا تستطيع الإدارة إغفال القوانين والتشريعات الحكومية ذات العلاقة بنشاط المنظمة، حين وضع أهداف المنظمة.

ويضيف رايت وزملاؤه (Wright وزملاؤه) عاملاً هاماً في تحديد أهداف المنظمة وهو المسؤولية الاجتماعية (Social Responsibility). إذ من الأهداف الرئيسة للمنظمة هو الالتزام بالمسؤولية الاجتماعية في أعمالها وأنشطتها. ويرون أن المسؤولية الاجتماعية ليست فقط التزام المنظمة بأن تعمل للصالح العام، ولكن المسؤولية الاجتماعية تتضمن أكثر من ذلك. فالمجتمع اليوم يتوقع من كل منظمة أن تحافظ على البيئة، وأن تبيع منتجات آمنة وسليمة، وأن تعامل موظفيها بالمساواة، وأن تكون صادقة مع زبائنها، وفي بعض الحالات أن تساعد في تدريب الفئات العاطلة عن العمل، والمساهمة في المجالات التعليمية والفنون، وإعادة تطوير المناطق الفقيرة المتخلّفة وغيرها.[19]

ولما كانت العوامل السابقة لا تبقى ثابتة بل تتغيّر، سواءً بصورة تدريجية أو بشكل مفاجئ في بعض الحالات. فإن ذلك سيؤدي بالتالي إلى تغيير أهداف المنظمة. كما أن التحالف المهيمن في المنظمة الذي يلعب دوراً حيوياً في وضع الأهداف هو الآخر عرضة للتغيير مما يترتب على ذلك تغيير في أهداف المنظمة استجابة لأفضليات ومصالح التحالف المهيمن الجديد في المنظمة.

خصائص/ صفات الأهداف الجيّدة Qualities of Goals:

لقد اقترح عدد من الكتاب خصائص وصفات معينة يجب أن تتوافر في أهداف المنظمة لكي تكون أهدافاً فعّالة تؤدي دورها بنجاح في توضيح مسار المنظمة، وتوفير السند القانوني لوجود المنظمة، وتوفير معايير واضحة لقياس مدى نجاح المنظمة، والتنسيق بين مختلف القطاعات والمستويات، وغيرها من الفوائد الهامة التي تحققها الأهداف على مستوى الأفراد، والجماعات والمنظمة. ويمكن تلخيص هذه الخصائص/ الصفات على النحو الآتي:

1- مقبولة Acceptable: أن تحظى بقبول جميع العاملين المعنيين.

2- مرنة Flexible: أن تحقـق توازنـاً بـين المرونـة والجمـود. تحتاج المـنظمات إلى تكييف خططها وتوجهاتها مع البيئة.

3- قابلة للقياس Measurable: أن تصاغ الأهداف، كلما أمكن ذلك، بواقعية، وبما يساعد على قياسها، وتجزئتها على فترات أقصر.

4- ذات دافعية Motivating: أن تستثير دافعيـة وحمـاس المعنيـين نحـو تحقيـق هذه الأهداف.

5- ملائمة Suitable: أن يكون كل مستوى من الأهداف متوافقـاً مـع المسـتويات الأعلى.

6- مفهومـة Understandable: لـن تكـون الأهـداف فعّالـة مـا لم يـتم توصيلهـا بصورة مناسبة إلى جميع المستويات في المنظمة، وأن يتفهمها جميع العاملين في المنظمـة بوضوح.

7- قابلة للتحقيق Achievable: أن لا تكون الأهداف متواضعة جـداً إلى حـد لا تستثمر بشكل كامل الموارد، ولا أن تكون طموحة جـداً إلى حـد يصعب تحقيقهـا، يجـب تحقيق التوازن السليم بين النقيضين. [20]

هذا ويمكن أن يضاف إلى هذه الخصائص خاصية أخرى هامـة هـي: أن تتوافق الأهداف وتتماشى مع المعايير والقيـم الأخلاقيـة والاجتماعيـة السـائدة في المجتمـع، ومـع ممارسات المنظمات المشابهة.

الاستراتيجية Strategy:

تعرّف الاستراتيجية بأنها "خطط الإدارة العليا لتحقيق نتائج تتوافق مـع رسالة المنظمة وأهدافها... ويمكن النظر إلى الاستراتيجية من زوايا ثلاث:

1- صياغة الاستراتيجية.

2- تنفيذ الاستراتيجية.

3- الرقابة الاستراتيجية. [21]

وعرّفها كاتب آخر "بأنها نمط القرارات في المنظمة الذي يقرر ويعكس أهـدافها أو أغراضها، ويتمخّض عنه السياسات والخطط الرئيسة لتحقيق هذه الأهداف، ويحدد نطاق الأعمال التي ستزاولها المنظمة... وهكذا فالمنظور الواسع للاستراتيجية يتضمن الأهداف ووسائل تحقيقها، ولكن المنظور الضيّق هو أن الاستراتيجية تشمل فقط على الوسائل لتحقيق الأهداف المرسومة باعتبارها (الأهداف) منفصلة عن قضايا الاستراتيجية.[22]

ومن بين التعريفات الأكثر قبولاً وانتشاراً هو الذي اقترحه شاندلر (Chandler) حيث عرف الاستراتيجية بأنها "تحديد الأهداف والأغراض الرئيسة بعيدة المدى للمنظمة، وتبني الأنشطة وتوزيع الموارد اللازمة لتحقيق هذه الأهداف".[23]

ويرى Scott أن هذا التعريف يتضمن خصائص عدّة مميزة للاستراتيجية وهي:

1- التركيز الرئيسي على القضايا الخارجية، أي الربط بين المنظمة وبيئتها.
2- التمييز بين نوعين من الأهداف وهما: اختيار النطاق (domain) - نوع العمل/ النشاط الذي ستمارسه المنظمة، واختيار الموقف التنافسي - كيف تستطيع المنظمة المنافسة في كل نشاط.
3- هنالك خلط بين النوايا والأفعال، والأهداف الرسمية والأهداف الفعلية.
4- وأخيراً يفترض البعض أن القرارات الاستراتيجية توضع من قبل الإدارة العليا فقط، ولكن كثيرين يرون أن الإدارة الوسطى والإشرافية تلعب دوراً هاماً في صياغة استراتيجية المنظمة.[24]

أما الإدارة الاستراتيجية Strategic Management فتعرف "بأنها عملية تكييف المنظمة لتتلاءم مع بيئتها بما يضمن تحقيق أغراضها واستمراريتها على المدى البعيد بصورة أفضل، من خلال العمل على رفع قيمة منتجاتها وخدماتها".[25] وتتضمن الإدارة الاستراتيجية اتخاذ القرارات الأساسية والجوهرية بشأن:

- تقييم ورصد وتشخيص البيئة الخارجية.
- صياغة أغراض ورسالة المنظمة وفلسفتها وأهدافها.
- اتخاذ الخيارات (القرارات) الرئيسة بشأن مجموعة معينة من الأهداف بعيدة المدى، والاستراتيجيات الرئيسة اللازمة لتحقيقها.
- إعداد أهداف قصيرة المدى وتخصيص الموارد اللازمة لتحقيقها.

- تصميم الهيكل التنظيمي والأنظمة لتحقيق الأهداف. [26]

ويعبّر كاتب آخر عن وجهة نظر مماثلة بشأن الإدارة الاستراتيجية حيث يقول "أن مصطلح الإدارة الاستراتيجية هو أوسع من الاستراتيجية حيث لا يقتصر فقط على صياغة الاستراتيجية وتنفيذها ومراقبتها، ولكن يشمل أيضاً المراحل المبكرة التي تسبق ذلك وهـي إعداد رسالة المنظمة وأهدافها في إطار البيئة الخارجية. [27]

أما القـرار الاسـتراتيجي (Strategic decision) فهـو القـرار الرئيسيـ الـذي يـربط فلسفة المنظمة وأغراضها بالفرص والتهديدات البيئية... وهو قرار بعيد المـدى ولـه تـأثير هام على المنظمة. [28]

أنواع الاستراتيجيات   Typology of Strategies:

تصنف الاستراتيجيات من حيث المستوى (Level) إلى ثلاث فئات رئيسة وهي: [29]

1- الاستراتيجية الكلية Corporate Strategy.

2- استراتيجية النشاط Business Strategy.

3- الاستراتيجية الوظيفية/ التشغيلية Functional/ Operational.

لقد استخدم الكتاب تصنيفات عديدة للاستراتيجيات مـما يتسـبب أحيانـاً في نـوع من الحيرة والإرباك لدى الـدارس والمهتـم بهـذا الموضـوع. ولكـن هـؤلاء الكتـاب يسعون لنفس الهدف وهو تقديم إطار فكري أو مدخل يسمح بتطوير استراتيجيات بديلة يمكن للمنظمة اختيار الأنسب من بينها. وستتم مناقشة أهم هـذه التصـنيفات وأكثرها شهرة فقط، حيث لا يتسع المجال لمناقشة جميع التصنيفات.

لقد ميّز الكاتب بـورتر (Porter) بـين ثلاثـة أنواع عامـة مـن الاستراتيجيات عـلى أساس المنافسة في السوق:

1- استراتيجية القيادة التكاليفية Cost – Leadership:

وتعتمد على تخفيض التكاليف وزيادة الكفاءة الداخلية للتفوق عـلى المنظمات المنافسة، ولذلك تسعى المنظمات لاستخدام تقنية الإنتاج الكبير للاستفادة مـن توفير التكاليف.

2- استراتيجية التمايز Differentiation:

وتعتمد على تفرّد المنظمة في إنتاج وتسويق منتجات متميّزة عمّا تقدمه المنظمات الأخرى في نفس النشاط.. فتقوم المنظمـة بتقديم منتجات مبتكرة، والاهتمام بالخدمة التي تقدمها للمستهلك مع السلعة.

3- استراتيجية التركيز Focus:

تعتمد هذه الاستراتيجية على اختيـار سـوق معيّن، فئـة معينـة مـن المنتفعـين، أو منطقة جغرافية معينة أو منتج معين، بدلاً من السعي لإرضاء جميع رغبات المنتفعين. [30] أما Wright وزملاؤه فيميزون بين أربعة أنواع مـن الاستراتيجيات الكلية العامة، وهي:

1- استراتيجيات التوسع (Growth) (توسع داخلي، الدمج، الضم، التحالفات).
2- استراتيجية الاستقرار Stability.
3- استراتيجيات الانكماش Retrenchment: تقليص الحجم، والتركيز على الكفاءة، إلغاء بعض الأنشطة أو بيعها، أو التصفية.
4- دمج عدد من الاستراتيجيات Combination. [31]

ومـن بـين التصنيفات واسعة القبول والانتشار، التصنيـف الـذي اقترحـه (Miles و snow) حيث ميّزا بـين أربعة أنـواع مـن الاستراتيجيات العامـة للتعامـل مـع البيئـة الخارجية، وكل نوع يتطلب مزيجاً معيناً مـن التقنيات والهيكل التنظيمـي والعمليات، وهذه الاستراتيجيات الأربع هي: [32]

1- الاستراتيجية الدفاعية Defender:

تهتم هذه الاستراتيجية بالمحافظة على نصيب المنظمة من السوق الذي تعمل فيه، وتعتمد على افتراض أن البيئة يمكن دراستها وتحليلها ولكن لا يمكن التأثير فيها بشكل كبير. ولذلك تعتمد هذه الاستراتيجية على زيادة كفاءة المنظمة بغرض تخفيض التكاليف والحفاظ بذلك على نصيبها من السوق دون أن تتخذ خطوات إيجابية لزيادة الطلب أو تطوير المنتجات.

2- استراتيجية ريادية/ تطلّعية Prospector:

تعتمد هذه الاستراتيجية على التفاعل الإيجابي مع البيئة الخارجية، وتفترض أن البيئة متغيرة، وأن على المنظمة أن تخاطر في التعرف على الفرص المتاحة في البيئة الخارجية والاستفادة منها، وتفترض هذه الاستراتيجية أن المنظمة تستطيع أن تصنع البيئة التي تعمل فيها وأن توجد لنفسها فرصاً للنمو، وتستطيع أن تحقق ذلك من خلال دراسة ردود أفعال المستهلكين لما تقدمه المنظمات المنافسة من منتجات ثم الاستفادة من ذلك في تطوير وتعديل منتجاتها للاستحواذ على نصيب أكبر من السوق. إن المنظمات التي تتبنى هذه الاستراتيجية تتطلع باستمرار لأي فرص في السوق، وتختبر سلع وخدمات جديدة استجابة لاتجاهات بيئية جديدة.

3- استراتيجية التحليل/ المحلل Analyzer:

تعتمد على افتراض أن البيئة يمكن فهمها والتنبؤ بالتغييرات المحتملة فيها، فتعمل المنظمات على الاستفادة من مثل هذه التغيرات فتلجأ المنظمات إلى جعل منتجاتها أكثر جاذبية للمستهلكين من خلال التعرف باستمرار على التغيرات في مطالبهم وأفضلياتهم وحاجاتهم والعمل على تلبيتها. وهذه المنظمات غالباً لديها منتج في سوق مستقرة، وآخر في سوق متغيرة. وفي الحالة الأولى تعمل المنظمة بكفاءة ورسمية، أما في الثانية فهي تراقب عن قرب المنافسين ومن ثم تتكيف بقدر استطاعتها، أي أنها تقلّد المنظمات الأخرى الناجحة التي تقدم منتجات جديدة.

4- استراتيجية رد الفعل Reactor:

تعتمد هذه الاستراتيجية على افتراض أساس وهو أن البيئة الخارجية لها تأثير محدود على المنظمة، ولذلك لا تعطى المنظمة اهتماماً كبيراً لما يحدث في البيئة ولا تهتم بدراستها وترى الإدارة العليا التغييرات المتلاحقة ولكنها لا تستطيع حشد الموارد اللازمة للاستجابة لها. وتتصف هذه الاستراتيجية بعدم الثبات وعدم التوافق في الأنماط، حيث تنتقل المنظمة من استراتيجية لأخرى حسب ما تمليه عليها الظروف، ولا تلتزم باستراتيجية مستقبلية معينة.

ويلخص الجدول (1) الاستراتيجيات الأربع سابقة الذكر:

جدول رقم (1)

مقارنة بين الاستراتيجيات الأربع السابقة

الاستراتيجية	الأهداف	البيئة	خصائص الهيكل التنظيمي
1- الدفاعية Defender	الاستقرار والكفاءة	مستقرة	هيكل وظيفي، تقسيم وتخصص عالٍ في العمل، درجة عالية من الرسمية، ومركزية شديدة، ورقابة محكمة، نظم معلومات رأسية معقدة، وسائل تنسيق بسيطة.
2- التحليلية Analyzer	الاستقرار والمرونة	متغيّرة	سيطرة مركزية معتدلة، رقابة محكمة على الأنشطة الحالية، رقابة فضفاضة (غير محكمة) على الأنشطة الجديدة، وسائل تنسيق معقدة جداً.
3- الريادية/ تطلعية Prospector	المرونة	دينامية	هيكل فضفاض، تقسيم وتخصص منخفض، درجة منخفضة من الرسمية، لا مركزية، نظم معلومات أفقية بسيطة، آليات تنسيق معقدة.

المصدر: Robbins, Organization Theory, p. 133.

وقم تم حذف استراتيجية رد الفعل (Reactor) لسبب واضح وهو أنها تؤدي إلى أداء غير فعّال.

علاقة الاستراتيجية بالهيكل التنظيمي:

يعتقد كثير من الكتاب والباحثين أن استراتيجية المنظمة والإدارة الاستراتيجية تؤثران كثيراً على تصميم الهيكل التنظيمي والأعمال في المنظمة. ومن أبرز الكتاب الذين أكّدوا على وجود علاقة إيجابية قوية بين الاستراتيجية والهيكل التنظيمي الكاتبان ألفرد شاندلر (Alfred Chandler) وجون شايلد (John Child). حيث يعتقدان بأن استراتيجية المنظمة تحدّد نوع الأعمال والأنشطة التي ستنجزها المنظمة، وتنوع أعمالها، ومناطق تواجدها، ونوع الأفراد الذين ستحاول استقطابهم... أي أن الاستراتيجية لها تأثير مباشر على تصميم المنظمة.[33]

أما بورتر (Porter) فيرى أن تنوع البيئة وتعقدها واستقرارها وعدم التأكد بشأنها، وكذلك حجم المنظمة تعتمد على استراتيجية المنظمة.[34]

قياس أداء المنظمة **Org. Performance Evaluation:**

قبل البدء بمناقشة مقاييس أداء المنظمة ومدى نجاحها في تحقيق أهدافها، ينبغي التعرف على ما تحتاجه معظم المنظمات من أجل تأمين بقائها. فحتى تستطيع المنظمة المحافظة على درجة معينة من الاستقرار والتنبؤ بالبيئة الخارجية، يجب أن تفي بمجموعة من المتطلبات التنظيمية من أجل ضمان استمرارية العمل فقط. وبمقدار ما تنجح المنظمة في استيفاء هذه المتطلبات ستتحدد قدرتها على مواصلة تحقيق أهدافها. وتتضمن المتطلبات التنظيمية ما يلي:

1- **الحصول على الموارد (Resource Acquisition)**، التي تمثل المدخلات للمنظمة لتتمكن من ممارسة أعمالها.

2- **الكفاءة (Efficiency)**: تحقيق أفضل نسبة بين المدخلات والمخرجات في العمليات التحويلية.

3- **الإنتاج أو المخرجات (Production or output)**: ينبغي أن تنتج المنظمة وتصرّف منتجاتها وخدماتها بطريقة ثابتة ومتوقعة.

4- **التنسيق العقلاني (Rational Coordination)**: يجب تحقيق التكامل والتنسيق بين أنشطة المنظمة بصورة منطقية ومتوافقة مع الأهداف النهائية.

5- **التجدد والتكيف التنظيمي (Org. renewal and adaptation)**: يجب على كل منظمة أن تستثمر بعض الموارد في جهود التجديد والتطوير مستقبلاً.

6- **الامتثال (Conformity)**: يجب على المنظمة أن تعمل في إطار القيم والمعايير الاجتماعية والأخلاقية والقوانين والتشريعات الحكومية السائدة في المجتمع.

7- **رضا الأطراف المعنية (Constituency Satisfaction)**: تتكون المنظمات من جماعات وأطراف عديدة لها مصالحها المختلفة، ولا بد للمنظمة من تلبية حاجات هذه الجماعات لتضمن تعاونها ودعمها. (35)

إن جميع المنظمات على اختلاف أنواعها وأهدافها وأنشطتها تحتاج إلى استخدام معايير معينة للحكم على نجاح المنظمة؛ وقد أصبح من المسلم به أنه لا يمكن تحديد معيار واحد فقط للحكم على نجاح المنظمة، ولم يعد مقبولاً الاعتقاد بوجود معيار واحد عالمي للحكم على نجاح جميع المنظمات. وأصبح من الصعب أن تجد منظمة معينة ناجحة من جميع الأوجه والجوانب أو فاشلة في كل شيء. وهكذا يجب استخدام معايير عديدة متنوعة للحكم على نجاح المنظمة. ويمكن تصنيف المعايير المختلفة التي يمكن استخدامها للحكم على نجاح المنظمة إلى ثلاث مجموعات:

1- معايير الكفاءة (Efficiency).
2- معايير الفعالية (Effectiveness).
3- الجوانب الإنسانية (Humanism). (36)

ونستعرض بإيجاز هذه المعايير:

1- الفعالية Effectiveness:

تعرّف الفعالية بأنها مدى تحقيق المنظمة لأهدافها. أما إتزيوني (Etzioni) فقد عرّف الفعالية بأنها: "قدرة المنظمة على تأمين الموارد المتاحة واستخدامها بكفاءة لتحقيق أهداف محدّدة". (37)

لقد حظي، ولا يزال، موضوع فعالية المنظمة باهتمام زائد من قبل الكتاب والممارسين والمعنيين بنظريات المنظمة والتنظيم. وجرت محاولات عديدة لتوضيح وتحليل هذا المفهوم، ومعرفة العوامل والأسباب التي تؤدي إلى تحقيق الفعالية. فتباينت

الآراء كثيراً في هذا الصدد وبرزت نماذج عديدة لتفسير هذا المفهوم، بعضها يناقض البعض الآخر أحياناً؛ ولا يمكن اعتبار أي نموذج بمفرده كافياً وشاملاً. وأسباب هذا التباين عديدة ومن بينها: التباين في المنظور، ومجال الاهتمام، وطبيعة المنظمة التي شملتها الدراسات، والفئات المستفيدة من المنظمات، ودورة حياة المنظمات، وغيرها. ولكن هذه النماذج جميعها تتفق على أن فاعلية المنظمة مفهوم معقّد متعدّد الجوانب والأبعاد ولا بدّ من استخدام عدّة معايير للحكم على فعالية المنظمة.

وسنناقش بإيجاز أهم هذه النماذج:

* نموذج تحقيق الأهداف Goal Accomplishment:

وهو من أقدم النماذج لتوضيح وتحليل الفعالية وأكثرها انتشاراً. واستناداً لهذا النموذج، فإن أي منظمة تنشأ لتحقيق أهداف معينة، وأن فعالية المنظمة تقاس بمدى تحقيق هذه الأهداف. ومع أن هذا النموذج يستخدم كثيراً في الحياة العملية في المنظمات، ولكن له مشكلات عديدة أهمها:[38]

- إن الأهداف غير الرسمية لبعض المنظمات لا يمكن قياسها بسهولة.

- لكل منظمة عدّة أهداف، وتحقيق أحدها قد يعيق المنظمة أحياناً من تحقيق الأهداف الأخرى.

- لا يمكن تصوّر وجود إجماع في المنظمة على أهداف مشتركة محددة.

- أمر آخر هام وهو البعد الزمني (هل يجب الاهتمام بالأهداف قصيرة الأمد أم بعيدة الأمد؟).

- لا يمكن الجزم بأن نتائج معينة هي ناشئة عن أنشطة تنظيمية أو لأسباب خارجية.

- إن المدخلات لها تأثير على نوعية النتائج، وفي حالات كثيرة لا تملك المنظمة سيطرة كاملة على هذه الموارد.

* نموذج تأمين الموارد (Resource acquisition):

يركّز هذا النموذج على مدخلات المنظمة بدلاً من مخرجاتها (نتائجها)؛ وتكون المنظمة فعّالة إذا استطاعت تأمين الموارد الضرورية للإنتاج مثل المواد الخام،

والقوى العاملة، ورأس المال، والخبرة الإدارية والفنية.[39] كما يركّز هذا النموذج على ضمان بقاء المنظمة على المدى البعيد، ومحور اهتمامه هو مدى نجاح المنظمة في التعامل مع البيئة الخارجية (التكيف والتأقلم والتأثير أيضاً على هذه العوامل).

والمشكلة الرئيسة هنا هي كيفية قياس المرونة والتكيف. ويوجّه الكتاب النقد لهذا النموذج لكونه يركّز على الوسائل (means) اللازمة لتحقيق الفعالية بدلاً من فعالية المنظمة نفسها (إغفال العمليات الداخلية).[40]

* نموذج العمليات الداخلية (Internal Processes):

ويطلق عليه أيضاً نموذج "النظام الصحي" (Healthy System). وبموجب هذا النموذج تكون المنظمة فعّالة إذا تدفقت المعلومات بسلاسة ويسر وسهولة، وسادت روح الانتماء والالتزام والرضا الوظيفي بين العاملين. والنظام السليم، من منظور سلوكي، يتصف بأدنى قدر من النزاع الضار والصراع السياسي والمناورات السياسية.[41]

ويركّز نموذج العمليات الداخلية على الناس وعلى عمليات الرقابة وانسياب المعلومات بسلاسة (باعتبارها وسائل)، وعلى الاستقرار باعتباره غاية.[42]

ومن مشكلات هذا النموذج هو تجاهله لعلاقة المنظمة بالبيئة الخارجية، والإفراط في الاهتمام بالعمليات الداخلية، فضلاً عن صعوبة قياس المناخ النفسي ورضا العاملين.[43]

* نموذج رضا الجماعات/ الأطراف الرئيسة:

Strategic Constituencies Satisfaction

إن المنظمات تعتمد على الناس وفي نفس الوقت تؤثر على حياة الناس، وبالتالي فإنه يمكن اعتبار رضا الأطراف الرئيسة المتعاملة مع المنظمة معيار هام في فعالية المنظمة. إن الأطراف التي تتأثر مصالحها بالمنظمة، ولهم مصلحة في بقاء المنظمة واستمرارها عديدون، فمنهم: المستهلكون، والموردون، والعاملون، والاتحادات، والمديرون، والمساهمون، والحكومة والمجتمع بصفة عامة. ولكل من هذه الفئات وغيرها مصالحها واهتماماتها التي قد تتعارض مع أهداف ومصالح الفئات الأخرى.

والتحدي الذي تواجهه إدارة المنظمة هو محاولة إيجاد توازن سليم فيما بين مصالح الفئات المختلفة، وتحقيق أدنى درجة من الرضا لجميع الفئات. [44]

وتبرز مشكلة أخلاقية إذا ما اهتمت الإدارة بتلبية مصالح الفئة القوية وأهملت مطالب الفئة الضعيفة.

إن النماذج السابقة جميعها تنظر إلى الفعالية التنظيمية باعتبارها ظاهرة معقدة ومتعدّدة الأبعاد والجوانب. وأن كل نموذج يركّز على جوانب وأبعاد معيّنة دون غيرها، مما يجعل أي نموذج لا يكفي بمفرده للحكم الصحيح على فعاليّة المنظمة، وهذا يقتضي بالضرورة الاستفادة بصورة تكاملية من النماذج الأربعة السابقة ودمجها للحكم على فعالية المنظمة بصورة صحيحة، دقيقة وشاملة، علماً بأن هذا الدمج قد يتخذ أشكالاً وصيغاً مختلفة.

يقترح الكاتب كاميرون (Cameron) على كل منظمة أن تأخذ في الاعتبار الإجابات على الأسئلة الست الآتية، من أجل اختيار أفضل المعايير لقياس الفعالية:

1- ما هو مجال النشاط الذي يتم التركيز عليه؟ (مثلاً أنشطة داخلية أم خارجية).

2- من هي الجهة أو الطرف الذي يجب أن تؤخذ وجهة نظره في الاعتبار؟

3- ما مستوى التحليل المستخدم (فعالية الفرد، أم فعالية الجماعة، أم فعالية المنظمة الكل)؟

4- ما هو المنظور الزمني الذي سيستخدم (المدى القصير أم المدى البعيد)؟

5- ما نوع البيانات التي ستستخدم (موضوعية أو غير موضوعية)!

6- ما هو الإطار المرجعي المستخدم (مقارن، معياري، أم يركّز على الهدف)؟ [45]

2- الكفاءة Efficiency:

تشير الكفاءة إلى العلاقة بين الموارد والنتائج؛ وتقاس الكفاءة باحتساب نسبة المخرجات إلى المدخلات المستغلّة أثناء سعي المنظمة لتحقيق أهدافها، وترتبط الكفاءة بمسألة ما هو مقدار المدخلات من المواد الخام والأموال والناس اللازم لتحقيق مستوى

معيّن من المخرجات أو هدف معيّن.[46] وتعني الكفاءة تحقيق أعلى منفعة مقابل التكاليف، وأن تكون المنظمة كفؤة يعني أن تحصل على أعلى ما يمكن من الهدف التي تسعى لتحقيقه - أعلى نمو، الموظف الأعلى رضا، أعلى جودة للمنتج، وغيرها.[47]

يعتبر مفهوم الكفاءة ملازماً لمفهوم الفعالية؛ ولكن لا يجب أن يستخدما بالتبادل. فقد تكون المنظمة فعّالة ولكنها ليست كفؤة أي أنها تحقق أهدافها ولكن بخسارة، وعدم كفاءة المنظمة يؤثر سلباً على فعاليتها؛ فكلما ارتفعت تكاليف تحقيق هدف معيّن، قلّت احتمالات قدرة المنظمة على البقاء.[48] ويمكن استخدام الفعالية كمقياس بعيد المدى، بينما يمكن استخدام الكفاءة كمقياس قصير الأمد. ويجب أن يؤخذ كلاهما - الفعالية والكفاءة- في الاعتبار ضمن مقاييس نجاح أي منظمة. وينظر إلى الكفاءة على أنها "إنجاز العمل بشكل صحيح" doing things right، وأما الفعالية فهي "إنجاز العمل/ الشيء الصحيح" doing the right thing.[49]

3- الإنسانية Humanism:

بالإضافة إلى الفعالية والكفاءة، أصبح مدى اهتمام المنظمة بالناس العاملين فيها يؤخذ في الاعتبار حين الحكم على نجاح المنظمة، نظراً للضغوط العديدة، من ثقافية وقانونية واجتماعية، التي تواجه المنظمات. ولا تستطيع أي منظمة الآن أن تتجاهل أهمية ودور البعد الإنساني، لضان التزام العاملين وانتمائهم وتعاونهم لتمكينها من النجاح.[50]

أسئلة للمراجعة والنقاش

س1- عرف رسالة المنظمة وناقش فوائدها؟

س2- ناقش معايير صياغة رسالة المنظمة؟

س3- ناقش ماهية أهداف المنظمة وفوائدها؟

س4- اشرح أنواع أهداف المنظمة المختلفة؟

س5- وضح ماهية وأهمية التسلسل الهرمي للأهداف في المنظمة؟

س6- ما هي العوامل الواجب مراعاتها أثناء وضع أهداف المنظمة؟

س7- عدّد خصائص الأهداف الجيدة؟

س8- ما هي الاستراتيجية، وناقش أنواع الاستراتيجيات على أساس المنافسة، وعلى أساس البيئة؟

س9- ما هي خصائص الهيكل التنظيمي التي تلائم الاستراتيجيات المختلفة (على أساس البيئة)؟

س10- عرّف الكفاءة، والفعالية، ووضح العلاقة بينهما؟

س11- اشرح أهم نماذج معايير الفعالية، موضحاً أهم سلبيات كل منها، والعلاقة بينها؟

س12- وضح ماهية معيار البعد الإنساني في قياس أداء المنظمة؟

قائمة الهوامش

1- F.R. David (1986), Fundamentals of Strategic Management, (Columbus, OH: Merrill), p. 35.

2- Gordone E. Greenley (1989), Strategic Management, (Cambridge: University Press), pp. 149-150.

3- Ibid., pp. 151-153.

4- Peter Wright, Charles D. Pringle, Mark. J. Kroll and John A. Parnell (1994), Strategic Management, 2nd ed. (Boston: Mass: Allyn and Bacon), p. 52.

5- W. Richard Scott (1992), Organizations: Rational, Natural and Open Systems, 3rd ed. (Englewood Cliffs, NJ: Prentice-Hall Inc.), p. 19.

6- أميمة الدهان، (1992)، نظريات منظمات الأعمال، (عمان: مطبعة الصفدي)، ص.51

7- المرجع السابق.

8- شوقي ناجي جواد (2000)، إدارة الستراتيج، (عمان: دار الحامد)، ص.27

9- Scott, Organizations, p. 45.

10- B.J. Hodge and William P. Anthony (1991), Organization Theory: A Strategic Approach, 4th ed, (Boston: Mass: Allyn and Bacon), pp. 254-259.

11- Richard H. Hall (1991), Organizations: Structures Processes and Outcomes, 5th ed, (Englewood Cliffs, NJ: Prentice-Hall Inc.), p. 251.

12- Greenley, Strategic Management, p. 172.

13- Ibid., p. 174.

14- Scott, Organizations, p. 46.

15- Hodge and Anthony, Organization Theory, p. 260.

16- Scott, Organizations, p. 288.

17- Hodge and Anthony, Organization Theory, p. 260.

18- Ibid., pp. 260-263.

19- Wright et al, Strategic Management, p. 64.

20- Greenley, Strategic Management, pp. 182-183.

21- Wright et al, Strategic Management, pp. 3-4.

22- in Greenley, Strategic Management, pp. 254-255.

23- Scott, Organizations, p. 286.

24- Ibid., pp. 286-287.

25- Hodge and Anthony, Organization Theory, p. 221.

26- Ibid.

27- Wright et al, <u>Strategic Management</u>, p. 4.

28- Hodge and Anthony, <u>Organization Theory</u>, p. 221.

29- Wright et al, <u>Strategic Management</u>, p. 75.

30- Michael E. Porter (1980), <u>Competitive Strategy: Techniques for Analyzing Industries and Competitors</u>, New York: Free Press,   pp. 35-37.

31- Wright et al, <u>Strategic Management</u>, p. 82.

32- Hodge and Anthony, <u>Organization Theory</u>, pp. 222-224; Stephen Robbins (1990), <u>Organization Theory: Structure, Design and Applications</u>, Englewood Cliffs, N.J: Prentice – Hall Inc.,   pp. 130-137.

33- <u>Ibid.</u>, pp. 97-99.

34- Porter, <u>Competitive Strategy</u>, pp. 35-40.

35- Richard M. Steers (1991), <u>Introduction to Organizational Behavior</u>, 4th ed. (New York, NY: Harper Collins Publishers Inc.), p. 302-303.

36- Hodge and Anthony, <u>Organization Theory</u>, pp. 268-274.

37- Steers, <u>Introduction to Organization Behavior</u>, p. 302.

38- James L. Gibson, John Ivanovich and James H. Donnelly, Jr. (1994), <u>Organizations: Structure, Behavior and Processes</u> (Boston: Mass: IRWIN), p. 33; Scott, <u>Organizations</u>, p. 254-255.

39- Scott, <u>Organizations</u>, p. 249.

40- Stephen Robbins (1990), <u>Organization Theory: Structure, Design and Applications</u> (Englewood Cliffs, NJ: Prentice-Hall, Inc.), pp. 61-62.

41- Robert Kreitner and Angelo Kinicki (1992), <u>Organizational Behavior</u>, 2nd ed. (Homewood, Ill: IRWIN), p. 651.

42- Robbins, <u>Organization Theory</u>, p. 71.

43- علي عبد الهادي مسلم (1997)، <u>مذكرات في تحليل وتصميم المنظمات</u>، (الإسكندرية، جامعة الإسكندرية، مركز التنمية الإدارية)، ص.172.

44- Kreitner and Kinicki, <u>Organizational Behavior</u>, p. 651.

45- Kim Cameron in Hodge and Anthony, <u>Organization Theory</u>,   p. 272-273.

46- Steers, <u>Introduction to Organization Behavior</u>, p. 305.

47- Hodge and Anthony, <u>Organization Theory</u>, p. 273.

48- Steers, <u>Introduction to Organization Behavior</u>, p. 305.

49- Hodge and Anthony, <u>Organization Theory</u>, p. 274.

50- <u>Ibid</u>.

الفصل الرابع

الهيكل التنظيمي
Organizational Structure

الأهداف:

بعد إتمامك دراسة هذا الفصل سوف يكون بمقدورك:

1- توضيح ماهية الهيكل التنظيمي وفائدته للمنظمة.

2- تحديد وشرح الخصائص الرئيسة الثلاث للهيكل التنظيمي، والعلاقة بينها.

3- تحديد جوانب/ مكونات الهيكل التنظيمي الرئيسة..

4- توضيح ماهية تصميم العمل (تقسيم العمل والتخصص) ووصف الأساليب المختلفة في تصميم العمل.

5- شرح الأسس المختلفة لتجميع الوظائف (إنشاء الوحدات التنظيمية).

6- توضيح مفهوم نطاق الإشراف وعلاقته بالهيكل التنظيمي.

7- التمييز بين السلطات الثلاث: التنفيذية، والاستشارية، والوظيفية، ومعرفة العوامل الواجب مراعاتها في تحديد السلطات.

الفصل الرابع

الهيكل التنظيمي

Organizational Structure

يناقش هذا الفصل ماهية الهيكل التنظيمي وأهميته وخصائصه الرئيسة وعناصره/ مكوناته الأساسية.

تعريف الهيكل التنظيمي:

لم يتفق الكتاب والباحثون في الفقه التنظيمي على تعريف واحد جامع "للهيكل التنظيمي"، وتتفاوت وجهات النظر والمفاهيم التي قدموها من حيث الشمولية والعمق، ولكنهم جميعاً يرون بان الهيكل التنظيمي ما هو إلا وسيلة وأداة لتحقيق أهداف المنظمة. وسنشير فيما يلي إلى بعض هذه الآراء.

يقول روبرت أبلبي (Robert Appleby) بأن الهيكل التنظيمي هو "إطار يوجّه سلوك رئيس المنظمة في اتخاذ القرارات... وتتأثر نوعيّة وطبيعة هذه القرارات بطبيعة الهيكل التنظيمي".[1] ويشير (Stoner و Freeman) إلى أن الهيكل التنظيمي يعني "الطريقة التي يتم بها تقسيم أنشطة المنظمة وتنظيمها وتنسيقها".[2] أما بلاو (Blau) فيعرف الهيكل التنظيمي بأنه "توزيع الأفراد بطرق شتّى بين الوظائف الاجتماعية التي تؤثر على علاقات الأدوار بين هؤلاء الأفراد..." ويتضمن هذا التعريف:

1- تقسيم العمل والتخصص.

2- إن المنظمة تشتمل على رتب أو تسلسل.[3]

أما (Robbins) فيرى أن الهيكل التنظيمي يوضح ويحدد كيفية توزيع المهام والواجبات، والمسؤول الذي يتبع له كل موظف، وأدوات التنسيق الرسمية، وأنماط التفاعل الواجب اتباعها.[4]

ويرى جيبسون (Gibson) وزملاؤه أن الهيكل التنظيمي ينتج عن قرارات تنظيمية تتعلق بأربعة أبعاد/ جوانب لأي منظمة، وهي:

1- تقسيم العمل والتخصص.

2- أسس/ طرق تكوين الوحدات التنظيمية (تجميع الوظائف/ الأعمال).

3- حجم هذه الوحدات (نطاق الإشراف).

4- تفويض السلطات. [5]

ومن أكثر التعاريف شمولية وعمقاً التعريف الـذي قدمـه (John Child)، حيـث يرى أن الهيكل التنظيمي يشتمل على الجوانب الرئيسية الآتية:

1- توزيع الأعمال والمسؤوليات والسلطات بين الأفراد.

2- تحديد العلاقات لمن يتبع كل شخص، ومن هـم الأشخاص الـذين يتبعـون لـه، وتحديد عدد المستويات التنظيمية (تطبيق نطاق الإشراف).

3- تجميع الأفراد في أقسام والأقسام في دوائر والدوائر في وحدات أكبر وهكذا.

4- تفويض السلطات وتصميم الإجراءات لمراقبة التقيد بذلك.

5- تصميم الأنظمة والوسائل لضمان تحقيق الاتصال الـداخلي الفعّال ومشاركة الأفراد في عملية صنع القرارات، وكذلك التفاعل والتعامل مع الجمهور وتقـديم منتجات/ خدمات جيدة.

6- توفير القواعد والوسائل اللازمة لتقييم أداء العاملين. [6]

أهمية الهيكل التنظيمي:

مع أن الكتاب لا يتفقون على ماهية الهيكل التنظيمي ومكوناته وأبعاده، إلا أنهم جميعاً يعتبرون الهيكل التنظيمي وسيلة أو أداة هادفة تسعى لتحقيق أهداف المنظمـة. وحيث أن أي منظمة يتم إنشاؤها لتحقيق أهداف معينـة، فكذلك الهيكـل التنظيمي يصمم لمساعدة المنظمـة علـى تحقيق أهـدافها. ويعتقـد (Peter Drucker) أن الهيكـل التنظيمي يمكن أن يساعد في تحقيق أهداف المنظمـة مـن خـلال ثلاثة مجالات رئيسـة وهي: [7]

1- المساعدة في تنفيذ الخطط بنجاح.

2- تسهيل تحديد أدوار الأفراد في المنظمة.

3- المساعدة في اتخاذ القرارات.

وتندرج تحت كل من هـذه المجـالات الرئيسـة مجـالات فرعيـة يستطيع الهيكل التنظيمي بوساطتها أو مـن خلالهـا المسـاعدة في تحقيـق أهـداف المنظمة، ومـن هـذه المجالات الفرعية:

- تحقيق الاستخدام الأمثل للموارد المتاحة للمنشأة.
- تفادي التداخل والازدواجية بين الأنشطة والعمليات.
- تجنب الاختناقات في العمل.
- تحقيق الانسجام والتناسق بين مختلف الوحدات والأنشطة والأدوار.
- تمكين المنظمة من الاستجابة للتغيرات في داخلها وخارجها والعمل عـلى التكيـف مع هذه المتغيرات.

أما (Scott) فيشير إلى أن الهيكل التنظيمي يخدم ثلاث وظائف رئيسة، وهي:[8]

1- الوظيفة الأولى والأهم هي: أن الهيكـل التنظيمـي يهـدف إلى إنتـاج مخرجـات المنظمة وتحقيق أهدافها.

2- إن الهيكل التنظيمي يصمّم لتقليص أو على الأقل لضبط تأثير الاختلافات الفردية عـلى المنظمـة. فالهيكـل التنظيمـي يضـمن امتثـال الأفراد لمتطلبـات المنظمة وليس العكس.

3- الهيكل التنظيمي هو الإطار الذي يتم فيه ممارسة القوة (والهيكل أيضاً يحـدد أي الوظائف تمتلك القوة)، ويتم فيه اتخـاذ القرارات (إن انسيـاب المعلومـات التي تلزم لأي قرار تتقرّر إلى درجة كبيرة من قبـل الهيكـل التنظيمـي)، والـذي يتم فيه إنجاز أنشطة المنظمة – الهيكل هو ساحة أنشطة المنظمة.

ويشير (John Child) إلى أهميـة الهيكـل التنظيمـي السـليم مـن خـلال عـرض النتائج السلبية العديدة والخطيرة التي قد تنشأ عـن تطبيق هيكـل تنظيمـي غـير سـليم ومنها:[9]

1- تدني معنويات ودافعية العاملين للعمـل وذلـك بسـبب: التنـاقض في القرارات وعـدم موضـوعيتها، والمسـؤوليات المحـدودة، وعـدم وضـوح الأدوار، ووجـود ضغوط ومتطلبات متضاربة، والعبء الزائد.

2- بطء القرارات واتخاذ قرارات غير سليمة، بسبب: عدم إيصال المعلومات المطلوبة للأشخاص المعنيين في الوقت المناسب، وعدم وجود تنسيق كافٍ بين متخذي القرارات.

3- حدوث الاحتكاك والنزاع، والافتقار للتنسيق بسبب: وجود أهداف متضاربة، قيام الأفراد بالعمل بدون تنسيق فيما بينهم، الفصل بين التخطيط والتنفيذ.

4- قد لا تستجيب المنظمة على نحو إبداعي/ ابتكاري للمستجدات، بسبب عدم تضمين الهيكل التنظيمي وظائف/ أدوار تعنى بالتنبؤ والرصد، وعدم إدراك الإدارة العليا لأهمية الابتكار، وتخطيط التغيير، وعدم دعمهما، وعدم التنسيق بين التسويق والبحث.

5- تزايد النفقات، وبخاصة في المجالات الإدارية، بسبب: طول السلم الهرمي، والمغالاة في الإجراءات والعمل الكتابي.

ومن ناحية أخرى، لا يمكن إغفال تأثير الهيكل التنظيمي على سلوك الأفراد والجماعات في المنظمات. فالطريقة التي يتم بها تقسيم الأعمال والتخصص وتحديد الأدوار، وتكوين الوحدات التنظيمية وتفويض السلطة، كلها تؤثر بدرجة كبيرة إيجاباً أو سلباً على سلوك الأفراد والجماعات في المنظمات. ولما كانت أبعاد/ جوانب الهيكل التنظيمي السابق ذكرها مترابطة وتتفاعل مع بعضها البعض، فإن آثارها ونتائجها قد تكون إيجابية أو سلبية تبعاً للتكوين/ التركيبة المعيّنة لتلك الأبعاد/ الجوانب.

الخصائص الرئيسة للهيكل التنظيمي   **Characteristics/ Dimensions:**
للهيكل التنظيمي متغيرات وأبعاد كثيرة ومترابطة، ولكن العديد من الكتاب افترضوا (3) أبعاد/ خصائص رئيسة للهيكل التنظيمي وهي: [10]

1- التعقيد Complexity.
2- درجة الرسمية Formalism.
3- المركزية Centralization.

هنالك ثلاثة عناصر تكون درجة التعقيد وهي: التمايـز الأفقـي (Horizontal differentiation) والتمايـز الـرأسي (Vertical differentiation)، والتمايـز الجغرافي (Territorial diff.). ويشيـر التمايز الأفقـي إلى تعـدد وتنـوع الأنشطة التنظيمية، ومجموعات الوظائف المهنية المختلفة والتخصصات المتنوعة فيها. وأما التمايز الـرأسي فيشير إلى عمق الهيكل التنظيمي ويقاس بعدد المستويات التنظيمية. أما التمايز الجغرافي فيشير إلى مدى الانتشار والتوزيع الجغرافي لعمليات المنظمة وأنشطتها.[11]

فالهيكل التنظيمي يتصف بدرجة أعلى مـن التعقيد كلمـا زاد واحـد أو أكثر مـن أنواع التمايـز الثلاثة. وتكمـن أهميـة التعقيد في أنه كلمـا زادت درجـة تعقيد الهيكـل التنظيمي كلمـا زادت الحاجـة للاتصالات والتنسيق والرقابة الفعّالـة، وهـذا يضـع عبئـاً متزايداً على المديرين لمعالجة مشكلات الاتصال والتنسيق والرقابة.

أما الخاصية الثانيـة وهي الرسمية فتشير إلى مـدى اعتماد المنظمـة عـلى القوانيـن والأنظمة والقواعد والتعليمات والقرارات والإجراءات والمعايير في توجيه وضبط سلوك الأفراد أثناء العمل.

تستخدم المنظمات الرسمية لتحقيق معياريـة السلوك (ضبطه والسيطرة عليـه والتنبؤ به) وبالتالي تخفيض درجة تباين/ تنوع السلوك. ومن النتائج والآثار السلبية التي تسببها الرسمية العالية للأفراد العاملين، إعاقة نمو الشخصية الناضجة والمبدعة، واستبدال الأهداف حيث تصبح الأنظمة والتعليمات غاية وليست وسيلة.

وأخيراً فإن الخاصية الثالثة للهيكل التنظيمي وهي المركزية تشير إلى موقع ومكان اتخاذ القرارات في المنظمة، أو توزيع القوّة في المنظمة.

وبالنسبة للعلاقة بين المركزية والرسمية والتعقيد، فقـد أشارت الدراسـات إلى مـا يلي:

1- هنالك دلائل قوية تشير إلى وجود علاقة عكسية بين المركزية ودرجـة التعقيـد، وأن اللامركزية ترتبط بدرجة عالية من التعقيد.

2- أما بالنسبة للعلاقة بـين المركزية والرسمية فهي غامضة، والنتائج متضاربة، فمنها ما يشير إلى وجود علاقة عكسية. والبعض يشير إلى وجود علاقة طردية.

3- إن كلاً من الرسمية والتعقيد يؤدي إلى ممارسة مزيد من الرقابة والسيطرة على سلوك الفرد في المنظمة. ومن هنا قد يرى البعض أنه مع تزايد درجة التعقيد قد تقل درجة الرسمية، ويرى رأي آخر أنه كلما زاد التمايز ازدادت معيارية الأعمال وطبق مزيد من الإجراءات لضبط السلوك. وكلا الرأيين صحيح.[12]

تصميم الهيكل التنظيمي **Organizational Design:**

تصميم المنظمة هو عملية تشخيص الموقف الذي يواجه منظمة معينة ومن ثم اختيار وتطبيق الهيكل التنظيمي الأكثر ملائمة لذلك الموقف.. ويعتمد تصميم المنظمة على مبدأ أن مدى ما يسهم به هيكل تنظيمي معيّن في فعالية المنظمة يتوقف على العوامل الموقفية (Contingency Factors) التي تؤثر على المنظمة (مثل البيئة، والتقنيات، والمنافسة، والحجم، وغيرها). يشتمل تصميم الهيكل التنظيمي على عنصرين أساسيين وهما: التمايز (differentiation) والتكامل (Integration).إذ لا بدّ لأي منظمة معاصرة أن تقوم بتقسيم وتجزئة أعمالها إلى واجبات ومهام (التمايز)؛ ولكن يجب عليها في نفس الوقت التنسيق فيما بين هذه المهام/ الواجبات (التكامل).[13]

أما (John Child) فهو يرى أنه إذا ما أردنا تصميم هيكل تنظيمي ينبغي الإجابة عن أسئلة عديدة، ولكن أهمها ما يلي:

1- إلى أي مدى ينبغي تطبيق مبدأ تقسيم العمل والتخصص؟ هل نستمر في تقسيم العمل والتخصص إلى أقصى درجة ممكنة، وإلى مجالات محددة جداً؟ أم نكتفي بدرجة مناسبة من التخصص بحيث تسهل عملية الاتصال وتمنح العاملين مزيداً من المسؤولية وتساعد على إثراء العمل؟

2- هل يتم اعتماد سلم/ هرم إداري طويل في التنظيم العام أم السلم المنبسط؟ (أي بمعنى آخر تحديد عدد المستويات الإشرافية ونطاق الإشراف).

3- على أي أساس سيتم تجميع الأعمال؟ هل على أساس الوظيفة، أم المنتج أم على أساس جغرافي؟

4- هل من الضروري تحقيق قدر كبير من التكامل والتنسيق بين الوحدات والمجموعات المختلفة؟ وما هي الوسائل المتاحة لذلك؟
5- ما هو المنهاج/ الأسلوب الذي ستعتمده الإدارة لممارسة الرقابة على العمل؟ وهل سيتم تطبيق المركزية أم تفويض السلطة في جميع القرارات أم بعضها، وما هي هذه القرارات؟[14]

ويضيف (Child)... ومن أجل وضع عملية تحليل البدائل المتاحة في إطار دينامي، لا بد من الإجابة عن الأسئلة الآتية:

1- ما هي الضغوط التي تتعرض لها الإدارة لتلزمها تغيير الهيكل التنظيمي؟
2- ما هي المتطلبات التنظيمية التي يتطلبها نمو المنظمة وتطورها؟
3- وأخيراً، وفي ضوء الظروف المتغيرة باستمرار، ما هي الترتيبات التنظيمية التي يمكن أن نشهدها مستقبلاً؟ وفي أي الحالات سيصبح الهيكل التنظيمي الحالي وأساليب وطرق العمل الحالية المتبعة في المنظمة غير ملائمة وغير مقبولة؟[15]

أما جيسون وزملاؤه فيرون أن تصميم الهيكل التنظيمي يتمثل في اتخاذ عدة قرارات بشأن جوانب وأبعاد الهيكل التنظيمي، وهذه القرارات الرئيسة هي:

1- يتعلق القرار الأول بتقسيم النشاط العام للمنظمة إلى أنشطة أصغر وهذه إلى أنشطة أصغر وهكذا حتى نحصل على أعمال/ وظائف (Jobs)، لكل منها واجبات ومسؤوليات (تصميم الأعمال) ويعتمد هذا القرار على مبدأ التخصص في العمل (إلى أي مدى يطبق مبدأ التخصص؟) (Job design).
2- يتعلق القرار الثاني باختيار أساس معيّن لتجميع الأعمال/ الوظائف (Departmentation) وقد ينشأ عن هذا القرار جماعات عمل تتضمن أعمالاً متجانسة أو متباينة.
3- يتعلق القرار الثالث بتحديد عدد الأفراد الذين يخضعون لرئيس مباشر، أي بمعنى نطاق الإشراف: ضيق أم واسع؟ (Span of Control).
4- أما القرار الأخير فيتعلق بتوزيع السلطات (Delegation of authority).[16]

ويميل الكاتب للأخذ بوجهة النظر الثانية لكونها الأكثر قبولاً وانتشاراً بين أوساط الكتاب. وستتم مناقشة هذه الجوانب (القرارات) بإيجاز.

أولاً- تقسيم العمل والتخصص (تصميم الأعمال) (Job Design)

يعتبر تصميم الأعمال من أهم جوانب (قرارات) تصميم الهيكل التنظيمي وأكثرها صعوبة وتعقيداً. وتتضمن عملية تصميم العمل تحليل العمل لتحديد الجوانب الآتية المتعلقة بالعمل بشكل موضوعي: [17]

- محتوى العمل (Job content): ويتضمن جانبين/ بعدين رئيسين وهما:

* مدى/ نطاق العمل (Job Range) ويشير إلى مدى تنوع مهام وواجبات العمل.

* عمق العمل (Job depth) ويشير إلى مدى الاستقلالية والحرية والاجتهاد التي يتمتع بها من يقوم بأداء العمل.

- متطلبات العمل (Job Requirements): وتتضمن التحصيل العلمي والخبرة وقدرات وخصائص أخرى يتطلبها إنجاز العمل.

- ظروف العمل (Job Context): وهي الظروف التي يتم فيها أداء العمل من مادية (مثل الإنارة والتهوية وغيرهما)، وغير مادية مثل درجة المسؤولية والمساءلة والإشراف.

- علاقات العمل (Job Relationships): وتشير إلى طبيعة ومدى العلاقات بين الأفراد أثناء إنجاز العمل.

والسؤال الهام هنا هو إلى أي مدى ينبغي تطبيق مبدأ التخصص في العمل (Specialization)؟ والجواب هو أن مدى التخصص قد يتراوح من تخصص عالي (ضيق جداً) إلى تخصص عام. وهنالك استراتيجيات/ أساليب عديدة لتصميم الأعمال، سنناقش أهما باختصار:

1- التصميم الآلي/ العلمي Mechanistic design:

ويستند إلى الحركة العلمية في الإدارة بشكل خاص، حيث يقوم على الأخذ في الاعتبار الجوانب الفنية في العمل، وتطبيق مبدأ التخصص الضيق جداً، أي بمعنى أن

يتضمن العمل مهام محدّدة جداً يتم إنجازها وفق إجراءات ومعايير محددة. وقد افترض أنصار هذا النوع من تصميم الأعمال أنه يحقق مزايا عديدة ومن أهمها: الإنتاجية العالية، وإتقان العمل، وسهولة تدريب العامل، وسهولة اختيار العاملين وغيرها. ولكن الدراسات والأبحاث الميدانية كشفت عن آثار ونتائج سلبية عديدة لهذا النوع من تصميم الأعمال، ومن أهمها: شعور العامل بالغربة والملل بسبب روتينة العمل، وارتفاع الدوران الوظيفي، ونسبة الغياب، والإصابات في العمل، والشكاوى وغيرها...

2- تدوير العمل (Job Rotation):

يتلخص أسلوب تدوير العمل في تنقل العامل من عمل لآخر، وذلك بهدف تقليص احتمالات الشعور بالملل والروتين والرتابة، وذلك من خلال زيادة تنوع المهام التي يقوم بها العامل. ولكن هذا الأسلوب لم يحقق ما كان متوقعاً من حيث تحسن مستوى أداء الفرد، وزيادة رضاه عن العمل وحافزيته. والسبب في ذلك هو أن التدوير الوظيفي لا يعدو أكثر من كونه جعل العامل يؤدي أعمالاً روتينية ومملّة متنوعة بدلاً من عمل واحد.[18]

3- توسيع/ تكبير العمل Job Enlargement:

يتم تكبير العمل من خلال إضافة واجب أو أكثر مما له علاقة بالعمل (أي زيادة التنوع في المهام). والهدف هو التغلّب على مشاكل الإرهاق، والمعنويات المتدنية، واللامبالاة الناتجة عن التخصص المفرط. وهنا يسند للفرد عمل أكثر تنوعاً وأكبر مدى/ نطاقاً.

إلا أن هذا الأسلوب لم يكن أكثر نجاحاً من تدوير العمل، نعم لقد حقق بعض الإيجابيات في مجال الرضا عن العمل، ولكنه لم يحقق الكثير في مجال الحوافز الرئيسة مثل الشعور بالمسؤولية والإنجاز والاستقلالية.[19]

4- إثراء/ إغناء العمل Job Enrichment:

يستند هذا الأسلوب في تصميم العمل إلى المدخل التحفيزي في تصميم العمل الذي ينطلق من نظرية ذات العاملين في الدافعية للكاتب فردريك

هرنزبرغ (Frederick Herzberg). وجوهر هذه النظرية هو أن العمل ذاته يمكن أن يشكل حافزاً هاماً للفرد، وأنه إذا ما كان للعمل معنى وقيمة ويتضمن تحدّياً وتنوعاً، فإن الفرد سيبذل مزيداً من الجهد والعطاء، وتحقيق أداء أفضل.[20]

إن استراتيجية إثراء العمل تعنى بتحسين مدى/ نطاق العمل -زيادة تنوع الواجبات- وزيادة عمق العمل معاً في آن واحد. وتتم زيادة عمق العمل بمنح العامل مزيداً من حرية العمل والتصرف والاستقلالية وتفويض السلطة، وإعطاء الفرد مسؤوليات أكبر... .[21]

وفي سبيل زيادة فاعلية استراتيجية إثراء العمل، وضمان تحقيق الفوائد المرجوّة منها، سعى بعض الكتاب إلى تحديد العوامل والخصائص الذاتية في العمل التي تسبب أكبر دافعية وحافزية لدى الأفراد. ومن أهم خصائص نموذج العمل التحفيزي:

- تنوع المهارات Skill Variety: مدى ما يتطلبه العمل من قدرات ومهارات للقيام بالواجبات التي يتضمنها العمل.
- هوية التحقق من العمل Task Identity: إلى أي مدى يتضمن العمل إنجاز أجزاء/ وحدات كاملة من العمل يمكن التعرف عليها والتحقق منها.
- أهمية الواجب Task Significance: مدى ما للعمل من تأثير على أعمال وحياة الأفراد الآخرين، داخل المنظمة وخارجها.
- الاستقلالية Autonomy: مدى ما يوفّره العمل للعامل من حرية التصرف في جدولة العمل وتحديد الإجراءات وغيرها.
- التغذية الراجعة/ معرفة النتائج Knowledge of Results: وتعنى مدى اطلاع العامل على مستوى أدائه لعمله وفاعلية جهوده الوظيفية.
- التفاعل أثناء العمل Interaction: مدى تفاعل الفرد مع غيره في أدائه لعمله.[22]

وكلما تضمن العمل درجة أعلى من كل عامل من العوامل السابقة، زاد احتمال تحقيق نتائج إيجابية على مستوى الفرد والمنظمة، من حيث شعور العامل بالمسؤولية وتقدير العمل ونتائجه، والرضا عن العمل، والحافزية ومستوى الأداء وغيرها.

ويقترح الكاتب ديسلير Dessler النموذج التالي لتطبيق برنامج الإثراء:

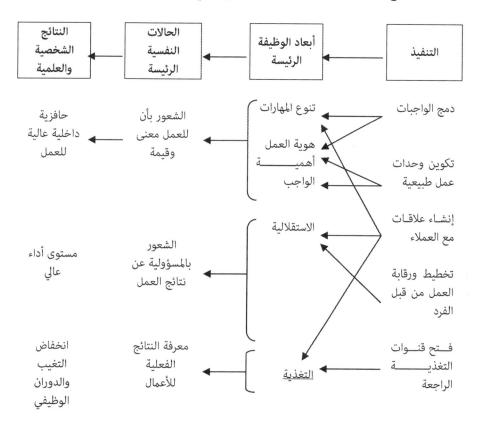

المصدر: Dessler, Organization Theory, p. 264.

ومن بين الأساليب الحديثة في تصميم الأعمال:

1- تصميم الأعمال على أساس فريق العمل Team-based approach:

ويعتمد أساساً على إسناد أعمال/ مهام لفريق مكوّن من عدة أفراد، ومنح الفريق استقلالية تامة (Autonomous work Team) أو ما يعرف بالإدارة الذاتية (Slef – management)، في تخطيط العمل وجدولته وتوزيعه والتنفيذ والمتابعة. أو أن يمنح الفريق استقلالية جزئية (Semi – autonomous).

ويندرج تحت هذا المنهج لتصميم العمل ما يعرف بـ حلقة الجودة (quality circle)، وهي عبارة عن جماعة صغيرة من الأفراد، (وفي العادة أقل من 10 أشخاص) يقومون بأعمال متشابهة ويجتمعون مرة أسبوعياً لمناقشة العمل، وتحديد

المشكلات واقتراح الحلول المناسبة لها، وتكون المشاركة في حلقة الجودة طوعية، ويختار أفراد الجماعة شخصاً لإدارة المناقشات، وتقدم الجماعة مقترحاتها للإدارة.[23]

2- التمكين Employee Empowerment:

ويرتبط بالعمل الفريقي، ويركّز على تحسين قدرات الفرد ومهاراته ومنحه الاستقلالية في العمل ومساءلته عن نتائج أعماله. وهو عبارة عن عملية توزيع مسؤولية اتخاذ القرارات والاستقلالية في المستويات الدنيا من السلم الهرمي... ومن النادر أن يتم التركيز على الأفراد لاتخاذ القرارات، ولكنه في الغالب يتم إنشاء فرق العمل لهذا الغرض.[24]

3- تطبيق بدائل لجدولة العمل:[25]

ومن بينها:

- الأسبوع المضغوط Compressed working week، مثلاً أن تكون أيام العمل أربعة أيام فقط.
- ساعات عمل مرنة Flexible working hours: أن يعمل الفرد لمدة (5) ساعات ما بين الثامنة صباحاً والرابعة مساءً.
- مكان عمل مرن Flexible place: مثلاً أن يؤدي الفرد عمله وهو في بيته وليس بالضرورة أن يتواجد في مكاتب المنظمة.
- تقاسم العمل Job sharing: أن يتقاسم زميلان العمل الأسبوعي، بحيث يداوم أحدهما أياماً معينة والآخر باقي أيام الأسبوع.
- الانقطاع المؤقت عن العمل Career breaks: أن ينقطع الفرد عن عمله فترة معينة ثم يعود لعمله.

إن لكل أسلوب من الأساليب السابقة مزاياه وسلبياته، ومن المهم تحقيق توازن بين كفاءة المنظمة وفاعليتها من ناحية، وتحقيق حاجات ورغبات الفرد وتطلعاته نحو مزيد من الاستقلالية والحرية والاجتهاد والتحدّي، والنموّ والتطوّر.

ثانياً- تجميع الأعمال – تكوين الوحدات التنظيمية Departmentation:

نتيجة لتقسيم وتجزئة أنشطة المنظمة يصبح لدينا أعداد كبيرة من الوظائف/ الأعمال (Jobs) المتخصصة التفصيلية، والتي لا بد من دمجها وتجميعها في مجموعات/ وحدات، وتعيين شخص للإشراف على كل مجموعة/ وحدة.

يمكن أن تتم عملية تجميع الأعمال وإنشاء الوحدات التنظيمية وفقاً لمعايير/ أسس عديدة، لكل منها مزاياه وعيوبه، ولا يوجد أساس واحد مثالي يصلح لجميع المنظمات وفي كل الظروف. إذ أن لكل منظمة أهدافها وأنشطتها وظروفها المتغيرة التي تستدعي تطبيق الأسلوب الأكثر ملاءمة؛ وفيما يلي أهم أسس التنظيم/ تجميع الأعمال:

1- التجميع/ التنظيم الوظيفي Functional Departmentation.

2- التجميع/ التنظيم على أساس المنتج Divisional/ Product Departmentation.

3- التجميع/ التنظيم على أساس المنتفعين Customer Dept.

4- التجميع/ التنظيم الجغرافي Territorial Dept.

5- التجميع حسب مراحل العمل أو نوع التجهيزات Process Dept.

6- التجميع المزيج Mixed (Hybrid) Departmentation.

وسنناقش باختصار هذه الأسس:

1- التنظيم/ التجميع الوظيفي Functional Departmentation:

يعتمد التنظيم الوظيفي أساساً على تجميع الأعمال تبعاً للوظائف والأغراض التي تؤديها، بحيث تختص كل وحدة تنظيمية بأداء وظيفة معينة للمنظمة كلها (إنتاج، تسويق، مالية...الخ). ومن الممكن تجزئة كل وظيفة من الوظائف الرئيسة إلى وظائف فرعية/ ثانوية.

ومن مزايا هذا النوع من التنظيم:

- كفاءة الأداء وتقليل ازدواجية العمل والجهود وتخفيض النفقات.
- تسهيل عملية تدريب الأفراد نتيجة لتجميع الأعمال المتشابهة في وظيفة واحدة.
- يساعد مستويات الإدارة العليا في ممارسة الرقابة الفعالة على الأعمال.
- يساعد المشرف في عملية الإشراف وإنجاز العمل. [26]

أما أهم سلبياته فهي:

- ميل الاختصاصيين للتركيز على أهداف إداراتهم وإغفال أهداف المنظمة.
- المسؤولية عن الأداء العام للمنظمة تقع على عاتق شخص واحد هو الرئيس.
- زيادة أعباء رئيس المنظمة.
- صعوبة عملية التنسيق بين الأنشطة الرئيسة كلما توسعت المنظمة.
- عدم إعطاء اهتمام مناسب للمنتجات/ الأسواق/ المنتفعين. [27]

يرتبط هذا النظام بالكفاءة العالية، ويناسب المواقف والحالات المستقرة وغير المتغيرة، والمنظمات ذات المنتجات أو المنتفعين أو المناطق المتجانسة غير المتنوعة. [28]

2- التنظيم على أساس المنتج Product/ Divisional:

وفي هذا النوع من التنظيم يتم تجميع جميع الأعمال المتصلة اتصالاً مباشراً بإنتاج سلعة/ خدمة معينة في مجموعة واحدة، تعهد مسؤولية إدارتها لرئيس واحد يشرف على جميع الأعمال اللازمة لإنتاج وتسويق كل سلعة/ خدمة.

ويصلح هذا النوع من التنظيم حينما يكون المشروع كبيراً ومنتجاته (أو المنتفعون أو الأسواق أو قنوات التوزيع) متنوعة بشكل كبير؛ وفي المواقف والحالات غير المستقرة التي تتطلب درجة عالية من الحساسية والاستجابة للاحتياجات والمتطلبات الفريدة للمنتجات والأسواق والمنتفعين.

ومن أهم مزاياه:

- تركيز الاهتمام والجهود على خطوط الإنتاج.

- تركيز السلطة والمسؤولية والمساءلة في وحدة (وحدات) تنظيمية معينة.
- تحديد المسؤولية عن الأرباح.
- تسهيل تحديد الأداء وقياسه.
- يوفر أساساً جيداً لتدريب مديرين.(29)

أما أهم سلبياته فهي:
- ارتفاع التكاليف نتيجة ازدواجية الجهود.
- يتطلب أعداداً كبيرة من الأفراد ممن لديهم قدرات إدارية وإشرافية.
- يزيد من صعوبة ممارسة رقابة فعالة من قبل الإدارة العليا.(30)

3- التجميع على أساس جغرافي Territorial Dept./ Structure:

يستخدم هذا النوع من التنظيم في الحالات التي تبيع المنظمة منتجاتها أو تقدم خدماتها إلى مناطق جغرافية متعددة. وهنا يتم تجميع الأعمال والأنشطة الخاصة بمنطقة جغرافية معينة في وحدة تنظيمية واحدة، تسند مسؤولية إدارتها إلى مدير/ رئيس واحد.

أما أهم مزايا هذا التنظيم:
- تحديد المسؤولية في المستويات الدنيا من المنظمة.
- إعطاء اهتمام كافٍ للأسواق والمشكلات المحلية.
- المساعدة في سرعة اتخاذ القرارات.
- التفاعل مع المجتمع المحلي مباشرة وتحسس احتياجاته وتلبيتها.
- يوفر أساساً جيداً لتدريب وتطوير المديرين.
- يسمح بالاستفادة من الإمكانات والتسهيلات والمواد المتاحة في المنطقة الجغرافية.(31)

ومن أهم سلبياته:
- صعوبة التنسيق بين المناطق الجغرافية.
- احتمال قيام بعض المناطق باتباع سياسات مخالفة للسياسات العامة.
- يزيد من صعوبة ممارسة رقابة فعالة من قبل الإدارة العليا.
- لا يسمح بالاستفادة من وحدة/ أنشطة الخدمات المساندة المركزية.

4- التنظيم على أساس المنتفعين Customer/ Market Dept:

تميل المنظمات إلى تجميع الأعمال على هذا الأساس عندما يكون محور اهتمامها هو خدمة جمهور المنتفعين من سلعها وخدماتها، وتلبية رغباتهم على نحو أفضل. ويمكن استخدام أكثر من تجميع ضمن هذا النوع من التنظيم: نوع الصناعة التي تتعامل معها المنظمة، ونوع المنتفعين، وقنوات التوزيع. وهنا يتم تجميع مختلف الأعمال التي توجه لخدمة فئة معينة، أو سوق معيّن، أو قناة توزيعية معينة في وحدة تنظيمية واحدة.

ومن أهم مزايا هذا النوع من التنظيم أنه يساعد المنظمة على إشباع رغبات وحاجات المنتفعين/ السوق المحددة.(32)

أما أهم سلبياته فتتلخص في صعوبة التنسيق بين الوحدات التنظيمية القائمة على هذا الأساس، وبين الوحدات التنظيمية القائمة على أسس أخرى. كما أنه يزيد من احتمالات عدم تحقيق الاستخدام الفعّال للقوى العاملة والتسهيلات المتوافرة وبخاصة في فترات الكساد والركود وتقلب نشاط المنظمة.

5- التنظيمي على أساس مراحل العملية Process Departmentation:

يستخدم هذا النوع من التنظيم في المنظمات الصناعية أكثر من غيرها، ويقوم على أساس تجميع الأعمال التي تتصل بعملية معينة أو مرحلة معينة. وفي العادة يتم تجميع الأعمال حسب تسلسل مراحل العمليات.

ومن أهم مزايا هذا النوع من التنظيم: تحقيق كفاءة عالية في أداء الوحدات، وتسهيل عملية الإشراف، وتحقيق استفادة أكبر من الآلات والتجهيزات.

ولكن من عيوب هذا التنظيم صعوبة التنسيق بين المراحل أو العمليات المختلفة، وصعوبة تحقيق التوازن في خط الإنتاج، وأن أي خطأ أو خلل في إحدى العمليات يسبب توقفها عن العمل، سينعكس سلباً على العمليات الأخرى، وبالتالي على خط الإنتاج بأكمله.

6- التجميع/ التنظيم المزيج أو المركب Hybrid (Mixed) Dept./ Structure:

إن تجميع الأعمال والمهام في وظائف ووحدات تنظيمية لا يعتبر هدفاً بذاته، بل وسيلة لتسهيل تحقيق أهداف المنظمة وفعاليتها. وغالباً ما تستخدم المنظمات أكثر من أساس واحد للتنظيم. فيتم اختيار أساس معين على مستوى المنظمة، ويتم اختيار أساس أو أكثر للتنظيم في المستويات الأدنى. بحيث من الممكن اعتماد أساس معيّن لتنظيم الوحدات الرئيسة وتطبيق أسس أخرى للتنظيم ضمن هذه الوحدات، إذ ليس من الضروري المحافظة على التوحيد والتماثل عند اختيار أسس التنظيم.

ويراعى في اختيار الأساس المناسب ما يلي:

1- الاستفادة من مبدأ التخفيض في العمل.

2- طبيعة نشاط المنظمة وأهدافها.

3- المساعدة على تحقيق قدر مناسب من التنسيق بين الوحدات والأنشطة المختلفة.

4- تسهيل عملية الرقابة.

5- إعطاء الاهتمام المناسب للأنشطة المختلفة.

6- تخفيض النفقات.

7- مراعاة ظروف المنظمة.

ثالثاً- نطاق الإشراف والتمايز الرأسي (Span of Control):

إن اختيار أسس التنظيم (تجميع الأعمال في وحدات تنظيمية) يؤدي إلى تحديد أنواع الأعمال (horizontal differentiation) التي سيتم تجميعها مع بعضها البعض (الإنتاج، التسويق، الهندسة والبحث وغيرها). والآن يأتي دور تحديد عدد الأعمال/ الوظائف التي يجب أن تتضمنها أي مجموعة عمل معينة – تطبيق مبدأ نطاق الإشراف (Span of Control). والسؤال هنا ما هو عدد المرؤوسين الذين سيشرف عليهم الرئيس/ المدير؟ وهل سيكون التنظيم أكثر فعالية لو تم تطبيق نطاق إشراف واسع (عدد المرؤوسين كبير)، أم نطاق إشراف ضيق (عدد أقل من المرؤوسين). وتظهر الحاجة إلى التمايز الرأسي مع تزايد التمايز الأفقي في المنظمة، حيث يتطلب

مزيداً من التنسيق، ولتحقيق هذا التنسيق يتم التمايز الرأسي – تحديد عدد العاملين الذين يتبعون لرئيس واحد.

يشير نطاق الإشراف أو نطاق الإدارة أو نطاق المراقبة إلى أن هناك حداً أقصى لعدد المرؤوسين الذين يستطيع الرئيس/ المدير أن يشرف عليهم بفعالية. وأن هذا العدد ليس ثابتاً بل يتوقف على عدة عوامل منها: قدرات الرئيس، وقدرات المرؤوسين، وطبيعة أعمال المرؤوسين، ومدى التفاعل بين الرئيس والمرؤوسين، وحجم الأعمال غير الإشرافية التي يكلف بها الرئيس، ومدى تكرار حدوث المشكلات الجديدة في العمل، ومدى التوسع في تطبيق الرسمية في المنظمة.[33]

أما بالنسبة لعلاقة نطاق الإشراف بالهيكل التنظيمي، فإن نطاق الإشراف يلعب دوراً هاماً في تقرير شكل الهيكل التنظيمي، وبالتحديد في تقرير عدد المستويات التنظيمية/ الإدارية. وهنالك علاقة عكسية بين نطاق الإشراف وعدد هذه المستويات، فكلما تقلص نطاق الإشراف زاد عدد المستويات التنظيمية في الهيكل التنظيمي، والعكس صحيح أيضاً. وكلما زاد عدد المستويات التنظيمية أصبح السلم الهرمي طويلاً في حين توسيع نطاق الإشراف يؤدي إلى هيكل تنظيمي منبسط، مستوى (Flat).

وينشأ عن وجود سلم هرمي طويل نتيجة تطبيق نطاق إشراف ضيق جداً النتائج السلبية الآتية: ازدياد نفقات ومصروفات المنظمة، وصعوبة الاتصالات وتزايد صعوبة التخطيط والرقابة. كما أن نطاق الإشراف الضيق يشجع المدير على ممارسة إشراف مكثّف على مرؤوسيه. أما نطاق الإشراف الواسع فيسمح للموظفين باتخاذ قراراتهم بأنفسهم ويتيح لهم مزيداً من حرية الاجتهاد والتصرف، ويعمل بصورة غير مباشرة على رفع معنويات العاملين واهتمامهم بعملهم، وزيادة رضاهم الوظيفي، وغالباً زيادة الإنتاجية.

رابعاً- تحديد علاقات السلطات (Authority Relationships):
وتتمثل هذه المرحلة أساساً في تحديد العلاقات فيما بين الوحدات التنظيمية المختلفة لتعمل معاً بفاعلية نحو تحقيق الأهداف المحددة للمنظمة. ويشمل ذلك تحديد العلاقات الرأسية بين الرؤساء والمرؤوسين، والعلاقات الأفقية فيما بين الرؤساء في

الوحدات التنظيمية المختلفة. إن إنشاء علاقات سليمة خالية إلى حد كبير من حالات النزاع والتضارب والاحتكاك يتطلب بناء نظام متين ومتماسك من الروابط بين السلطات والمسؤوليات في المنظمات، ويقتضي ذلك توزيع وتحديد السلطات والمسؤوليات بمنتهى البراعة والدقة والوضوح.

تصنف السلطات في المنظمات إلى ثلاثة أنواع:

1- السلطة التنفيذية (Line authority).

2- السلطة الاستشارية (Staff Authority).

3- السلطة الوظيفية (Functional Authority).

وتستند السلطة التنفيذية إلى علاقة الرئيس - المرؤوس، وأما السلطة الاستشارية فتستند إلى الخبرة، في حين تستمد السلطة الوظيفية من الوظيفة وتتم ممارستها من قبل الرئيس/ المدير على وحدات لا تتبع له مباشرة. ولا بد من تحديد السلطات بأنواعها المختلفة بصورة سليمة ولا سيما فيما يتعلق بالسلطة، فكلما زادت السلطات الوظيفية الممنوحة لمديري الوحدات المساندة/ الاستشارية (Support/Staff) تقلصت سلطات مديري الوحدات التنفيذية (الإنتاج والتسويق والمالية) مما يجعلهم غير قادرين على الاضطلاع بمهامهم ومسؤولياتهم. لذا يجب استخدام السلطة الوظيفية في حدود معقولة، وحيثما دعت الحاجة فقط. ومن العوامل الواجب مراعاتها في تحديد السلطات:

- وحدة الأمر/ القيادة.
- تكافؤ السلطة والمسؤولية.
- تفويض السلطة بشكل مناسب وفعّال.
- تحقيق درجة مناسبة من اللامركزية أو توازن مناسب بين المركزية واللامركزية وفي ضوء ظروف ومتطلبات المنظمة.

التنسيق بين الوحدات التنظيمية Integration:

إن مدى أهمية التنسيق والحاجة إليه يختلف من منظمة لأخرى، وحتى من دائرة لأخرى ضمن المنظمة الواحدة. ومن العوامل التي تؤثر في مدى أهمية التنسيق ومدى الحاجة إليه: مدى توسع المنظمة في تطبيق مبدأ التخصص وطبيعة التقنية المستخدمة في المنظمة، ومدى ثبات أو تغير بيئة المنظمة وغيرها.

أما استراتيجيات/ وسائل التنسيق فيمكن تصنيفها إلى ثلاث استراتيجيات رئيسة وهي:

1- الوسائل الإدارية الرئيسة وتضم التسلسل الرئاسي، والسياسات والخطط والأهداف والقواعد والإجراءات وغيرها. وتصلح هذه الوسائل حينما تكون الحاجة للتنسيق ضئيلة.

2- تقليص الحاجة للتنسيق، وذلك من خلال أحد الأسلوبين الآتيين:

- إيجاد موارد فائضة/ راكدة (Slack resources).

- إيجاد وحدات مستقلة (Autonomous Units).

3- زيادة قدرات المنظمة على التنسيق، من خلال اتباع أحد الأسلوبين الآتيين:

- توسيع وتطوير المعلومات الرأسية وتوصيلها للمستويات الإدارية المختلفة.

- إنشاء علاقات أفقية، ويتم ذلك من خلال: الاتصال المباشر، وأدوار مكاتب الارتباط (المنسق)، وفرق العمل المؤقتة، واللجان، وإنشاء "دور مدير المشروع"، والمصفوفة التنظيمية. [34]

ويتوقف اختيار الاستراتيجية/ الوسيلة المناسبة للتنسيق في كل حالة/ موقف على مدى ما يتطلبه الموقف من معلومات (من جمع ومعالجة وتحليل...الخ)، ومقدرة المنظمة على التعامل مع هذه المعلومات، والتكيف مع هذه المتطلبات. فالاعتبار الرئيس في اختيار الاستراتيجية الأفضل للتنسيق هو إيجاد المواءمة بين مقدرة المنظمة على التنسيق وبين حاجتها له، ويتوقف ذلك على حجم المعلومات التي تستطيع معالجتها والتعامل معها.

العلاقة بين مكوّنات/ عناصر الهيكل التنظيمي وخصائصه الرئيسة:

تتأثر كل من الخصائص الرئيسة للهيكل التنظيمي - التعقيد، والرسمية، والمركزية - بالطريقة/ الكيفيّة التي يتم بها تقرير كل عنصر/ جانب من الهيكل التنظيمي (تصميم العمل، تجميع الأعمال، نطاق الإشراف، والمركزية). ويلخص الجدول التالي هذه العلاقة.

جدول رقم (1)

العلاقة بين مكونات/ عناصر الهيكل التنظيمي والخصائص الرئيسة للهيكل

الرسمية العالية تنتج عن:	1- تخصص عالي/ ضيق. 2- تكوين الوحدات (التنظيم) على أساس وظيفي. 3- نطاق إشراف واسع. 4- تفويض السلطة - لامركزية اتخاذ القرارات.
المركزية العالية تنتج عن:	1- تخصص عالي/ ضيق. 2- تكوين الوحدات (التنظيم) على أساس وظيفي. 3- نطاق إشراف واسع. 4- السلطة مركزية - مركزية اتخاذ القرارات.
التعقيد العالي ينتج عن:	1- تخصص عالي/ ضيق. 2- تنظيم على أساس المنتج، المنتفعين، جغرافي. 3- نطاق إشراف ضيق. 4- تفويض السلطة، لامركزية اتخاذ القرارات.

المصدر:

Hohn M. Ivancevich, James H. Donnelly, Jr., and James L. Gibson (1989), Management: Principles and Functions, 4th ed., Homewood, I ll. IRWIN, p. 219.

أسئلة للمراجعة والنقاش

س1- وضح ماهية الهيكل التنظيمي وناقش أهميته المنظمة؟

س2- ما هي الخصائص الثلاث الرئيسة للهيكل التنظيمي، وضح ماهية كل منها والعلاقة بين هذه الخصائص؟

س3- ما هي الجوانب/ المكونات الرئيسة للهيكل التنظيمي؟

س4- وضّح ماهية تصميم العمل؟ وماذا يقصد بـ نطاق العمل، وعمق العمل؟

س5- ناقش الأسلوب الآلي، وأسلوب تكبير العمل، وأسلوب التدوير الوظيفي؟

س6- اشرح أسلوب إثراء/ إغناء العمل، وما هي خصائص العمل التحفيزي؟

س7- ماذا نقصد بالتمكين؟

س8- ناقش أساليب تصميم العمل على أساس فريق العمل؟

س9- ما هي بعض الأساليب الحديثة في تصميم العمل؟

س10- قارن بين التنظيم الوظيفي والتنظيم على أساس المنتج؟

س11- في أي الحالات يستخدم التنظيم الوظيفي، وفي أي الحالات يستخدم التنظيم على أساس المنتج؟

س12- اشرح باختصار التنظيم على أساس المنتفعين، والتنظيم على أساس جغرافي؟

س13- عرف نطاق الإشراف، وما هي العوامل المؤثرة فيه، وناقش علاقة نطاق الإشراف بالهيكل التنظيمي؟

س14- وضح ماهية السلطة التنفيذية، والسلطة الاستشارية والسلطة الوظيفية، والعلاقة بينها؟

س15- ما هي استراتيجيات ووسائل التنسيق المختلفة؟

قائمة الهوامش

1- Robert C. Appleby (1984), <u>Modern Business Administration</u>, 3rd ed. (London: Pitman Publishing Ltd.), p. 75.

2- James A. Stoner and R. Edward Freeman (1992), <u>Management</u>, 5th ed. (Englewood Cliffs, NJ: Prentice-Hall, Inc.), p. 312.

3- Peter Blau in Richard H. Hall (1991), <u>Organizations: Structures, Processes and Outcomes</u>, 5th ed. (Englewood Cliffs, NJ: Prentice-Hall Inc.), p. 85.

4- Stephen Robbins (1990), <u>Organization Theory: Structure, Design and Applications</u>, 3rd ed. (Englewood Cliffs, NJ: Prentice-Hall Inc.), pp. 5-6.

5- James L. Gibson, John Ivanovich and James Donnelly, Jr. (1994), <u>Organizations: Behavior and Processes</u>, (Boston, Mass: IRWIN), p. 470.

6- John Child in Martin Lockett and Roger Spear (1983), <u>Organizations as Systems</u>, (London: The Open University Press), p. 98.

7- Peter Drucker in Lockett and Spear, <u>Organizations</u>, p. 97.

8- W. Richard Scott (1992), <u>Organizations: Rational, Natural and Open Systems</u>, 2nd ed. (Englewood Cliffs, NJ: Prentice-Hall Inc.), p. 85.

9- John Child in Lockett and Spear, <u>Organizations</u>, pp. 103-104.

10- Robbins, <u>Organization Theory</u>, p. 5; and Hall, <u>Organizations</u>, p. 50.

11- Robbins, <u>Organization Theory</u>, p. 65.

12- <u>Ibid.</u>, p.

13- B.J. Hodge and William P. Anthony (1991), <u>Organization Theory: A Strategic Approach</u>, 4th ed. (Boston, Mass: Allen and Bacon), pp. 291-292.

14- John Child (1985); <u>Organization Analysis: A Guide to Problems and Practices</u>, 2rd ed. (London: EIBS). p. 5.

15- <u>Ibid</u>.

16- Gibson et al, <u>Organizations</u>, p. 475.

17- Gary Dessler (1989), <u>Organization Theory: Integrating Structure and Behavior</u>, 2nd ed. (NY: Prentice-Hall) p. 180; Daniel Robey (1991), <u>Designing Organizations</u>, 3rd ed, (Boston: Mss: IRWIN); Appleby, <u>Modern Business Administration</u>; Gibson at al, <u>Organizations</u>, Robbins, <u>Organization Theory</u>, Scott, <u>Organizations</u>, and Stoner and Freeman, <u>Management</u>.

18- Gibson et al, <u>Organizations</u>, p. 521.

19- <u>Ibid.</u>, p. 530.

20- Stoner and Freeman, Management, p. 358.

21- Appleby, Modern Business Administration, p. 312.

22- John M. Ivancevich, Peter Lorenz, Steven J. Skinner and Philip B. Crosby (1997), Management: Quality and Competitiveness, 2nd ed.: Boston, Mass: McGrow-Hill, p. 252; Dessler, Organization Theory, p. 264.

23- Robert H. Rosenfeld and David C. Wilson (1999), Managing Organizations, 2nd ed., London: Mc Graw-Hill Publishing Co., p. 100; Ivancevich et al, Management, p. 217.

24- Rosenfeld and Wilson, Managing Organizations, p. 102.

25- Ibid. pp. 103-104.

26- Gibson et al, Organizations, p. 481; Dessler, Organization Theory, p. 128.

27- Gibson et al, Organizations, p. 480; Dessler, Organization Theory, p. 128.

28- Dessler, Organization Theory, p. 127.

29- Ibid., p. 130.

30- Ibid.

31- Ibid.

32- Gibson et al, Organizations, p. 484.

33- Appleby, Modern Business Administration, p. 82; Robbins, Organization Theory, p. 89; Gibson et al., Organizations, p. 128.

34- Stoner and Freeman, Management, p. 323.

الفصل الخامس

نماذج الهيكل التنظيمي
Models of Organization Design

الأهداف:

بعد إتمامك دراسة هذا الفصل سوف تكون قادراً على:

1- تحديد المكونات الخمسة التي تتكون منها أي منظمة.

2- وصف نماذج التنظيم الخمسة للكاتب مينتزبرغ.

3- وصف خصائص التنظيم البيروقراطي/ الآلي وأهم سلبياته.

4- وصف خصائص التنظيم العضوي، وإيجابياته وسلبياته.

5- المقارنة بين النموذجين الآلي والعضوي وتحديد الحالات التي يفضل استخدام كل منهما.

6- شرح نماذج أخرى في التنظيم ومن بينها تنظيم المنظمات الكونية.

7- تحديد خصائص التنظيم الفعّال.

الفصل الخامس

نماذج الهيكل التنظيمي

Organizational Design Models

يمكن تصميم جوانب/ مكوّنات الهيكل التنظيمي، التي تمّت مناقشتها في الفصل الرابع، بأشكال وطرق عديدة، مما يجعل لكل منظمة هيكلها التنظيمي المتميز عـن غـيره في بعض الخصائص، ولكنه يشترك معها في خصائص أخرى، الأمر الذي يجعـل مـن الممكن تصنيف أنواع الهياكل التنظيمية المختلفة إلى مجموعات رئيسة استناداً لعناصر/ خصائص مشتركة. وحاول الباحثون والكتاب تصنيف الهياكل التنظيمية. ومن بين هـذه التصنيفات الأكثر قبولاً وانتشاراً التصنيف الـذي اقترحـه الكاتب مينتزبـرغ (Mintzberg)، وكذلك تصنيف أنواع التنظيم المختلفة إلى نموذجين رئيسـين وهمـا: النمـوذج الآلي، والنمـوذج العضوي.

أولاً- نموذج الكاتب مينتزبرغ في تصنيف نماذج الهيكل التنظيمي:

لقد صنّف الكاتب هنـري مينتزبـرغ (Henry Mintzberg) أنواع التنظيـم إلى خمسة أنواع، واستند في ذلك إلى أن أي منظمة تضم خمسة أجزاء/ مكونات رئيسة وهي: (1)

- الإدارة العليا (Strategic Apex)، وتشغل قمة المنظمة.
- الإدارة الوسـطى (middle line)، وتضم مجموعـة المـديرين والرؤسـاء الـذين يربطون بين القمة والقوة التشغيلية.
- القوة التشغيلية (Operating core)، وتشمل قاعدة المنظمة وتضم المنفـذين الذين ينجزون العمل الأساسي لإنتاج سلعة أو تقديم خدمة.
- الجانب التقني/ المهنـي (Technostructure)، ويضم الاختصاصيين أو المهنيـين الذين يضعـون المعايير وأسس التنميط لتنسيق أعمال المنظمة، مثل اختصاصي التخطيط والرقابة والمعلومات والتحليل.

- الجهاز المساند (Support staff)، ويقوم بتوفير بعض الخدمات التي تحتاجها الوحدات الأخرى، مثل خدمات العلاقات العامة والخدمات القانونية والسكرتارية... وغيرها.

ويوضح الشكل (1) الأجزاء المكوّنة للمنظمة؛ ويلاحظ أن الأجزاء الثلاثة التي تضم الإدارة العليا، والإدارة الوسطى والقاعدة العريضة من القوة التشغيلية تمثل كياناً مترابطاً بسلسلة من السلطات الرسمية. وأما الجهاز الاستشاري والجهاز المساند فيقعان على جانبي هذا الكيان وخارجه، وبالتالي فهما يؤثران على العمليات التشغيلية في المنظمة بصورة غير مباشرة.

الشكل (1)

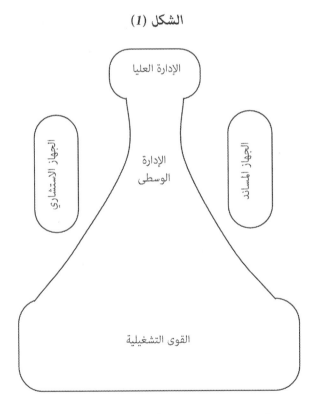

الإدارة العليا

الجهاز الاستشاري   الإدارة الوسطى   الجهاز المساند

القوى التشغيلية

المصدر: Mintzberg, <u>Structure in Fives</u>, p. 262.

إن كل مكون من المكونات الخمسة للمنظمة قد يختلف من حيث الحجم من منظمة لأخرى. وأن التباين في الحجم النسبي لهذه المكونات في المنظمة الواحدة يضفي على هيكلها التنظيمي خصائص معينة لا تتوافر في غيره من الأنواع الأخرى من الهيكل التنظيمي، وقد ميّز مينتزبرغ Mintzberg بين خمسة أنواع من الهياكل التنظيمية، سوف نناقشها باختصار.

1- الهيكل التنظيمي البسيط Simple Structure:

المكون الرئيسي في هذا النوع من التنظيم هي الإدارة العليا. ويتميز الهيكل التنظيمي بأنه ليس تفصيلياً وليس معقداً وذات درجة رسمية منخفضة، وتتركز السلطة في شخص واحد هو المالك. ويعتبر الهيكل منبسطاً flat لعدم وجود مستويات (إدارة وسطى)، ولا يوجد جهاز استشاري ولا جهاز مساند، والاتصال غير الرسمي هو السائد.

ومن أهم إيجابياته: بسيط، سريع، مرن، تكاليفه قليلة، لا توجد مستويات إدارية، المساءلة واضحة.

ومن سلبياته: تطبيقه محدود، لا يتلاءم مع نمو المنظمة وتوسعها، القوة مركّزة في شخص واحد، ولا يوجد توازن قوي.

ويناسب هذا التنظيم: المنظمة صغيرة الحجم، وفي بداية إنشائها، وحينما تكون البيئة بسيطة وديناميكية (متغيرة)، وحينما تواجه المنظمة أزمة أو عداء، وعدد العاملين يكون قليلاً. [29]

2- البيروقراطية الآلية Machine Bureaucracy:

يشكل الاستشاريون والتقنيون (Technostructure) مثل المخططون، ومهندسو الوقت والحركة، ومحللو النظم ومسؤولوا الموازنة والمراقبون وغيرهم، المكون الرئيس في التنظيم، يتواجد فيه هيكل إداري تفصيلي، وفصل تام بين الأنشطة التنفيذية والاستشارية. يستند إلى المعيارية/ التنميط (Standardization)، والأعمال روتينية، ذات درجة عالية من الرسمية، والسلطة واتخاذ القرارات مركزية، واتخاذ القرارات يتبع التسلسل الهرمي. وعلى المستوى التشغيلي، يضم الهيكل التنظيمي وحدات كبيرة

الحجـم، واجباتهـا ومهامهـا بسـيطة ومتكـررة وتتطلـب حـداً أدنى مـن المهـارات والتدريب، ونتيجة لذلك هنالك تخصص ضيق وواضح، ودرجة عالية من الرسمية لتقنين السلوك.

ومن ناحية الإدارة الوسطى فإنه يتم اتباع التنظيم الوظيفي حيث يقسم المديرون إلى دوائر وظيفية.

ومن أهم إيجابيات هذا التنظيم: القدرة على إنجاز أعمال نمطية بكفاءة عالية، وضع التخصصات المشابهة معاً يحقق وفورات الحجم الكبير، وتقليص ازدواجية المـوارد، وهيمنة الأنظمة والقوانين تحل محل حرية التصرف.

أما أهم سلبياته فهي: النزاع بين الوحدات بسبب التخصص، وتهيمن أهداف الوحدات على الأهداف العامة.

يصلح هذا النوع من التنظيم في الحالات الآتية: عندما يكون حجم المنظمـة كبيراً، والبيئة بسيطة وثابتة، وتستخدم المنظمة تقنيات روتينية يمكن تنميطها. يطبق هذا النوع في مؤسسات الإنتاج الكبير مثل صناعة السيارات والفولاذ، ومنظمات الخدمات ذات الأنشطة البسيطة الروتينية مثل شركات التأمين، والمنظمات الحكومية مثل البريد وضريبة الدخل، والمنظمات ذات الاحتياجات الأمنية الخاصة مثل شركات الطيران، والإطفاء، وفي المنظمات التي تعيش مرحلة النضج (maturity). [3]

3- البيروقراطية المهنية Professional Bureaucracy:

تشكل القوى التشغيلية المكون الرئيس في المنظمة، وهي التي تمتلك القوة لكونها تمتلك مهارات حساسة وحيوية للمنظمة، ولديها استقلالية من خلال اللامركزية. وهنالك جهاز مساند كبير يتركّز عمله في خدمة القوى التشغيلية، والهيكل ذات درجة عالية من التعقيد، لأن الأعمال تتطلب معارف ومهارات عالية، وفي هذا النوع مـن التنظيم تقل درجة الرسمية عما هي عليه في البيروقراطيـة الآلية، ولكن الرسمية هنا (البيروقراطية المهنية) ذاتية لا تعتمد على الأنظمة والإجراءات التي تصدرها الإدارة، ولكن المعايير تنشأ وتتطور من خلال التعليم والتدريب الطويل الـذي تلقاه الفرد خارج المنظمة. وهكذا تعتمد البيروقراطية المهنية علـى سلطة الخبرة والمعرفة وليس على السلطة الرئاسية/ الهرمية.

يمكن لهذا النوع من التنظيم إنجاز أعمال متخصصة تتطلب مهارات وتدريب عاليين.

ومن سلبيات هذا النوع من التنظيم: ميل الوحدات للنزاع فيما بينها، ويسعى المهنيون لتحقيق أهدافهم الضيقة غير مهتمين بالأهداف العامة؛ لدى المهنيين قوّة جامحة لاتباع الأنظمة التي هي من صنعهم أنفسهم (من خلال التعليم الطويل)، مما يعيق فعالية المنظمة.

وتصلح البيروقراطية المهنية في الحالات الآتية: عندما يكون حجم المنظمة كبيراً، وبيئة المنظمة معقدة وثابتة، وتستخدم المنظمة تقنيات روتينية انغرست داخل الأفراد من خلال المهنية (Professionalization)[4].

4- الهيكل القطاعي/ متعدد الأقسام Divisional Structure:

وهنا تهيمن الإدارة الوسطى على المنظمة، حيث يضم هذا الجزء مجموعة من الوحدات المستقلة، ولكن كل منها يشكل بيروقراطية آلية. ويتم التنسيق فيما بين الوحدات من قبل الإدارة المركزية. وتملك الإدارة الوسطى (مديرو الوحدات) قدراً كبيراً من السيطرة على وحداتهم. ويتركّز دور الإدارة العليا في الإشراف العام، وتوفير الخدمات المساندة، وتقييم ومتابعة أداء الوحدات. وهكذا فالأقسام/ الوحدات تمارس الاستقلالية ولكن ضمن حدود معينة. وينظر للوحدات أو الأقسام على أنها شركات صغيرة مصممة على نمط البيروقراطية الآلية.

ومن أهم إيجابيات التنظيم متعدد الأقسام: يضع المسؤولية الكاملة عن سلعة/ خدمة معينة بين يدي مدير القطاع/ الوحدة. وبذا يوفر مزيداً من المساءلة، ويركز على النتائج أكثر من البيروقراطية الآلية، ويعمل على تخفيف العبء عن الإدارة المركزية فيما يتعلق بأمور العمل اليومية مما يسمح لها بإعطاء اهتمام أكبر للمستقبل بعيد الأمد. كما أن هذا التنظيم يوفّر وسيلة جيدة لتدريب مديرين عامين، وأن عدم فعالية قسم معين لا يؤثر على باقي الأقسام، وتتوفر للأقسام الاستجابة، ومزايا التخصص.

أما بالنسبة للسلبيات فأهمها: ازدواجية الأنشطة والموارد، إثارة النزاع وعدم التعاون بين الأقسام، وبسبب صعوبات في التنسيق بين تلك الأقسام.

يناسب هذا النوع من التنظيم: المنظمات التي تتنوع منتجاتها أو أسواقها أو عملاؤها، والمنظمات ذات الحجم الكبير، وحينما تكون التقنيات قابلة للتجزئة والتقسيم، وفي حالة وجود بيئة غير معقدة جداً وغير مضطربة جداً.[5]

5- التنظيم المؤقت adhocracy:

يشكل الجهاز المساعد (Support Staff) المكون الرئيسي ـ في المنظمة، وأما الاستشاريون/ التقنيون فقد لا يكونون موجودين. ويتصف هذا التنظيم بدرجة عالية من التمايز الأفقي، ودرجة منخفضة من التمايز الرأسي، ورسمية متدنية، ولا مركزية اتخاذ القرارات، ولا يشتمل على تسلسل هرمي راسخ، والإدارات/ الوحدات قد لا تكون دائمة، ودرجة التنميط (Standardization) متدنية.

يتميّز التنظيم المؤقت بدرجة عالية من التمايز/ التقسيم الأفقي لكونه أن معظم العاملين فيه هم مهنيون (Professionals) ولديهم خبرات مكثفة. ومن ناحية أخرى عدد المستويات الإدارية منخفض لأن العدد الكبير من هذه المستويات يعيق قدرة المنظمة على التكيف. كما أن الحاجة للإشراف ضئيلة جداً لأن أنماط السلوك الأدائية التي يريدها المديرون أصبحت مترسخة في ذات المهنيين.

ومن ناحية الرسمية، فالتنظيم المؤقت ذات رسمية منخفضة، لكون العاملين فيه من المهنيين، ولأن وجود رسمية عالية يعيق تطوير الحلول المبتكرة الفريدة التي يحتاجها التنظيم.

وإن متطلبات السرعة والمرونة تقتضي ـ اتباع اللامركزية في اتخاذ القرارات لأن الإدارة العليا لا تملك الخبرة والمعرفة لصنع جميع القرارات. وهكذا يعتمد التنظيم المؤقت على فرق العمل المهنية في اتخاذ القرارات.

ونظراً لأن هذا التنظيم يتميّز بدرجة منخفضة من الرسمية والمعيارية، فإن الجانب/ المكوّن التقني يكاد لا يكود موجوداً، ولأن مديري الوسط، والجانب التنفيذي/ التشغيلي، والجهاز المساند هم مهنيون، فإنه يصعب التمييز بين الرئيس والمرؤوس وبين التنفيذي والاستشاري.

ويمكن تصوّر المتخصصين في فرق عمل مرنة تعمل في ظل القليل من القوانين والأنظمة والمعايير، ويتم التنسيق بين الأفراد مباشرة بوساطة التكيف المتبادل، ومع تغيّر الظروف تتغيّر أدوار الأفراد.(6)

ومن أهم مزايا التنظيم المؤقت: القدرة على الاستجابة بسرعة للتغير، والإبداع، وتسهيل التنسيق بين مختلف الاختصاصيين. وأما أهم سلبياته فهي: النزاع أمر طبيعي في هذا التنظيم وذلك لعدم وضوح علاقات الرئيس والمرؤوس، والتنفيذي-الاستشاري، وعلاقات السلطة، وكذلك لافتقار التنظيم إلى الرسمية والمعيارية. ويمكن أن يتسبب في ضغوط اجتماعية وتوترات نفسية للأفراد بسبب تكرار تنقلهم من فريق لآخر.(7)

ويمكن استخدام التنظيم المؤقت في الحالات الآتية: استراتيجيات التنويع، والتقنيات غير روتينية، والبيئة دينامية ومعقدة تتطلب الإبداع، وفي بداية نشأة المنظمات حيث تتطلب مرونة عالية في سعيها لتحديد أسواقها ومسارها لتحقيق أهدافها.(8)

وباستعراض أنواع التنظيم الخمسة السابقة، يمكن القول بأن التنظيم البسيط والتنظيم المؤقت أقرب إلى التنظيم العضوي، حيث تغلب على كل منهما خصائص هذا التنظيم. بينما نجد أن التنظيم البيروقراطي الآلي، والبيروقراطي المهني، والتنظيم القطاعي (Divisional) أقرب إلى التنظيم الآلي، لأن خصائص كل من هذه الأنواع الثلاثة يغلب عليها خصائص التنظيم الآلي. وسنناقش بإيجاز كلاً من النموذجين الآلي والعضوي.

النموذج الآلي Mechanistic Model:

ينظر الكتاب إلى النموذجين الآلي والعضوي وكأنهما يقعان على نهايتي خط مستقيم يقع على امتداده -بين الطرفين- أنواع شتّى من الهياكل التنظيمية التي تجمع مزيجاً من خصائص كل نوع، وإن كانت خصائص نوع معين (الآلي/ أو العضوي مثلاً) تغلب على خصائص النوع الآخر.

يطلق على النموذج الآلي أيضاً النموذج البيروقراطي والنموذج الكلاسيكي والنموذج الهرمي، ويلاحظ من أدبيات التنظيم عدم وجود اتفاق كامل بشأن ماهية هـذا النمـوذج وخصائصه. ومن أهم ملامح وخصائص هذا النموذج ما يلي:

- تقسيم العمل والتخصص بشكل واضح ومحدد.
- تسلسل واضح ومحدد للسلطة.
- يتم إنجاز كل عمل وفق الأنظمة والقواعد المجردة لضمان التوحيد والتماثل بـين مختلف الأنشطة.
- تتركز سلطة وقوة اتخاذ القرارات في قمة السلم الهرمي في المنظمة.
- يتعامل كل فرد في المنظمة مع الآخرين ومع العملاء بشكل رسمي، وغير شخصي.
- يعتمد التوظيف على الكفاءة، وتعتمد الترقيات على الأقدمية.

وقد افترض أنصار هذا النموذج أن الخصائص والملامح السابقة الذكر سوف تساعد على تحقيق أعلى كفاءة إنتاجية، ودرجـة عاليـة مـن الرشد (rationality)، مـن خـلال السيطرة والرقابة المحكمة على مجريات الأمور والعمـل في المنظمة، وقد اعتمـدوا عـلى عدة افتراضات من أهمها: إن أعمال المنظمات بسيطة وروتينية، وأن المنظمة تعمل بمعزل عن البيئة وأن هذه البيئة مستقرة، كما افترضوا أن الإنسان العامل في المنظمة فرد سـاذج وعقلاني وتحفزه للعمل الأمور الاقتصادية والمادية فقد.

لقد أثار النموذج الآلي انتقادات عديدة من مختلف الكتّاب والباحثين، ومـن أهـم هذه الانتقادات:

- لا يسمح بشكل مناسب لنمو الفرد وتطوير شخصية ناضجة.
- يساعد على تطوير الفرد وإعداده ليصبح ممتثلاً، وخاضعاً.
- لا يعطي أهمية للتنظيمات/ الجماعات غير الرسمية.
- لا يشتمل على الوسائل المناسبة لحل الخلافات والنزاعات بين الأفراد والجماعات.

- الاتصالات (الأفكار الإبداعية) مقيدة ومشوهة نتيجة وجود المستويات الإدارية العديدة.
- استبدال أهداف المنظمة.
- يصبح الالتزام والتقيد بالأنظمة والقواعد غاية في حد ذاته.
- شعور الفرد بالغربة والعزلة.
- تركيز السلطات في جهات محدودة.(9)

ومن أهم مزاياه:
- تطبيق القواعد والأنظمة دونما تمييز أو محاباة.
- نظام واضح للسلطات.
- إجراءات مجددة لإنجاز العمل.
- تقسيم العمل مبني على التخصص الوظيفي.(10)

هل التنظيم البيروقراطي حتمي ولا غنى عنه؟

على الرغم من الانتقادات والسلبيات التي وجهت للنموذج البيروقراطي، فهو لا يزال موجوداً، وأنه هو السائد في المنظمات الكبيرة، مع أن كثيراً من تلك المنظمات لا تعتبره الطريقة الأكثر كفاءة في التنظيم. وهذا الأمر لا يتوافق مع رأي الكثيرين في ضوء التحديات الكبيرة التي تواجه المنظمات – التغيير المتسارع، وزيادة الحجم، والمنافسة الشديدة، وظاهرة العولمة، وزيادة التنوع في الأنشطة والمهارات.. فما هي أسباب ذلك؟

من بين تلك الأسباب التي تشجع وتساعد على تطبيق البيروقراطية:

1- إنّه نموذج عملي، وهو فعّال في العديد من الأنشطة المختلفة.

2- الحجم الكبير للمنظمات هو السائد.

3- القيم الاجتماعية لم تتغير كثيراً.

4- الاضطراب البيئي مبالغ فيه.

5- ظهور البيروقراطية المهنية.

6- النموذج البيروقراطي يضمن الرقابة والسيطرة.(11)

ويرى الكاتب Perrow أن البيروقراطية هي المبدأ التنظيمي السائد في المنظمات الكبيرة والمعقدة... وهو نوع من التنظيم تميّز عن سواه مما عرفنا أو يمكن أن يقترح في المستقبل القريب أو المتوسط المدى... وأن فرص الاستغناء عنه أو تغييره قد لا تكون موجودة في الغرب في القرن الحالي (العشرين). لذا فإن فهم النموذج البيروقراطي واستحسانه أمر حيوي. [12]

نموذج التنظيم العضوي   Organic Model:

لقد استند أنصار هذا النموذج إلى افتراضات مغايرة لافتراضات النموذج الآلي. ومن بينها: اعتماد معايير أخرى بالإضافة إلى الإنتاجية والكفاءة للحكم على فعالية المنظمة ونجاحها ومن بين هذه المعايير: التكيف والمرونة والاستجابة السريعة للتغيرات، واستخدام الموارد، ورضا العاملين وغيرها. كما افترضوا أن المنظمة تتفاعل مع البيئة، وأن البيئة مضطربة ومنقلبة.

أما أهم خصائص وملامح هذا النموذج فهي:

- ينظر إلى أهداف المنظمة على أنها غاية، وأن الأهداف الوظيفية (الوحدات) وسائل لتحقيقها.

- التنسيق الأفقي هام مثله مثل التنسيق الرأسي، بل وأكثر منه.

- الأعمال معرّفة بصورة خطوط عريضة، وأحياناً يكلف الفرد مهام متضاربة.

- التوجيه هو بمثابة نصح ومشورة وليس امتثالاً/ ولاء من قبل الجماعة للرئيس. [13]

- تشارك مختلف الوحدات والمستويات في وضع استراتيجيات المنظمة.

- هيكل السلطات غامض.

- الأفكار والقرارات في المستويات الدنيا تصل للإدارة العليا بسرعة دونما تقيد بالتسلسل الرئاسي.

ويصف (Robbins، 1991) النموذج العضوي في إطار الخصائص الثلاث الرئيسة للهيكل التنظيمي (التعقيد، والرسمية، والمركزية) على النحو الآتي:

- **البساطة النسبية،** حيث يؤكد النموذج على إثراء العمل وتوسيع نطاقه بدلاً من التخصص الشديد أو المتطرف. قد يكون التمايز الأفقي كبيراً نظراً لأن المنظمة تستخدم أعداداً كبيرة من المهنيين من ذوي الخبرة العالية، وأما التمايز الرأسي فهو محدود لعدم وجود مستويات إدارية عديدة لأن وجودها يعيق عملية التكيف والمرونة.
- **درجة متدنية من الرسمية،** ويؤكد على عدم الرسمية العالية بسبب تركيزه على التنظيم السلعي أو على أساس المنتفعين.
- **وبالنسبة للمركزية،** فقد أولى هذا النموذج عناية زائدة لموضوع تفويض السلطة للمستويات الأدنى، وزيادة عمق العمل وبالتالي توفير مزيد من اللامركزية، وكذلك الاستفادة من الموارد البشرية.(14)

وللمقارنة بين النموذج الآلي والنموذج العضوي، فقد حدّد لايكرت (Likert) أهم أبعاد وجوانب الهيكل التنظيمي واستخدمها أساساً للمقارنة، كما هو موضح في الجدول المرفق الآتي:

جدول رقم (1)

مقارنة بين نموذج الهيكل التنظيمي الآلي والعضوي

	النموذج الآلي	النموذج العضوي
1- القيادة	لا تتضمن إدراكاً للثقة، لا يشعر المرؤوسون بالحرية لمناقشة مشكلات العمل مع رؤسائهم، الذين لا يقومون بدورهم باستقطاب أفكار المرؤوسين وآرائهم.	تتضمن إدراكاً للثقة بين الرؤساء والمرؤوسين في جميع الأمور، ويشعر المرؤوسون بالحرية في مناقشة مشاكل العمل مع رؤسائهم الذين يحرصون بدورهم على الحصول على أفكار المرؤوسين وآرائهم.
2- الحافزية/التحفيز	توظف فقط الدوافع والحوافز المالية والأمنية والجسمانية من خلال استخدام الخوف والعقوبات. تسود بين العاملين اتجاهات سلبية نحو المنظمة.	توظف حوافز ودوافع متنوعة من خلال أسلوب المشاركة، تسود العاملين اتجاهات إيجابية نحو المنظمة.
3- الاتصال	تنساب المعلومات من أعلى إلى أسفل، وتميل إلى التشويه وعدم الدقة، وينظر المرؤوسون إليها بالريبة والشك.	تنساب المعلومات بحرّية في جميع الاتجاهات (من أعلى إلى أسفل وبالعكس وأفقيا)؛ والمعلومات دقيقة وغير مشوّهة.

	النموذج الآلي	النموذج العضوي
4- التفاعل	مغلق ومحدود؛ للمرؤوسين تأثير محدود على أهداف دوائرهم وأساليبها وأنشطتها.	مفتوح ومكثف؛ الرؤساء والمرؤوسون بإمكانهم أن يؤثروا على أهداف الدوائر وأساليبها وأنشطتها.
5- اتخاذ القرارات	نسبياً مركزية، تحدث فقط عند قمة الهرم في المنظمة.	نسبياً لا مركزية، تحدث عند جميع المستويات من خلال الجماعة.
6- وضع الأهداف	مركزة في قمة المنظمة، ولا تشجع مشاركة الجماعات.	تشجع مشاركة الجماعة في وضع أهداف عالية وواقعية.
7- الرقابة	مركزية، تركّز على وضع اللوم والنقد بسبب الأخطاء.	موزّعة في التنظيم، تركّز على الرقابة الذاتية وحلّ المشكلات.
8- أهداف الأداء	متدنية، ويسعى المديرون إليها بسلبية، ولا يلتزمون بتطوير الموارد البشرية للمنظمة.	عالية ويسعى المديرون لتحقيقها بجد وثبات، ويقرّون بالحاجة للالتزام الكامل بتطوير وتدريب الموارد البشرية في المنظمة.

المصدر: Gibson et al. Organizations, p. 544.

جدول رقم (2)

مقارنة بين الهيكل الآلي والهيكل العضوي

خصائص التنظيم الآلي	خصائص التنظيم العضوي
- الأعمال متخصصة جداً، وضيقة المدى، وغالباً ليس واضحاً للأفراد كيف ترتبط أعمالهم بتحقيق أهداف المنظمة.	- الأعمال واسعة ومترابطة، وهنالك تركيز على ربط أداء الأعمال بتحقيق أهداف المنظمة.
- تبقى الأعمال جامدة ما لم يتم تعديلها من قبل الإدارة العليا.	- يتم تعديل الأعمال باستمرار بوساطة التكيف المتبادل بين الأفراد.
- يطلب من كل فرد دور محدد.	- أدوار الأفراد عامة.
- علاقات السلطة والرقابة مرتبة في تسلسل رأسي.	- علاقات السلطة والرقابة مرتبة في شبكة من الارتباطات الرأسية والأفقية.
- الاتصالات أساساً رأسية، بين الرؤساء والمرؤوسين.	- الاتصالات رأسية وأفقية تبعاً للحاجة للمعلومات.
- الاتصالات بشكل رئيس تتم في شكل توجيهات وقرارات صادرة عن الرؤساء، وتغذية راجعة عن الأداء، وطلب اتخاذ قرار من قبل المرؤوسين.	- الاتصالات تأخذ شكل المعلومات والمشورة/ النصح.
- هنالك تأكيد على الامتثال والولاء للرؤساء.	- اهتمام بالالتزام بأهداف المنظمة اكثر من الامتثال والطاعة.

المصدر:

John A. Wagner and John Hollenbad (1992), Management of Organizational Behavior, (Englewood Cliffs, NJ: Prentice-Hall Inc.), p. 595.

وهكذا فإن النموذج البيروقراطي يهدف إلى تحقيق أعلى كفاءة إنتاجية ويتصف بدرجة عالية من التخصص والرسمية والتنميط والمركزية، ويفتقر إلى المرونة والتكيف. بينما النموذج العضوي مثل الكائن الحيّ مبدع وقادر على التكيف مع الظروف المتغيرة، ويعتمد كثيراً على التكيف الطوعي بدلاً من الرسمية والتخصص والتنميط، ويطبق اللامركزية. ولكونه مرناً فهو يفتقر إلى الثبات أو الاستقرار الذي يسمح للتنظيم البيروقراطي بإنجاز الأعمال الروتينية بكفاءة.[15]

إيجابيات وسلبيات التنظيم العضوي:

من أهم إيجابيات التنظيم العضوي أنه يوفر للمنظمة المرونة والقدرة على التكيف ويشجع ويساعد على الريادة الإبداع.

أما أهم سلبياته فهي:

- الاحتكاك والنزاع ظاهرة طبيعية في التنظيم العضوي.
- العلاقات بين الرئيس والمرؤوس غير محددة.
- السلطات والمسؤوليات غامضة وليس واضحة.
- يسبب ضغطاً اجتماعياً وضغوطاً نفسية على الأفراد. إذ ليس من السهل إنشاء علاقات العمل وحلّها بصورة مستمرة. فبعض الموظفين يجدون صعوبة في التكيف مع التغير السريع والغموض وأنظمة عمل مؤقتة ومشاركة المسؤولية مع أعضاء آخرين.

وبالمقارنة مع التنظيم البيروقراطي، فالتنظيم العضوي هيكل غير كفؤ يفتقر إلى الدقة والبساطة التي يوفرها التنظيم البيروقراطي.[16]

متى يفضل التنظيم العضوي:

أثبتت الدراسات أن التنظيم العضوي كان ناجحاً وفعّالاً في ظل الشروط والظروف الآتية:

1- عندما تكون البيئة دينامية (مضطربة) ومعقّدة معاً، إذ أن مثل هذه البيئة تتطلب درجة عالية من التمايز الأفقي واللامركزية اللذين يوفرهما التنظيم العضوي.

2- استراتيجيات التنويع والتغيير و/أو المخاطرة العالية، فهذه الاستراتيجيات تتطلب المرونة التي يتميز بها التنظيم العضوي.
3- التقنية يجب أن تكون غير روتينية، بل معقّدة لكي تساعد على الاستجابة للاستراتيجيات المتغيرة، وذلك من خلال تنسيق وتكامل المواهب والمهارات المتخصصة والمتنوعة.
4- يفصل التنظيم العضوي في السنين الأولى من عمر المنظمة، حيث تحتاج المنظمة إلى درجة عالية من المرونة في محاولتها تحديد أسواقها وتوجهاتها.[17]

أنواع أخرى من تصميم الهيكل التنظيمي:

يتناول هذا الجزء بعض أنواع التنظيم واسعة القبول والانتشار. ومن بينها: نموذج المصفوفة التنظيمية، الشبكة التنظيمية، ونموذج (Z)، ويغلب على هذه الأنواع الثلاثة سمات التنظيم العضوي. وسنناقش كل نوع بإيجاز.

1- تنظيم المصفوفة (Matrix Organization):

وهو أساساً مزيج من تنظيم المشروع والتنظيم الوظيفي، أو مزيج من التنظيم الوظيفي والسلعي، من أجل التغلّب على خاصيّة الجمود وعدم المرونة في التنظيم الآلي. ويتكون من فرق مشاريع/ برامج يتم إنشاؤها لحل مشكلة أو إنجاز مهمّة معينة، ويضم كل فريق ممثلين عن الوحدات الوظيفية الرئيسة في المنظمة وذات علاقة بالمهمّة. ويتوقع أن يعمل أعضاء الفريق وحدة متماسكة ويشاركوا في المسؤولية والسلطة لحل المشكلة أو إنجاز المهمة. ولكل فريق رئيس يعمل منسقاً بين أعضاء الفريق، وبين الوحدات في المنظمة، ومع جهات أخرى خارج المنظمة، لتسهيل الاتصالات وتدفق المعلومات، بما يساعد على الاستجابة السريعة لأي تطورات أو مستجدات. وحالما يتم إنجاز المهمة يحلّ الفريق ويعود أعضاؤه إلى إدارتهم.

ومن أهم مزايا تنظيم المصفوفة: [18]

- يحقق رقابة أفضل على المشروع/ البرنامج.
- علاقات أفضل مع العملاء.
- معنويات عالية بين العاملين.
- تخفيض نفقات المشاريع/ البرامج.
- المساعدة على تطوير المديرين.
- توفير المعرفة والخبرة المتخصّصة لجميع المشاريع/ البرامج بالتساوي، وإمكانية نقل المعرفة والخبرة من مشروع لآخر.

ومن سلبياته:

- يساعد على إحداث إرباك وتشويش.
- يشجع حدوث الصراعات على القوة.
- وفي ظل وجود ازدواجية سلطة إصدار الأوامر والتعليمات للفرد، ووجود أكثر من رئيس واحد للعامل – مدير المشروع/ البرنامج، ومدير الوحدة الوظيفية التي يتبع لها العامل – فقد ينشأ عن ذلك الغموض والالتباس ويؤدي إلى النزاع، وهذه تقود إلى زرع بذور الصراع على القوة، مما قد ينشأ عنه القلق والتوتر لدى الأفراد الذين يميلون، بل ويرغبون الأمان وعدم الغموض.[19]

ويناسب هذا التنظيم المنظمات التي:

- تتطلب استجابة سريعة للتغييرات المتعاقبة في بيئتها مثل تغيرات تقنية وتغييرات السوق.
- تواجه حالة عدم استقرار تستلزم متطلبات عالية في معالجة المعلومات.
- تواجه مشكلة محدوديّة الموارد والإمكانات المتاحة.[20]

2- نموذج (Z):

وينسب هذا النوع من التنظيم للكاب وليام أوشي (William Ouchi)، وهو نموذج توفيقي بين النموذج الياباني والنموذج الأمريكي. ويلخص الجدول رقم (3) مقارنة بين النماذج الثلاثة.

جدول رقم (3)

مقارنة بين خصائص النموذج الياباني والأمريكي ونموذج (Z)

الخصائص/ المبادئ	النموذج الأمريكي (A)	النموذج الياباني (J)	النموذج (Z)
1- مدة التوظيف في المنظمة	عادة لفترة قصيرة	ترك العمل أمر نادر	غالباً لفترة طويلة
2- الترقية	سريعة جداً	بطيئة جداً	بطيئة فالتركيز الكبير يعطى للتدريب والتقييم بعد ذلك للترقية.
3- المجال الوظيفي	متخصص جداً: الموظفون يميلون للبقاء في مجال وظيفي واحد	عام: الموظفون ينتقلون من مجال إلى آخر باستمرار	أكثر عمومية: التركيز على التدوير الوظيفي والاعتماد على التدريب
4- اتخاذ القرارات	تتخذ من قبل المدير بشكل فردي	تتخذ من خلال الجماعة	تتخذ بمزيد من التركيز على مشاركة واتفاق وقبول الجماعة
5- تقييم الأداء	متكرر	غير متكرر	غير متكرر
6- تقييم الأداء	صريح ورسمي	غير رسمي وضمني	غير صريح وغير رسمي لكن بتقديرات واضحة ورسمية
7- المسؤولية	تحدد بصورة فردية	تشترك الجماعة كلها بتحديد المسؤولية	تحدد بصورة فردية
8- الاهتمام بالموظفين	الاهتمام الأساسي بحياة العاملين أثناء العمل (اهتمام بجزء من حياة العامل)	اهتمام بحياة العاملين من جميع جوانبها العملية والاجتماعية	يمتد الاهتمام ليشمل المزيد من جوانب حياة العامل.

المصدر: Ivancevich et al., Management, p. 50.

3- تنظيم الشبكة Network Organization:

وهو عبارة عن علاقات مرنة، وأحياناً مؤقتة، بين الصانع/ المنتج والمشتري والمورّد، وحتى العملاء.[21] ويضم هذا التنظيم جهازاً مركزياً صغيراً من المديرين التنفيذيين يشرفون على الأعمال التي تؤدّي داخل هذا الجهاز، وعلى تنسيق علاقات هذا الجهاز مع المنظمات الأخرى التي يتم التعاقد معها للقيام بعمليات البحوث والدراسات أو الإنتاج أو التسويق أو التوزيع أو أي أعمال لتنظيم الشبكة. ويعتبر هذا

التنظيم دينامي/ متحرك لأن مكوّناته الرئيسة يمكن ترتيبها أو إعادة ترتيبها لمواجهة أي تغييرات تنافسية. وأما ميّزته الرئيسة فهي أن باستطاعة كل عضو التركيز على الأنشطة التي يتضمنها وتربط الأعضاء بعضهم ببعض الأهداف المشتركة وليست السلطة التقليدية.[22]

إن هذا النوع من التنظيم آخذ في الانتشار أكثر فأكثر. ويطلق البعض عليه الشركة الوهمية/ الصورية(Virtual Corporation) ونسيج العنكبوت (Spider web). أمّا "الشركة الوهمية" فيشير إلى شبكة مؤقتة من المنظمات المستقلة التي ترتبط ببعضها بوساطة تقنيات المعلومات، وتجتمع بسرعة للاستفادة من الفرص المتغيرة بسرعة.[23]

وفي نسيج العنكبوت (Spider web) يعمل المركز بمثابة تنظيم مركزي، ويرتبط هذا المركز بالأعضاء الآخرين - حيث يقوم كل عضو بوظيفة متخصصة، وجميع الأعضاء يرتبطون ببعضهم البعض - بطريقة مشابهة لنسيج العنكبوت. ويستطيع كل عضو الإسهام في المعرفة والخبرة الكلية للمنظمة من خلال نسيج العنكبوت.[24]

تنظيم المنظمات الكونية **Global Companies:**

في ظلّ تسارع ظاهرة العولمة في شتّى المجالات، يزداد الحديث عن الاهتمام بنموّ وانتشار الشركات الكونية Global Corporations. ويميّز البعض بين الشركات متعددة الجنسيات .Multi-national Crop (MNC) وبين الشركات الكونية (.Global Corp). فالشركة متعددة الجنسيات تتخذ في الغالب بلداً معيناً قاعدة/ مقراً رئيساً لها، ولها أنشطة أو عمليات أو تسهيلات إنتاجية أو فروعاً في بلدان أخرى.... وتضع استراتيجياتها لكل بلد/ قطر على حدة، وهي أساساً شركات محلية تمارس أنشطتها في أجزاء أخرى من العالم.[25]

أما الشركة الكونية (.Global Crop) فهي تعمل على أساس أن الكون/ العالم بأكمله سوق واحدة، ولديها مقرّات رئيسة، وعمليات التصنيع والتسويق في أنحاء العالم. إنها ليست مركّزة في قطر معيّن، وتضع استراتيجياتها على أساس العالم كله.

وهكذا فالشركة الكونية بحق لا ينظر إليها على أنها أمريكية أو يابانية، ولكنها شركة كونية.[26]

يقترح الكاتب جوليان بركنشو Julian Birkinshaw أربعة نماذج تنظيمية للمنظمة الكونية، وهي:[25]

1- القسم الدولي (International Division):

يتم تقسيم المنظمة إلى وحدات (قطاعات)، كل وحدة مسؤولة عن أنشطتها في البلد الأصلي/ الأم (Home country). وينشأ قسم منفصل يعني بالعمليات الدولية. وهذا التنظيم متبع من قبل العديد من المنظمات ذات المبيعات الدولية المحدودة.

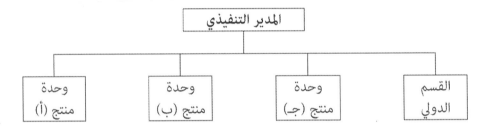

2- قسم المنتج الدولي Global Product Division:

وبموجب هذا التنظيم تفوض السلطة الرئيسة لمديري المنتجات، الذين يكونون مسؤولين عن منتجاتهم عالمياً.

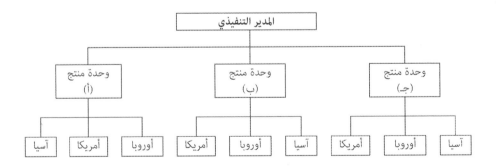

وأهم مزايا هذا التنظيم أنه يسهل تنسيق وتكامل الأنشطة على المستوى العالمي. أما السلبية الرئيسة فهي أن النهج المعياري (Standardized approach)

يعيق القدرة على الاستجابة للاختلافات المحددة بين البلدان. ومع ذلك فإن هذا التنظيم يتطوّر ليصبح أكثر التنظيمات شيوعاً في الشركات الكونية الكبيرة.

3- قسم المنطقة (Area Division):

وهنا تقع المسؤولية الرئيسة في أيدي مدير القطر/ المنطقة - مثلاً رئيس منطقة جنوب شرق آسيا، رئيس نشاط ألمانيا. وهذا الشخص لديه الكلمة النهائية في كل شيء يتعلق بالنشاط/ المنتج الذي يجري في القطر/ البلد. وأهم ميزة لهذا التنظيم أنه يوفّر قدرة عالية على الاستجابة للأسواق القومية، لأن لكل قطر موارده المخصصة له. أمّا السلبية الرئيسة فهي ضعف التنسيق بين البلدان مما يصعب معه تحقيق وفورات الإنتاج بالحجم الكبير في التطوير والإنتاج. وهذا التنظيم غير شائع الآن.

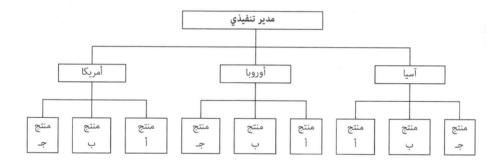

4- المصفوفة العالمية (Global Matrix):

هذا النوع من التنظيم يدمج مزايا التنظيمين السابقين، بدون سلبياتهما، ففي هذا التنظيم يكون مدير الوحدة/ النشاط (Business Manager) مسؤولاً أمام رئيسين: مدير الوحدة/ النشاط العالمي (Global Product Manager) ومدير قطري (Area Manager). ويكون مدير القطر مسؤولاً عن الاستجابة لاحتياجات القطر، أما مدير المنتج الدولي فيقوم بالتأكد من تنسيق الأنشطة عالمياً. والغرض هو تحقيق تكامل دولي واستجابة قومية/ قطرية في نفس الوقت.

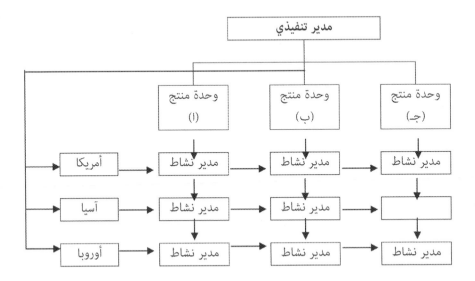

إن هيكل المصفوفة لا يبدو عملياً، وسجلّه التاريخي مضطرب.

خصائص التنظيم الفعّال   Effective Design:

لقد ناقشنا أنواعاً مختلفة للهيكل التنظيمي يميل بعضها إلى النموذج الآلي والبعض الآخر تغلب عليه سمات النموذج العضوي. وقد أوضحنا أن كل نوع من التنظيم ملائم لحالات وظروف معينة، ولكن لا يوجد نوع معيّن يصلح لجميع المنظمات وفي جميع الظروف. فالهيكل التنظيمي المناسب لأي منظمة يتأثر بعوامل عديدة ومن أهمها: حجم المنظمة، وعمر المنظمة، ومرحلة دورة حياتها، وبيئة المنظمة والتقنيات التي تستخدمها المنظمة وغيرها. ومهما كانت الظروف والعوامل التي تؤثر في تقرير نوع الهيكل التنظيمي، فإن أي هيكل تنظيمي ما هو إلا وسيلة، ولكي تكون هذه الوسيلة فعّالة لا بدّ أن تتوافر في الهيكل التنظيمي الخصائص الآتية:[26]

1- تحقيق الأهداف بأقل تكلفة ممكنة.

2- الإبداعية؛ يجب أن يسهل الهيكل التنظيمي بل ويشجّع على الإبداع من خلال تجميع الموارد ونظم المعلومات والاتصالات الفعّالة وغيرها. وتزداد أهمية الإبداع في المنظمات التي تواجه بيئات معقدة، ومتنوعة ومضطربة.

3- المرونة والتكيف؛وهاتان الخاصيتان ترتبطان بالإبداع، جميع المنظمات تحتاج إلى هيكل تنظيمي يوفر المرونة والتكيف، من خلال الأدوار الحدودية، واللامركزية، وتغيير العمليات التنظيمية، وأخيراً تغيير الهيكل التنظيمي نفسه.

4- تسهيل وتشجيع أداء الموارد البشرية وتطويرها، يجب أن يسمح الهيكل التنظيمي بل وأن يشجع الأفراد على الاستفادة من طاقاتهم وإمكاناتهم، والنمو والتطور من خلال اكتساب قدرات ومهارات جديدة والاضطلاع بمسؤوليات جديدة كلما ازدادت خبراتهم.

5- تسهيل التنسيق والتكامل بين مختلف الأنشطة والوحدات لتوحيد الجهود سعياً لتحقيق أهداف المنظمة وفعاليتها.

6- تسهيل الاستراتيجية، إن أبعاد الهيكل التنظيمي الثلاثة: التعقيد، والرسمية والمركزية لها تأثيرها على عملية اتخاذ القرار الاستراتيجي سواءً من حيث صياغة الاستراتيجية أو من حيث تنفيذها. لذا فإن الهيكل التنظيمي الفعّال يجب أن يسهّل عملية صياغة استراتيجية المنظمة وتنفيذها.

ومن الخصائص الأخرى التي يجب أن تتوافر في الهيكل التنظيمي الفعّال:
- تحقيق الاستفادة من مبدأ التخصص في العمل.
- تحقيق الرقابة التلقائية.
- إعطاء الأنشطة الاهتمام المناسب وفق أهميتها في المؤسسة.
- مراعاة ظروف المنظمة. [29]

ويرى كاتب آخر أن من خصائص الهيكل التنظيمي الفعّال أن تكون مكوناته وأبعاده المختلفة منسجمة مع بعضها البعض، وأن يوفّر القدرة على تحليل وتشخيص المشكلات واستكشاف الخيارات المستقبلية، وتطوير الحلول الجديدة، وتسهيل تدفق وانسياب المعلومات ومعالجتها، وإتاحة الفرص للعاملين للمشاركة الفعّالة، وتشجيع روح الإبداع والمخاطرة المحسوبة وتوقع ما هو غير متوقع، وعدم قبول الأمر الواقع، والبحث عن كل ما هو جديد واختباره، والاعتقاد بأن تحقيق الأمثل والأفضل هو أمر ممكن. [30]

أسئلة للمراجعة والنقاش

س1- على ماذا استند الكاتب مينتزبرغ في تصنيف أنواع التنظيم إلى خمسة؟

س2- قارن بين التنظيم البيروقراطي الآلي والتنظيم البيروقراطي المهني؟

س3- اشرح التنظيم متعدد الأقسام/ القطاعي؟

س4- ناقش التنظيم المؤقت؟

س5- عدد خصائص التنظيم البيروقراطي/ الآلي؟

س6- ما هي أهم إيجابيات التنظيم البيروقراطي، وأهم سلبياته؟

س7- في أي الحالات/ الظروف يفضل استخدام التنظيم البيروقراطي؟

س8- ما هي خصائص التنظيم العضوي؟

س9- ناقش إيجابيات وسلبيات التنظيم العضوي؟

س10- قارن بين التنظيم البيروقراطي والعضوي من حيث: توصيف الأعمال، المركزية، الرسمية، الاتصال، التفاعل؟

س11- متى يفضل استخدام التنظيم العضوي؟

س12- اشرح ماهية تنظيم المصفوفة، وما هي إيجابياته وسلبياته؟

س13- ناقش نموذج Z؟

س14- قارن بين النماذج التنظيمية التي اقترحها الكاتب بركنشو لتنظيم المنظمات الكونية؟ وأيهما الأفضل في رأيك؟

س15- ما هي خصائص التنظيم الفعّال؟

قائمة الهوامش

1- Henry Mintzberg (1983), <u>Structure in Fives: Designing Effective Organizations</u>, Englewood Cliffs, New Jersey: Prentice Hall, p. 157.

2- <u>Ibid.</u>, pp. 160-167.

3- <u>Ibid.</u>, pp. 170-180.

4- <u>Ibid.</u>, pp. 190-195.

5- <u>Ibid.</u>, pp. 230-249.

6- <u>Ibid.</u>, pp. 256-262.

7- Stephen Robbins (1990), <u>Organization Theory: Structure, Design and Applications</u>, 3rd ed. Englewood Cliffs, New Jersey, Prentice Hall, p. 302.

8- <u>Ibid.</u>, p. 303.

9- Robert Fulmer (1983), <u>The New Management</u>, 3rd ed., London: Macmillan, p. 130; Robbins, <u>Organization Theory</u>, pp. 316-317; Robert C. Appleby, (1984), <u>Modern Business Administration</u>, 3rd ed. London: Pitman Publishing Ltd., p. 77.

10- Appleby, <u>Modern Business Administration</u>, p. 77.

11- Robbins, <u>Organization Theory</u>, pp. 204-206.

12- Charles Perrow (1972), <u>Complex Organizations: A Critical Essay</u>, Glenview, Ill.: Scott, Foresman and Co., p. 7.

13- Fulmer, <u>The New Management</u>, p. 130; Lee G. Bolman and Terrence Deal (1991), <u>Reframing Organizations</u>, San Fransisco; Jossey Bass Publishers, pp. 91-93.

14- Robbins, <u>Organization Theory</u>, pp. 211-212.

15- Wagner and Hollenbeck, <u>Management</u>, p. 595.

16- Robbins, <u>Organization Theory</u>, p. 212.

17- Garry Dessler (1989), <u>Organization Theory: Integrating Structure and Behavior</u>, 2nd ed., N.Y.: Prentice Hall, p. 224; Daniel Robey (1991), <u>Designing Organizations</u>, 3rd ed., Boston, Mass.: IRWIN, p. 88; Robbins, <u>Organization Theory</u>, p. 224.

18- Appleby, <u>Modern Business Administration</u>, p. 89.

19- Robbins, <u>Organization Theory</u>, p. 337.

20- James L. Gibson, John Ivancerich and James Donnelly, Jr. (1994), <u>Organizations: Behavior and Processes</u>, Boston, Mass: IRWIN, p. 484.

21- John M. Ivancevich, Peter Lorenzi, Steven J. Skinner and Philip Crosby (1997), <u>Management: Quality and Competitiveness</u>, 2nd ed., Boston, Mass: McGraw-Hill, p. 231.

22- Ibid.

23- Ibid., p. 232.

24- Ibid.

25- Ivancerich et al, Management, p. 92.

26- Jean – Pierre Jeannet and Hubert D. Hennessey (1992), Global Marketing Strategies, Boston, Mass: Hooughton Mifflin, pp. 16-17.

27- Julian Birkinshaw (2002), "The Structures Behind Global Companies", Oman Daily Observer, Wednesday, 6 March, 2002 (from the Financial Times).

28- B. J. Hodge and William P. Anthony (1991), Organization Theory: A Strategic Approach, 4th ed. Boston, Mass: Allen and Bacon,   pp. 343-347.

29- أميمـــة الـــدهان (1992)، نظريـــات مـــنظمات الأعـــمال، عـــمان: مطبعـــة الصـــفدي، ص ص76.-78

30- Marvin R. Weisbord (1983), Organizational Diagnosis: A Workbook of Theory and Practice, Reading, Mass: Addison – Wesley Publishing Co., p. 165.

الفصل السادس

حجم المنظمة، وعمرها،

ودورة حياتها

Size, Age and Life-Cycle of

Organizations

الأهداف:

بعد إتمامك دراسة هذا الفصل سوف يكون بمقدورك:

1- توضيح مفهوم حجم المنظمة.

2- شرح الأسباب التي تدفع المنظمات للنمو والتوسع، والظروف الواجب توافرها لذلك.

3- وصف تأثير حجم المنظمة على هيكلها التنظيمي.

4- تحديد أسباب انحدار المنظمات وآثار الانحدار وكيفية إدارة مرحلة الانحدار.

5- وصف مراحل دورة حياة المنظمة.

6- وصف التغييرات الهيكلية في كل مرحلة من دورة حياة المنظمة.

الفصل السادس

الحجم والعمر ودورة حياة المنظمة

Size, Age and Life Cycle of Organizations

توضيح مفهوم حجم المنظمة:

قـد ينظر إلى حجم المنظمة باعتباره أحد أبعاد/ خصائص الهيكل التنظيمي، مثل التعقد والرسميـة والمركزيـة. وقد ينظر إليه باعتباره من عوامل السياق التنظيمي (Contextual)، مثل بيئة المنظمة وتقنياتها. وسيناقش الحجم هنا، من وجهة النظر الثانية باعتباره عاملاً يؤثر على شكل الهيكل التنظيمي للمنظمة وبعض ممارساتها الإدارية.

قد يبدو لأول لحظة بأن عامل الحجم متغيّر بسيط فيما لو اعتمدنا عدد العاملين في المنظمة مؤشراً على حجم المنظمة. ولكن مسألة الحجم أكثر تعقيداً من ذك. وقد اقترح الكتاب مؤشرات عديدة متنوعة لقياس حجم المنظمة. ومن بين هذه المؤشرات: عدد العاملين في المنظمة، وموازنة المنظمة، والمخرجات، والمدخلات وغيرها. وقد أشار الكاتب كمبرلي (Kimberly) إلى أن الحجم يتضمّن أربعة جوانب/ مكونات وهي: [1]

1- الجانـب الأول هو الطاقة المادية/ الاستيعابيـة (Physical capacity) للمنظمة. فمثلاً للمصنع طاقة إنتاجية معينة، والمستشفى يضم عدداً من الأسرّة، وللجامعة عدد من الصفوف، وهكذا.

2- الجانب الثاني هو عدد العاملين في المنظمة، وهذا الجانب هو من أكثر المقاييس شيوعاً واستخداماً لقياس حجم المنظمة. ولكن المشكلة هنا تكمن في أن معنى عدد العاملين غامض بالنسبة لبعض المنظمات الدينية والجامعات، فالحجم بهذا المعنى هو من أهداف المنظمة؛ وأن الحجم الأكثر يعني زيادة الموازنة. وبالنسبة لمنظمات أخرى فإن هدفها إبقاء حجم المنظمة أصغر ما يمكن من أجل تخفيض النفقات.

3- الجانب الثالث هو حجم المدخلات أو المخرجات، مثل عدد المنتفعين، عدد الطلبة الذين يتم تقديم الخدمة لهم، حجم المبيعات باعتباره من مخرجات المنظمة. وهذا المقياس محدود الاستعمال.

4- أما الجانب الأخير فهو الموارد المتاحة للمنظمة على شكل ثروة أو صافي الموجودات.

ويقترح الكاتب أن هذه الجوانب الأربعة هي مترابطة في بعض الحالات، ولكن بالإمكان مناقشتها منفردة.

أما الكاتبان هودج وأنثوني (Anthony, Hodge) فيقترحان أن الحجم يمكن أن يقاس بطرق عديدة، أهمها:

1- حصة المنظمة من السوق (Share of market)، فالمنظمات التي تهيمن على السوق تعتبر كبيرة الحجم، بينما المنظمات التي تسيطر على جزء صغير يمكن اعتبارها صغير الحجم.

2- تعدد فروع المنظمة (Number of branches)؛ فعندما تفتح المنظمة فروعاً لها في مناطق/ مدن أخرى داخل البلاد/ أو خارجها نعتبرها كبيرة.

3- تعدّد خطوط الإنتاج (Multiple product lines)، فالمنظمة الصناعة التي تمتلك عدة خطوط إنتاج متنوعة يعتبرها الناس كبيرة. وهذه المنظمات ليست كبيرة فحسب، ولكنها أيضاً معقدة.

4- حجم الموجودات والتسهيلات (Assets size and facilities)؛ فتزايد حجم موجودات المنظمة وعدد التسهيلات التي تمتلكها يشيران إلى كبر حجم المنظمة.

5- عدد العاملين المتفرّغين (Number of full-time employees)، ويعتبر هذا المؤشر مناسباً، وأكثر المؤشرات قبولاً، ولا سيّما حين مقارنة حجم المنظمات المختلفة، ويعتبر أيضاً أكثر المقاييس دقة وموضوعية. [2]

إن كثيرين من الكتاب والباحثين يميلون إلى اعتبار عدد العاملين مقياساً مناسباً لأن إجمالي عدد العاملين في المنظمة يرتبط بالمؤشرات أو الجوانب الأخرى لقياس الحجم، وذلك على الرغم من أن مقياس عدد العاملين يثير مشكلتين وهما:

- إن كثيراً مـن المـنظمات تستعين في العصرـ الحاضر بأعداد ليست قليلـة مـن "العاملين غير المتفرعين".

- اعتماد عدد العاملين يخلط بين الحجم والكفاءة، فإذا كانت منظمة تحتـاج إلى (100) عامل للقيام بنفس الأنشطة التي يقـوم بهـا (50) شخصـاً في مؤسسـة أخرى مماثلة، فهل المنظمة الأولى حجمها ضعف حجم الثانية أم أنها ببساطة ذات كفـاءة تعـادل نصف كفـاءة المنظمـة الأخـرى. إن الإجابـة عـلى هـذه التساؤلات ليست بسيطة. [3]

لماذا تسعى المنظمات للنمو وزيادة الحجم:

تحرص المنظمات كافة على النمو وزيادة حجمها، وفي الواقع معظمها، إن لم تكـن كلها، تنمو ويزداد حجمها، ولكن بدرجات متفاوتة، وليست كلها تنمو بشكل مستمر. لقد ساعدت عوامل وظروف ومفاهيم عديدة على اهتـمام المـنظمات بالنمو والتوسع. ومـن أهم هذه العوامل والأفكار ما يأتي: [4]

1- الأكبر هـو الأفضل (Bigger Is Better)؛ مـن الأفكار التـي سـادت في أمريكا وكانت لها قوة دفع كبيرة في تشجيع المنظمات على الاهتمام بالنمو والتوسع هو "مـا هو أكبر أفضل". فالمنظمات الأكبر حجماً هي الأفضل، والسيارة الأكبر هـي الأفضل، والمنـزل الأوسع هو الأفضل... وهكذا.

2- يمكن تبرير الحجـم الكبير بالنسبة للمنظمات لمـا لـه مـن مزايا اقتصادية. فالإنتاج الكبير يصاحبه تخفيض النفقات (تكلفة أقل) وكفـاءة أكبر. وبالفعل المـنظمات الأكبر حجماً كانت غالباً أكثر كفـاءة/ إنتاجية. ولا يـزال الكثيرون يعتبرون النمو/ الحجـم مؤشراً على قدرة المنظمة على مواكبتها ومواءمتها للمستقبل.

3- النمو وزيادة الحجم هدف استراتيجي عام لمعظم المنظمات. إذ أن النمـو وزيادة الحجم يزيد احتمالات بقاء المنظمة واستمراريتها. فالمنظمات الكبيرة لا يسمح لها بالانقراض مثل المنظمات الصغيرة. فإذا ما واجهت المنظمة الكبيرة أزمة أو كارثـة هبّت الحكومة غالباً لدعمها ومساعدتها على الاستمرار، ومن ناحية أخرى، فإن النمو والحجـم الكبير يزيد عـدد الأطراف والفئات التـي لهـا مصلحة في المنظمـة، وكذلك يسهل لهـا الاستمرار بالاحتفاظ بموارد أكثر تقيها مخاطر عدم التأكد.

4- **النمو مؤشر على الفعالية**، إن نمو المنظمة وتزايد حجمها يوحي بأنها تدار بفاعلية. إذ من المألوف أن نرى المديرين التنفيذيين يفاخرون بازدياد حجم المبيعات، وازدياد حجم الطلب، وازدياد عدد المرضى الذين يدخلون المستشفى، وتزايد أعداد الطلبة الذين يلتحقون بالجامعة وهكذا. واستناداً لمفهوم النظم فإنه من المرغوب أن تنمو المنظمة ويزداد حجمها لأن ذلك يشير إلى الحيوية والشباب وأن المنظمة تتمتع بصحّة جيدة.

5- **النمو قوّة (Growth is Power)**، إن تزايد حجم المنظمة يتوافق باستمرار مع المصالح الشخصية للإدارة العليا في المنظمة. فالنمو وازدياد الحجم يزيد شهرة وقوّة هذه الجماعة واستقرارها الوظيفي، بالإضافة إلى الحصول على رواتب ومزايا أفضل.

وعلى مستوى المنظمة، فالحجم الكبير والنمو يوفّران للمنظمة مزيداً من القوة أمام المنظمات والجهات الأخرى في بيئة المنظمة. وأن المنظمات الأكبر تمتلك تأثيراً ونفوذاً أكبر في التعامل مع الموردين، والمنتفعين، والاتحادات، والنقابات والحكومة وغيرها.

بالإضافة إلى المبررات الخمسة السابقة للاهتمام بالنمو وزيادة الحجم، يضيف الكاتب دافت (Daft) مبرراً سادساً وهو أنه كلما كانت المنظمات كبيرة الحجم كلما استطاعت جذب الخبرات والمهارات العالية المتخصصة، لكونها قادرة على دفع رواتب ومزايا مغرية وتوفير ظروف عمل مناسبة.(5)

يتضح مما سبق أن نمو المنظمات وتزايد حجمها لا يأتي صدفة وبصورة عشوائية، ولكنه نتيجة قرارات إدارية واعية، فالنمو والحجم الكبير يوفران للمنظمة مزايا ومنافع اقتصادية وقدرة أكبر على تأمين مدخلاتها وتصريف مخرجاتها، والتعامل مع المتغيرات البيئيـة، والوقوف في وجه المخاطر والتهديدات وغيرها. ولكن ليست جميع المنظمات في نموّ مستمر، فبعضها ينمو ويزداد حجمها بسرعة فائقة وبدرجة مدهشة، والبعض الآخر تبقى صغيرة. وترجع أسباب ذلك جزئياً إلى التفاوت في الظروف الداخلية والخارجية التي تواجهها المنظمات.

الظروف الداخلية المساعدة على النموّ:

من الظروف والعوامل الداخلية الهامة التي يتطلبها النمو وتزايد حجم المنظمة ما يلي:

1- **توافر موارد راكدة فائضة (idle resources)**: يتطلب النمو الناجح أن تمتلك المنظمة الموارد الداخلية مثل القوى البشرية، ورأس المال، والمعدات، والأجهزة والخبرة الإدارية وغيرها. ولكن الأهم من ذلك هو أن تكون بعض هذه الموارد فائضة (راكدة) وغير مستغلة جيداً حتى يكون بالإمكان تخصيصها لأغراض النمو والتوسع. وهنالك أسباب قوية تدفع المنظمات إلى عدم استغلال جميع مواردها وإبقاء بعضها فائضة، إذ ليس من السهل تحقيق توازن أمثل بين الموارد. كما أن الطبيعة الموسمية للطلب على بعض المنتجات تؤدي إلى وجود موارد فائضة. وأن المديرين يبحثون دوماً عن طرق لاستغلال هذه الموارد، ومن بين هذه الطرق القيام بأنشطة جديدة، وهذه تمثل توسعاً ونمواً في المنطقة.

2- **أما المتطلب/ الظرف الداخلي الثاني للنمو** فهو نقيض ما سبق أي تواجد موارد مستغلّة أكثر من طاقتها (over utilized). فالاستخدام الزائد يحفز المديرين على السعي لإضافة موارد جديدة، وهذه بدورها قد لا تستغل جميعها، مما ينتج عن ذلك موارد فائضة تدفع المديرين للبحث عن أنشطة لاستغلال هذه الموارد.(6)

3- **حوافز النمو (Incentives for Growth)**: تحرص المنظمة على النمو وزيادة حجمها إذا ما كانت لديها حوافز قويّة للنمو، وهذه الحوافز قد تكون اقتصادية ونفسية واستراتيجية. ومن الحوافز الاقتصادية التي تشجع النمو: زيادة الأرباح، تخفيض تكلفة المنتج، وزيادة العائدات. أمّا الحوافز النفسية فتشمل دوافع المديرين وحاجاتهم للإنجاز أو القوة أو المكانة وتحقيق الذات، والعوائد المالية والشهرة والمخاطرة.

وفيما يتعلق بالحوافز الاستراتيجية فتتضمن محاولة المنظمة تحقيق الاحتكار، والاستقرار، والبقاء. فالمنظمات تسعى من خلال النمو والتوسع إلى تجنب المنافسة وتحقيق وضع احتكاري، والسيطرة على البيئة، وتقليص الاعتماد على الموردين، وتقليص مخاطر عدم التأكد.(7)

الظروف الخارجية المساعدة على النمو:

تواجه المنظمات كثيراً من الظروف الخارجية التي لا تملك السيطرة عليها، وبعض هذه الظروف تمثل فرصاً (Opportunities) توفرها البيئة، وتسعى المنظمات لاستغلالها. ومن أهم هذه الظروف تزايد حجم الطلب على المنتج، وزيادة دخل الفرد، والانتعاش الاقتصادي، والتقدم التقني الذي يساعد على الإنتاج الكبير، والإبداعات التي يمكن استغلالها وتطبيقها.

هذا ولا يجب أن يغيب عن الذهن أنه قد ينشأ ظروف غير مواتية، بل معوقات خارجية للنمو، ينبغي التغلب عليها مثل المنافسة الشديدة، وحقوق الملكية والاختراع، وصعوبات في الحصول على المواد الخام والكفاءات والمهارات المتخصصة، والموارد المالية.(8)

علاقة الحجم بالهيكل التنظيمي:

لا يزال موضوع العلاقة بين حجم المنظمة وهيكلها التنظيمي يحظى باهتمام العديد من الكتاب والباحثين، الذين يسعون لمعرفة تأثير الحجم على الهيكل التنظيمي. ولا نحاول هنا استعراض جميع الدراسات السابقة في هذا المجال، وإنما نود أن نشير إلى أهم هذه الدراسات وما توصلت إليه من نتائج.

1- درجة البيروقراطية (Bureaucratization):

وتعني حجم المكوّن/ الجانب الإداري نسبة إلى حجم المنظمة. كان اهتمام الباحثين في البداية مركّزاً على علاقة الحجم بدرجة البيروقراطية في الهيكل التنظيمي، أي بمعنى تأثير الحجم على حجم المكوّن الإداري في المنظمة. وكان الاعتقاد السائد في الخمسينيات والستينيات من القرن الماضي أن المنظمات كبيرة الحجم تتصف بدرجة عالية من البيروقراطية، وأن البيروقراطية والحجم الكبير متلازمان، أي أن المنظمات تخصص نسبة كبيرة من العاملين فيها للأمور الإدارية.(9) وأجريت دراسات عديدة بهذا الشأن من أهمها دراسات بلاو (Blau) وزملائه وغيرهم. وقد أثبتت الدراسات نتائج متضاربة، ويعزى عدم التوافق هذا إلى الأسباب الآتية:

* عدم وجود تعريف جامع متفق عليه فيما يتعلق بالمكون الإداري والذي يتكون من فئات متنوعة تمارس أدواراً وظيفية مختلفة. فالبعض يشير إلى النسبة بين المديرين والعاملين المنفذين، أو النسبة بين المشرفين والجهاز المساند وبين الجهاز التشغيلي (الإنتاج)، أو الأجهزة المساندة مقابل المنفذة.[10]

أما السبب الثاني لهذا التباين في النتائج هو أن الحجم له تأثيران مختلفان يؤديان إلى نتائج متضاربة بالنسبة للجانب الإداري. فمن ناحية يرتبط الحجم بعلاقة إيجابية مع درجة التمايز (differentiation). ومن ناحية أخرى، يرتبط الحجم بعلاقة إيجابية مع زيادة حجم الأنشطة من نفس النوع، وليس بالضرورة مزيد من تنوع الأنشطة. ويرى بلاو (Blau) وزملاؤه أن التأثيرين السابقين للحجم يؤثران بصورة متضاربة على الجانب الإداري. فتزايد التمايز يؤدي إلى زيادة حجم المكوّن الإداري. لأن زيادة التمايز يؤدي إلى التنوع والتباين في الأعمال بين مختلف الوحدات والأفراد، وهذا بدوره يؤدي إلى مشكلات وصعوبات في التنسيق والتكامل، ونتيجة لذلك يزداد حجم المكون الإداري ليضطلع بمسؤوليات التنسيق والتكامل. ومن الناحية الأخرى، فإن تزايد حجم المنظمة يؤدي إلى زيادة حجم الأعمال من نفس النوع في الوحدات المختلفة، وكلما زاد عدد العاملين في هذه الوحدات، قلّ عدد المشرفين اللازمين للإشراف عليهم.[11]

ونتيجة لتلك النتائج المتباينة فقد اقترح الكتاب أن هنالك عوامل أخرى، بالإضافة إلى الحجم، تؤثر في الجانب الإداري. ومن بين هذه العوامل: نوع المنظمة، والبيئة، والتقنيات المستخدمة، وتعقد المنظمة، وما إذا كانت المنظمة تشهد مرحلة نمو أم مرحلة انحدار.[12]

2- تأثير الحجم على درجة التمايز (Differentiation):

وتتضمن ثلاثة أنواع من التمايز:[13]

- **التمايز الأفقي** (horizontal diff.)، ويشير إلى عدد الوحدات التنظيمية والمسمّيات الوظيفية، وطبيعة المهام، وتنوع المهن والتأهيل والتدريب.

- **التمايز الرأسي** (vertical diff.)، ويشير إلى عدد المستويات الإدارية.

- **التمايـز الجغرافـي (.spacial diff)**، ويعنـي مـدى الانتشـار والتوزيـع الجغرافـي لعمليات وأنشطة المنظمة.

وهذه الأبعاد الثلاثة للتمايز لا يمكن اعتبارها مستقلة عن بعضها البعض. بـل قـد تتغير جميعها في آن واحد. وهـذه الخاصيـة/ البعـد (التمايـز) تشير إلى مـدى تعقيد (Complexity) الهيكل التنظيمي للمنظمة. ويكون الهيكل التنظيمي أكثر تعقيداً كلما زاد التمايز.

لقد أجريت دراسات عديدة حول العلاقة بين حجم المنظمة وخاصية التمايز، ومن أهمها دراسات بلاو (Blau)، وقد دلت الدراسات على أنه كلما زاد حجـم المنظمـة زادت درجة التمايـز، وكلمـا قـلّ الحجـم قلّـت درجـة التمايـز، إلا أن معدل الزيادة في التمايـز يتناقص مع تزايد الحجم. كما أن نطاق الإشراف أوسع في المنظمات كبيرة الحجم. فالزيادة في الحجم يلازمها في البداية تزايد كبير في عـدد الوحـدات والفـروع والمسـتويات الإداريـة، ولكن هذا التزايد يصبح تدريجياً.[14]

الحجم ودرجة الرسمية (Formalism):

وتعني خاصية الرسمية في الهيكل التنظيمي مـدى اعتماد المنظمـة علـى القوانين والأنظمة والتعليمات والإجراءات والمعايـير التفصيلية في توجيه وضبط سـلوك الفـرد وأفعاله وتصرفاته أثناء أدائه لعمله.

من الدراسات التي تركت علامات واضحة في هذا المجال، تلك التي قامت بها مجموعة أستون (Aston Group) في جامعة أستون في إنجلترا؛ وأجريت على عـدد مـن المنظمات الصناعية. وقد دلت نتائج الدراسة على أن ازدياد حجم المنظمة يؤدي إلى زيادة الرسمية (Formalism). وفي دراسة مماثلة حديثة، دلت النتائج علـى أن حجـم المنظمـة يرتبط بعلاقة إيجابية مع الرسمية.[15]

الحجم والتخصص Specialization:

ومن النتائج التي توصلت إليها دراسات مجموعة أسـتون وغيرهـا مـن الدراسـات، بالإضافة إلى الرسمية، هي علاقة الحجم بالتخصص. حيث أشارت النتائج إلى وجود علاقـة إيجابية بين الحجم والتخصص، أي أنه كلما زاد حجـم المنظمـة زادت درجـة التخصص – تركيز مهارات العاملين ووقتهم.[16]

الحجم والمركزية Centralization:

وتعتبر المركزية الخاصية/ البعد الثالث للهيكل التنظيمي (البعدين الآخرين وهما التعقيد، والرسمية). وتعني المركزية موقع ومكان ومصدر صنع القرارات في المنظمة. وهي تتضمن: الحق في اتخاذ القرارات، وبالتحديد من يملك الحق في اتخاذ أي نوع من القرارات، ومتى، فإذا كانت معظم القرارات تتخذ في قمة المنظمة، فالمنظمة مركزية.

إن نتائج الدراسات حول علاقة الحجم بالمركزية لم تكن جميعها متوافقة ـ كما هو الحال بالنسبة لعلاقة الحجم بالرسمية والتمايز. فقد أثبتت بعض الدراسات وجود علاقة سببية إيجابية بين الحجم واللامركزية، ولكن البعض الآخر أشار إلى وجود علاقة عكسية. [17]

وتعزى أسباب هذا التباين في النتائج إلى أن الرسمية تعدّل/ تكيّف (moderates) العلاقة بين الحجم والمركزية. فالمركزية والرسمية يسعيان لضبط سلوك الأفراد في المنظمة. فإذا ما كانت درجة الرسمية عالية، قلّت الحاجة إلى المركزية، ولكن في حال وجود درجة منخفضة من الرسمية تلجأ المنظمة الكبيرة إلى تطبيق مزيد من المركزية. وسبب آخر لهذا التباين هو اختلاف نوع المنظمات التي شملتها الدراسات.

تأثيرات أخرى للحجم:

بالإضافة إلى تأثير الحجم على الهيكل التنظيمي، فقد أشار الكاتبان هودج وأنتوني (Hodge and Anthony) إلى التأثيرات الآتية التي تنتج عن الحجم الكبير للمنظمة:

1- الروتينية (Routilization)، مع تزايد حجم المنظمة يزداد ميل المنظمات لتطوير مجموعة من الإجراءات الروتينية لإنجاز الأعمال المختلفة في المنظمة، ولا سيما في الأعمال التشغيلية، حيث تحل الأتمتة محل العاملين الذين يؤدون أعمالاً روتينية. [18]

2- **تفويض السلطة (Delegation)**، مع تزايد حجم المنظمة وأعمالها، تبرز حاجة المدير إلى مزيد من العاملين لمواجهة عبء العمل المتزايد، وكذلك تفويض جزء من مسؤولياته وسلطاته للمرؤوسين، وفي حال تفويض السلطات والمسؤوليات، تظهر الحاجة للتنسيق والمراقبة للتحقق من إنجاز هذه المسؤوليات بنجاح. وهكذا يلازم عملية تفويض السلطة والمسؤولية تطوير وسائل وآليات لتحقيق تكامل الجهود بين العاملين. وهناك علاقة إيجابية بين درجة التفويض ودرجة التكامل. [19]

3- **بيئة عمل غير شخصية (.Impersonal work env)**: حينما يزداد عدد العاملين في المنظمة وتزداد مسؤولياتهم أيضاً يصعب عليهم أن يعرف بعضهم بعضاً على المستوى الشخصي، وتقل جماعات الصداقة بين زملاء العمل؛ ويقل عدد العاملين الذين لديهم معرفة كامل بالعمل، وتزداد أهمية الاتصالات الرسمية. [20]

4- **انحسار مشاركة المدير التنفيذي**: مع تزايد حجم المنظمة يجد المدير التنفيذي نفسه مضطراً إلى مزيد من التفويض للمستويات الأدنى، مما يجعله أقل مشاركة في الأعمال التشغيلية، وحتى لو أراد الإحاطة بالأمور اليومية التشغيلية، فإنه يرتكب خطأ بتخصيص وقته المحدود لمثل هذه الأمور التي يمكن تفويضها، وتركيز وقته بدلاً من ذلك على القضايا الهامة للمنظمة في مرحلة نموها. [21]

5- **ازدياد الصراع وتصاعد اللعبة السياسية**: مع أنه لا يمكن القول بأن الحجم بحد ذاته يؤدي إلى الصراع والمناورات السياسية في المنظمات الكبيرة، ولكن نستطيع القول بأن الأدلة الحديثة تشير إلى وجود علاقة بين الظواهر الثلاث (الحجم الكبير، والصراع، والمناورات السياسية). [22]

أيهما أفضل: الحجم الكبير أم الصغير:

تتواجد المنظمات صغيرة الحجم، ومتوسطة الحجم وكبيرة الحجم في مختلف المجالات في كل مجتمع. ومع أن المنظمات كبيرة الحجم قليلة العدد بالمقارنة مع المنظمات صغيرة الحجم، ولكن تأثيرها كبير وملموس في المجتمع.

ليست كل المنظمات الناجحة من نفس الحجم، فهنالك منظمات صغيرة الحجم ناجحة ومنظمات كبيرة الحجم ناجحة أيضاً. إن لكل حجم مزايا ولكن له سلبياته

أيضاً؛ ولا بد للمنظمات أن تعي هـذه المزايـا والسـلبيات. ومـن مزايـا المنظمات صغيرة الحجم:

- تتميـز المنظمـات صـغيرة الحجـم بدرجـة متدنيـة مـن التمايـز الأفقـي والـرأسي والجغرافي، وبدرجة متدنية من الرسمية ودرجة عالية من المركزية.

- تشجيع الإبداع، نتيجة لتدني الرسمية وتدني درجة التعقّد (التمايز).

- الصراعات والمناورات السياسية تكون محدودة جـداً، لأن الحجـم الصغير يسـهل ويساعد على الاتصالات بين الأفراد، ويتيح للأفراد تفهم رسالة المنظمـة، ويقلل احتمالات تعارض الأهداف.

- ثقافتها حديثة ولا تحتاج إلى تغيير وحتـى لـو احتاجـت إلى تغيـير، فمـن السـهل إحداث هذا التغيير. ذلك لأن المنظمات صغيرة الحجم تميـل لأن تكـون صـغيرة العمر، وبذلك لا يكون لديها تاريخ وتقاليد راسخة، وتكون ثقافتها حديثة وغير مترسّخة لدى الناس.

إن المزايا السابقة التي تتمتع بها المنظمات صغيرة الحجم تمثل مشـكلات تواجههـا المنظمات كبيرة الحجم.

أما أهم المشكلات التي تواجه المنظمات صـغيرة الحجـم فهـي: الرقابـة والمسـاءلة، والكفاءة، والاعتماد على البيئة.

ففي المنظمات صغيرة الحجم يميل المديرون إلى ممارسة الرقابة من خلال الإشراف والملاحظة المباشرة، وليس من خلال الأنظمة والتعليمات وغيرها.

أما بالنسبة للكفاءة (efficiency) فهي مسألة تشغل أذهان المديرين في المنظمات صغيرة الحجم، وذلك لأن هـذه المنظمات لا تملك أي مـوارد فائضة/ راكـدة (slack resources)، كما هو الحال في المنظمات كبيرة الحجم. فالموارد الفائضـة تقـوم بامتصاص الصدمات وتقليل تأثير الأخطاء. وهذا الأمر -عدم التسامح مع عـدم الكفـاءة- يزيـد مـن أهمية اختيار التصميم التنظيمي السليم للمنظمة.

وفيما يتعلق بالبيئة، فإن المنظمات صغيرة الحجم غير قادرة على التأثير في بيئتها وبالتالي لا تتمكن من تقليص اعتمادها على الموردين، والمنافسين، والمؤسسات المالية وغيرها. وهذا يزيد من أهمية نظم الرصد والاستشعار البيئي في المنظمة. [24]

ونظراً للمشكلات التي تواجهها المنظمات كبيرة الحجم - التعقيد، والرسمية العالية، والجمود، والافتقار للإبداع، والصراعات والمناورات السياسية- فقد اتجهت تلك المنظمات نحو تقليص حجمها، وإعادة النظر في هيكليتها وأنشطتها بما يسمح لها بتحقيق قدر من المرونة وسرعة الإنجاز، والإبداع، التي تتميّز بها المنظمات صغيرة الحجم.

عمر المنظمة:

قليل من الباحثين تناولوا موضوع عمر المنظمة، ولم ينل هذا الموضوع الاهتمام الذي حظي به موضوع حجم المنظمة. وأشار هؤلاء الكتاب والباحثين إلى أن المنظمات تتصف بسمات وخصائص مختلفة في مراحل عمرها المختلفة، ومن أهم هذه الاستنتاجات التي توصلت إليها الدراسات بهذا الشأن ما يلي: [25]

- كلما زاد عمر المنظمة اتجهت إلى اتباع مزيد من الرسمية في تصرفاتها وسلوكها.
- إن خصائص المنظمة في المراحل العمرية المختلفة غالباً ما تتأثر بالخصائص التي بدأت بها حين إنشائها، وغالباً ما يؤدي ذلك إلى تماثل الهياكل التنظيمية للمنظمات التي تم إنشاؤها في نفس الفترة الزمنية؛ وهذا الافتراض الأساسي الذي بنيت عليه النظرية المؤسسية.
- إن المنظمات الأكبر عمراً (بغض النظر عن حجمها) تعتبر أكثر استقراراً في السوق مما يقلل من احتمالات انقضائها.
- كلما زاد عمر المنظمة أصبحت أكثر دراية بالظروف البيئية التي تعمل فيها مما يجعلها تعدل من أهدافها وتطبق سياسات عمل أكثر تحفظاً وأقل مخاطرة، وأكثر اهتماماً بالعمليات الداخلية.
- يميل الهيكل التنظيمي في المنظمات بمرور الزمن إلى القصور الذاتي (inertia) والجمود.

دورة حياة المنظمة **Organizational Life Cycle:**

شبـه كثيـر مـن الكتـاب والباحثيـن المنظمـات بالكائنـات/ النظم الحيّة (Biological Organism). فالكائن الحيّ له دورة حياتية - يولد فينمو فينضج ثم يهرم وأخيراً يموت. وكذلك المنظمات لها دورة حياتية لا تختلف مراحلها كثيراً عن دورة حياة النظام الحي. ولكن هذا التشبيه ليس دقيقاً في جانبين هامين على الأقل وهما:

1- إن الكـائن الحـي مصيره المحتـوم هـو المـوت والفنـاء، في حـين أن قلـيلاً مـن المنظمات يفنى ويختفي.

2- إن الكائن الحيّ ينتقل بصورة حتميّة من الشيخوخة إلى الموت والفناء، في حـين أن المنظمات قد تتجاوز مرحلة الانحدار (الشيخوخة) بنجاح وتعـاود انتعاشـها ونموها.

وبالرغم مما يثار من تحفظات حول موضوع دورة حياة المنظمة إلا أن هذا المفهوم ينبّه إلى أمور عديدة أهمها أن المنظمات قد تمر في مرحلة انحدار واضمحلال وقد تؤدي بها إلى الاختفاء، أو من الممكن أن تواجه المنظمة هذه المرحلة بنجاح وتعاود الانتعاش والنمو. كما أن مفهوم دورة حياة المنظمة أشار إلى أن لكل مرحلة متطلباتها والتي لا بد للمنظمات من إدراكها لكي تستمر المنظمة في البقاء.

وسيناقش هذا الجزء باختصار مراحل دورة حياة المنظمـة والتغيـيرات الهيكليـة في كل مرحلة.

دورة حياة المنظمة:

لقد نال هذا الموضوع اهتمام العديد من الباحثين والكتاب واقترحوا عدداً من النماذج (التقسيمات) بشأن المراحل التي تمر بها المنظمات خلال حياتها. فقد قسّم كمبرلي وميلز (Kimberly and Milles) دورة حياة المنظمة إلى ثلاث مراحل: النشأة (Creation)، والتحـول (Transformation) والتدهور (Decline). أما فيلد وهاوس (Field and House) فقد اقترحا خمس مراحل لدورة حياة المنظمة وهي: مرحلة الولادة (Birth) ومرحلة الشباب (Youth)، ومرحلة منتصف العمر (Midlife)، ومرحلة النضج (Maturity) ومرحلة التدهور والفناء (Decline and Death)، أما

دافت (Daft) فقد قسم دورة حياة المنظمة إلى أربعة مراحل رئيسة هي: مرحلة النشأة، ومرحلة النمو، ومرحلة النضج، ومرحلة التوسع.[26]

ومن أكثر النماذج قبولاً وانتشاراً هما نموذج ميللر وفرايزن، ونموذج جراينر، وسنناقشهما باختصار:

1- نموذج ميللر وفرايزن:

يقترح الكاتبان داني ميللر (Danny Miller) وبيتر فرايزن (Peter Freisen) أن دورة حياة المنظمة تمر بخمس مراحل، وهي:[27]

- **الولادة (Birth):** وفي هذه المرحلة تسعى المنظمات الصغيرة إلى تأسيس وترسيخ وجودها من خلال الإبداع الإنتاجي.

- **النمو/ التوسع (Growth):** وهنا تبدأ المنظمات بالنمو وتكبر بسرعة وتقسم إلى وحدات/ دوائر، وتصبح هياكلها أكثر رسمية.

- **النضج (Maturity)**، وفي هذه المرحلة تصبح المنظمات كفؤة (efficient)، ومستقرة وتستخدم هياكل أكثر بيروقراطية، ولكنها أقل إبداعية.

- **الانحدار/ التدهور (Decline)**، وهنا تتأرجح المنظمة ضمن أسواق منكمشة/ متقلصة لمنتجات متقادمة.

- **إعادة الانتعاش Revival؛** وفي هذه المرحلة تشهد المنظمة منجزات إبداعية ضمن هيكل تنظيمي يعتمد على التقسيم على أساس السوق (Market – based Divisional).

وتختلف استراتيجية المنظمة وهيكلها التنظيمي وبعض الممارسات الإدارية (مثل اتخاذ القرارات، والمركزية) من مرحلة لأخرى. أمّا تتابع المراحل فيوضحه الشكل الآتي:

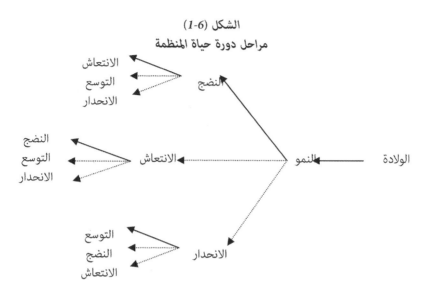

الشكل (1-6)
مراحل دورة حياة المنظمة

●   الخط المتصل يشير إلى التتابع الأكثر احتمالاً.

يلاحظ من الشكل أن المراحل الخمس السابقة لا ينبغي بالضرورة أن تتبع بعضها بعضاً بالترتيب (1، 2، 3، 4، 5)، باستثناء أن النمو دائماً يتبع الإنشاء/ الولادة. وأن معظم المنظمات تنتقل من مرحلة النمو إلى مرحلة النضج، ولكن قد ينتقل بعضها مباشرة إلى مرحلة الانتعاش أو الانحدار. وعند النضج تنتقل معظم المنظمات إلى الانتعاش، ومن ثم ينتقل بعضها إلى نمو جديد والبعض الآخر إلى الانحدار. والملاحظة الأكثر أهمية، هي أن المنظمات في مرحلة الانحدار يمكنها أن تنتقل غالباً باحتمالية متساوية إلى النمو والنضج أو الانتعاش أو تبقى في مرحلة الانحدار.

2- نموذج لاري جراينر (Larry Greiner):

قام جراينر في أوائل السبعينيات من القرن الماضي بتطوير "نموذج النمو"، وأعيد نشر هذا النموذج في مجلة هارفارد للإدارة (Harvard Business Review) في عام 1998؛ ويعتبر أكثر النماذج شهرة وقبولاً. لقد طور جراينر نموذجه بالاستناد إلى ملاحظاته للعديد من المنظمات التي قام بدراستها. وقد ركّز في دراسة وتحليل نمو المنظمة على بعدين/ متغيرين رئيسين وهما: عمر المنظمة وحجمها. ولاحظ بأن

تطوّر المنظمة يشهد نمواً هادئاً لفترة، وصفه بالتطور (evolution)، ثم يلي ذلك فترة اضطراب داخلي أطلق عليها الأزمة (Crisis).

وقد حدّد خمس مراحل/ مستويات لنمو المنظمة؛ كل مرحلة نمو تجلب معها أزمة خاصة بها، وإذا ما تمت معالجة الأزمة بنجاح انتقلت المنظمة إلى مرحلة تطوّر جديدة، ولكن في حال عدم معالجة الأزمة والانتقال السليم للمرحلة الثانية، يصبح انحدار المنظمة نتيجة محتملة. ونستعرض باختصار المراحل الخمس: [28] (أنظر الشكل 6-2)

1- الإبداع وأزمة القيادة (Creativity and Leadership Crisis)، إن كثيراً من المنظمات تنشأ من فكرة لدى فرد أو عدد من الأفراد، وبعد الإنشاء تتزايد المتطلبات الإدارية، ولا يرغب الريادي/ المؤسس المبدع في إشغال نفسه بهذه القضايا، ونتيجة للحاجة الماسة إلى المهارات الإدارية تنشأ أزمة القيادة الإدارية، فتلجأ المنظمة إلى التحرك والتحول نحو النموّ الذي يتصف بالتوجيه الشديد.

2- التوجيه وأزمة الاستقلالية (Direction and Autonomy Crisis)، بعدما يتولى أحد الشركاء أو مدير مسؤولية القيادة، يعود الأشخاص المبدعون إلى الإبداع، وبعدها يتحول التوجيه من قبل الإدارة العليا إلى هيكل تنظيمي رسمي مليء بالقواعد والمعايير والنماذج، ونظم محاسبة التكاليف والتخصص.

وتحدث الأزمة الثانية حينما يجد الأشخاص المبدعون أن الهيكل الرسمي يعيق الإبداع ويقيد سلطتهم في اتخاذ القرار؛ والهيكل التنظيمي الآلي الذي ساعد بنجاح في حلّ أزمة القيادة، يسبب الآن أزمة الاستقلالية. ومع استمرار النمو يصبح الموظفون في المستويات الدنيا على دراية بالمشكلات تفوق معرفة الإدارة العليا، فيطلبون مزيداً من الحرية للاستجابة بسرعة لاحتياجات المنتفعين ومشكلات الإنتاج وغيرها.

3- التفويض وأزمة الرقابة (Delegation and Control Crisis)، وفي سبيل حلّ أزمة الاستقلالية تنشأ الحاجة للتفويض؛ وعلى الإدارة أن تفوض بعض سلطاتها ومسؤولياتها للمستويات الدنيا وتسمح لها بمزيد من حرية التصرف. وفي هذه المرحلة يستمر النمو ولكن من خلال اللامركزية.

4- التنسيق وأزمة الروتين (Coordination and Red Tape)، ولكي تتمكن الإدارة العليا من السيطرة والرقابة على مجريات الأمور تلجأ إلى تطبيق آليات ووسائل تنسيق متنوعة وعديدة – إجراءات رسمية للتخطيط، إضافة موظفين استشاريين، مركزية بعض الأنشطة وغيرها. وفي ظل ذلك يبدأ المديرون يدركون أنهم مقيّدون في إدارة شؤون قطاعاتهم، وأنهم يرتبطون بباقي المنظمة من خلال شبكة تنسيق تفصيلية.

وإذا مـا اسـتمر النمـو بهـذه الصـورة فسـيؤدي في النهايـة إلى أزمـة الـروتين (البيروقراطية)، وعدم قبول مديري القطاعات للرقابـة التي يمارسـها الموظفـون في المركز، والعمل المكتبي.

5- التآزر وأزمـة الإشبـاع النفسي (Collaboration and Crisis of Psychological Saturation)، أما المستوى الخامس من النمو فهو التآزر والتعاون. فمن أجل مقاومة الروتين، تتطور هياكل إبداعية تعتمد على العمل بروح الفريق ومهارات التفاعل التبادلي، وتحتل استراتيجيات حل الصراعات أهمية قصوى في هذه المنظمات حيث لا تنجح الوسائل الرسمية، ويتم تشجيع السلطة المزدوجة وفرق العمل المؤقتة، والتجربة في مناخ يتصف بمشاركة المسؤولية بدلاً من التخصص.

وينتج عن التنظيم التعاوني أزمة إشباع نفسية حينما يجد الأفراد أنفسهم يعملون في بيئـة يسـودها الغمـوض والتـوتر الناتجـان عـن تصميم فـرق العمـل، وأن المتطلبـات والاحتياجات المتضاربة للرقابة الآلية والمرونة العضوية ترسل إشارات مختلفة ومشوشة. وقد يعاني الأفراد بدنياً ونفسياً في مثل هذا النـوع مـن التنظيـم، ويمكن معالجـة الوضع جزئياً بإعطاء اهتمام أكبر لصحة وسلامة العاملين بهدف تقليص التـوترات والضغوط المتواجدة في مرحلة التآزر.

الشكل (6-2)

أزمات النمو

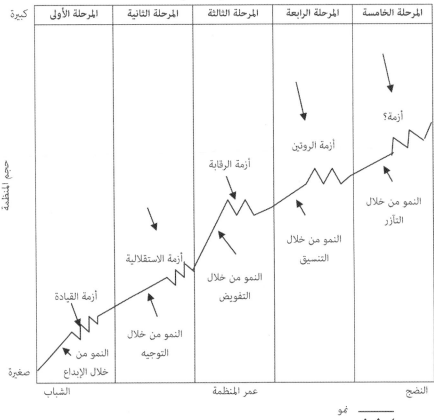

كبيرة
المرحلة الأولى
المرحلة الثانية
المرحلة الثالثة
المرحلة الرابعة
المرحلة الخامسة
حجم المنظمة
أزمة؟
أزمة الروتين
أزمة الرقابة
النمو من خلال التآزر
النمو من خلال التنسيق
أزمة الاستقلالية
النمو من خلال التفويض
أزمة القيادة
النمو من خلال التوجيه
النمو من خلال الإبداع
صغيرة
الشباب
عمر المنظمة
النضج
نمو
أزمة

انحدار/ تدهور المنظمات **Organizational Decline:**

لقد سبق أن ناقشنا نمو المنظمة ومبرّراته والظروف المساعدة على النمو وتأثيره على الهيكل التنظيمي. ولما كانت مرحلة الانحدار محتملة في حياة كل منظمة، وبالفعل شهد العقدان الأخيران من القرن الماضي حالات انحدار في العديد من المنظمات؛ فإنه من الضروري مناقشة هذه المرحلة باختصار.

مسببات الانحدار:

هنالك عوامل وظروف متنوعة تؤدي إلى انحدار وانكماش المنظمات، تختلـف في حدتها وتأثيرها، وتتفاوت كذلك من منظمة لأخرى، ويتفاوت تأثّر المنظمات المختلفـة بهذه المسببات.

ومن أهم مسببات انحدار المنظمات هو انحدار في البيئة التي تستمد المنظمة منها مواردها، وتقدم لها المنظمة منتجاتها وخدماتها. فتقلص الموارد أو ارتفاع تكلفتها أو الاثنين معاً، وكذلك الموارد البشرية الماهرة المدربة، والموارد الطبيعية تزيد التكاليف التشغيلية للمنظمة وبذا لا يكون النمو محتملاً. ونتيجة لتقلص الحجم تنخفض الإيرادات مما يزيد من صعوبة تغطية التكاليف التشغيلية، مما يؤدي بالتالي إلى انخفاض الأرباح والذي بدوره يسبب صعوبة في اقتراض الأموال على المدى القصير لتمويل عملية النمو أو تمويل التوسع من خلال الديون طويلة الأمد أو من خلال طرح أسهم جديدة. وباختصار تنعكس/ تنقلب الظروف الخارجية المواتية للنمو مرغمة المنظمة على الاستجابة باستراتيجيات جديدة لإدارة الانحدار بدلاً من النمو. [29]

نتائج وآثار الانحدار:

من أهم المشكلات والآثار السلبية التي يحتمل أن تنشأ نتيجة انحدار المنظمة مـا يلي:

1- **تزايد الصراع والنزاع في المنظمة**، نظراً لتقلص الموارد المتاحة يزداد التنافس على هذه الموارد.

2- **تصعيد اللعبة السياسية (Politicking)**، إن تقلص المـوارد غالبـاً مـا يـؤدي إلى تصعيد المناورات السياسية وصراع القوة بـين الجماعـات المختلفـة. وفي مرحلـة الانحدار يكون دور القوى المهيمنة واضحاً وكبيراً في التغييرات الهيكلية. [30]

3- **ارتفاع معدل الدوران الوظيفي**، يتزايد عدد الموظفين وبخاصة المـديرين وذوي الكفاءات العالية الذين يتركون العمل في المنظمة، وتصبح مشكلة الاحتفاظ بـالموظفين الموهوبين المؤهلين إحدى المشكلات الرئيسة التي تواجه المنظمة. [31]

4- **تزايد مقاومة التغيير**، تسعى التحالفات المسيطرة على مقاليد الأمور للمحافظة على الوضع الراهن والسيطرة عليه، وتحاول إخماد أي جهود للتغيير من أجل الحفاظ على مصالحها.(32)

5- **الضغوط (Stresses)**، مع تقلص الموارد، يقل هامش الخطأ المسموح به في اتخاذ القرارات؛ فيعيش المديرون حالة توتر وضغوط شديدة.(33)

6- **انخفاض دافعية ومعنويات العاملين**؛ يتسبب انحدار المنظمة في تقليص فرص الترقية وزيادة الاستغناءات عن العاملين، وإعادة توزيع الأعمال، وخفض الرواتب والتنقلات بين العاملين، وغيرها من التغييرات التي تسبب التوتر والقلق للموظفين وبالتالي تدني دافعيتهم ومعنوياتهم.(34)

إن مرحلة الانحدار قد تتفاوت مدة استمرارها من منظمة لأخرى، ولكن كلما طالت هذه المرحلة التي تعيشها المنظمة، زادت احتمالات النتائج والآثار السلبية السابق ذكرها، وكذلك تفاقمت حدتها، وبخاصة إذا لم تستطع إدارة المنظمة معالجتها بنجاح.

إدارة مرحلة الانحدار Managing Decline:

نظراً لما يمكن أن يلازم مرحلة الانحدار من نتائج وآثار سلبية ضارّة بالمنظمة، كما أشرنا سابقاً، لذا لا يمكن تجنب هذه الآثار والنتائج، واجتياز هذه المرحلة إلى مرحلة الانتعاش بدون إدارة فعّالة وكفوؤة. وهنا يجب التأكيد على أنه لا توجد وسائل وحلول سحرية جاهزة يمكن بوساطتها التغلب على جميع النتائج السلبية المصاحبة للانحدار. ومن الأفكار والممارسات التي يمكن أن تفيد في هذه المرحلة ما يأتي:

1- تطبيق مركزية محكمة، وحتى على مستوى القرارات التشغيلية الروتينية، وقد يكون ذلك ضرورياً من أجل حسم النزاعات.

2- قيام الإدارة بتوضيح وتفسير استراتيجيات المنظمة وأهدافها، وتوجهاتها، ومستقبلها، وإمكاناتها، وإزالة أي غموض في أذهان العاملين حول هذه الأمور وغيرها نتيجة لانحدار المنظمة.

3- على الإدارة تكثيف الاتصالات الرأسية (إلى المستويات الدنيا ومنها) مع التركيز على توضيح وتفسير التغييرات المحتملة، والاستماع إلى الموظفين، مما يساعد العاملين على الاعتقاد بنزاهة وأمانة الإدارة ومصداقيتها.

4- يمكن للإدارة أن توظف عملية تقليص القوى العاملة بإعادة النظر في تصميم الأعمال لتصبح ذات دافعية أعلى، تتضمن التنوّع والتحديات.

5- على الإدارة أن تبحث عن وسائل وطرق إبداعية لمعالجة المشكلات الملازمة لتقليص القوى العاملة (مثلاً التقاعد المبكر، وتوفير فرص عمل في منظمات أخرى، وتقليص عدد ساعات العمل وغيرها).[35]

ومن الجدير بالذكر أن إدارة مرحلة الانحدار ليست ببساطة تطبيق عملية معاكسة لعملية إدارة التوسع. فالتغييرات الهيكلية في مرحلة الانحدار لا تسير في خط مواز معاكس لخط سير التغييرات الهيكلية في مرحلة التوسع. فالحجم يتقلّص في مرحلة الانحدار بدرجة وبسرعة أقل من درجة وسرعة تزايده أثناء مرحلة النمو، وهذا يعود لصراع القوى في المنظمة واللعبة السياسية حيث يسعى المديرون، ولا سيّما الإداريون، لمقاومة تقليص القوى العاملة في دوائرهم. وفي هذه المرحلة (الانحدار) لا يكون للحجم تأثير كبير على تحديد نوع الهيكل التنظيمي، ويكون التأثير الكبير للقوى المهيمنة القادرة على ممارسة اللعبة السياسية، وبالتالي تطبيق الهيكل التنظيمي الذي يحافظ على مصالحها.[36]

كما أن التباطؤ (Lag) ينطبق على درجة الرسمية أيضاً. إذ أن درجة الرسمية في مرحلة الانحدار تتناقص بدرجة أقل من تزايدها في مرحلة النمو، وهكذا تميل المنظمة في مرحلة الانحدار إلى تطبيق درجة من الرسمية أعلى مما كانت عليه عند نفس المستوى من الحجم في مرحلة النمو.[37]

التغييرات الهيكلية في مراحل نمو المنظمة:

إن الإدارة الناجحة في أي منظمة هـي التـي تـدرك جيـداً أن كـل مرحلـة في حيـاة المنظمـة تتطلـب تطبيـق هيكـل تنظيمـي (وممارسـات إداريـة) تتواكـب وتتوافـق مـع متطلبات وتحديات كل مرحلة وظروفها ومشكلاتها. وإلا ستواجه المنظمة أزمات وكوارث يمكن أن تقودهـا إلى الهاويـة. وسـنناقش هنـا التغـيرات الهيكليـة في كـل مرحلـة اسـتناداً لنموذج ميللر وفريزن:

1- الهيكل التنظيمي في مرحلة الولادة:

يتصف الهيكل التنظيمي في هذه المرحلة بأنه بسيط، ومركزي. فمصدر القوة مركز في أيدي المالك – المدير، الذي لا يفوّض إلا قليلاً من السلطة، ولا يستخدم إلا القليل من الاستشاريين والتقنيين، والمنظمة ليست متمايزة (differentiated)، لكونها تتعامل أساساً في سوق موحد وضئيل. وتكون المنظمة في هذه المرحلة جريئة ومبدعة، تبحث عن أسواق جديدة ومزايا تنافسية.

2- الهيكل التنظيمي في مرحلة النمو:

يصبح الهيكل التنظيمي في هذه المرحلـة أكـثر تعقيـداً وأقـل مركزيـة نظـراً لتزايـد الأعمال الإدارية وازدياد حجمها وتنوع أسواق ومنتجاتها.

تتبنى المنظمة هيكلاً مقسماً إلى دوائر/ وحدات على أساس وظيفي، ويتقلص دور المالك – المديـر، ويتم تكريس الجهود لجمع المعلومات وتنسيق العمليات المتنوعة والرقابة عليها، ويتم استخدام المساعدين وتميل الإدارة إلى أسلوب المشاركة، ولكن تبقى القوة نسبياً مركزية وتبقى القرارات جريئة وإبداعية، ولكن أقل مما كانت عليه في المرحلة الأولى.

3- الهيكل التنظيمي في مرحلة النضج:

تميل المنظمات في هـذه المرحلـة إلى أن تكـون محافظـة (Conservative) بدرجـة أكبر وتشبه هياكلها تلك التي كانـت في مرحلـة النمـو، ولكـن القـرارات في هـذه المرحلـة مركزية أكثر مما كانت عليه في مرحلـة النمـو. إن تحـديات النمـو والحجـم الكبـير توجـد حاجة لنظم المعلومات لغرض الرقابة على التكاليف لتكون المنظمة كفؤة، ونتيجة لذلك

تصبح القرارات أقل استجابة وتكيفاً مع قوى السوق. لذا يتدنى الأداء في مرحلة النضج.

الهيكل التنظيمي في مرحلة الانتعاش:

إن إعادة الانتعاش للمنظمة التي تسير في طريق الانحدار من أكثر القضايا التي تتحدى الإدارة والمديرين. ويصف ميللر وفريزن مرحلة الانتعاش بأنها تشهد تنوعاً ملحوظاً في المنتجات والأسواق، وتتوزع الملكية كما في مرحلة النضج، ولكن المنظمة في هذه المرحلة أكبر، وأكثر إبداعية وتقتحم بيئات دينامية ومعادية.

وتتبع المنظمات في هذه المرحلة التقسيم القطاعي (على أساس الوحدة divisional)، حيث تمنح الوحدات شبه استقلالية لتتعامل مع تنوع السوق، ولكن السياسة العامة تبقى مركزية، وتتم الرقابة من خلال نظم معلومات متقدمة؛ وتكون سلطة اتخاذ القرارات التشغيلية لا مركزية على مستوى الوحدات. وتكون المنظمة جريئة وتتخذ المخاطر، ولكن الإبداع يتم ضبطه من خلال أسلوب المشاركة، وهذه المرحلة تعتبر من جوانب عديدة، أكثر المراحل إثارة وينتج خلالها أكثر التصاميم تطوّراً.

وأما بخصوص استراتيجيات إعادة الانتعاش، فيرى الكاتبان أن الانتقال من الانحدار إلى إعادة الانتعاش غالباً ما يتطلب استراتيجية من عدة خطوات مترابطة وهي:

أولاً: الكفاءة عل المدى القصير، لضمان البقاء على المدى القصير من خلال إجراءات ذات كفاءة عالية لتقليص النفقات.

ثانياً: استراتيجية ريادية (entrepreneurship) موجهة لإعادة التركيز على المنتجات وضبط الجودة.

وتتطلب هذه المرحلة قيادة تحويلية (transformational) تتميز بالتغيير والإبداع والريادة، والرؤية الواضحة، ومقدرة على التعامل مع التعقيد والغموض وعدم التأكد؛ وهذه القيادة تؤمن بأن التغيير يتم إنجازه من خلال الناس وإعادة التصميم للمنظمة بدلاً من الاعتماد على الناس أو التصميم فقط.[38]

أسئلة للمراجعة والنقاش

س1- ناقش (5) مؤشرات/ أبعاد تتعلق بحجم المنظمة؟

س2- لماذا تسعى المنظمات للنمو والتوسع؟ اشرح باختصار.

س3- ما هي الظروف الداخلية التي يتطلبها النمو والتوسع؟

س4- ما هي الظروف الخارجية المساعدة على نمو المنظمة؟

س5- ناقش تأثير حجم المنظمة على: درجة البيروقراطية، المركزية، الرسمية، التعقيد، والتخصص؟

س6- ما هي طبيعة المشكلات التي تواجه المنظمات كبيرة الحجم، والمنظمات صغيرة الحجم؟

س7- ما هي أوجه الاختلاف بين المنظمات ذات العمر الصغير، وذات العمر الكبير؟

س8- ناقش نموذج ميللر وفرايزن في دورة حياة المنظمة؟

س9- اشرح باختصار نموذج الكاتب لاري جراينر في مراحل نمو المنظمة؟

س10- ناقش مسببات انحدار المنظمات، والآثار السلبية الناشئة عن الانحدار؟

س11- اشرح كيفية إدارة مرحلة الانحدار؟

س12- صف الهيكل التنظيمي في كل من المراحل الآتية: النمو، النضج، وإعادة الانتعاش.

قائمة الهوامش

1- John Kimberly in Richard H. Hall (1991), <u>Organizations: Structures, Processes, and Outcomes</u>, 5th ed. (Englewood Cliffs: N.J: Prentice – Hall Inc.), pp. 87-88.

2- B.J. Hodge and William P. Anthony (1991), <u>Organization Theory: A strategic Approach</u>, 4th ed. (Boston: Mass: Allyn and Bacon), p. 361.

3- Stephen Robbins (1990), <u>Organization Theory: Structure, Design, and Applications</u>, 3rd ed. (Englewood Cliffs, N.J: Prentice-Hall Inc.),   p. 151.

4- Ibid. pp. 468-470.

5- علي عبد الهادي مسلم (1997)، <u>مذكرات في تحليل وتصميم المنظمات</u>، (الإسكندرية: جامعة الإسكندرية، كلية التجارة، مركز التنمية الإدارية)، ص.107.

6- Daniel Robey (1991), <u>Designing Organizations</u>, 3rd ed.)Homewood, Ill: IRWIN), pp. 318-319.

7- William H. Starbuck in J.G. March, ed. (1965), <u>Handbook of Organizations</u>, (Chicago: Rand McNallyl, pp. 453-467.

8- Robey, <u>Designing Organizations</u>, pp. 317-318.

9- W. Richard Scott (1992), <u>Organizations: Rational, Natural, and Open Systems</u>, 3rd ed. (Englewood Cliffs, NJ: Prentice-Hall Inc.), p. 259.

10- Robbins, <u>Organization Theory</u>, p. 163.

11- Scott, <u>Organizations</u>, p. 260.

12- Robbins, <u>Organization Theory</u>, p. 167.

13- Ibid. pp. 83-84.

14- Scott, <u>Organizations</u>, p. 261; Hall, <u>Organizations</u>, p. 88.

15- Scott, <u>Organizations</u>, p. 261.

16- Hodge and Anthony, <u>Organization Theory</u>, p. 369.

17- Scott, <u>Organizations</u>, p. 261.

18- Hodge and Anthony, <u>Organization Theory</u>, p. 369.

19- Ibid. p. 373.

20- Ibid. p. 369.

21- Ibid. p. 370.

22- Ibid. p. 371.

23- Robbins, <u>Organization Theory</u>, p. 168.

24- Ibid. p. 169.

25- علي عبد الهادي مسلم (1997)، <u>مذكرات في تحليل وتصميم المنظمات</u>، ص ص110، 113.

26- المرجع السابق، ص116-117.

27- Danny Miller and Peter H. Freisen (1984), "A Longititudinal Study of Corpotate Life Cycle", <u>Management Science</u>, 30, pp. 1161-1183.

28- Larry Greiner, "Evolution and Revolution as Organizations Grow". Harvard Business Review, (May-June 1998), and Harvard Business Review 50 (July-August, 1972), pp. 37-46.

29- Raymond F. Zammuto and Kim S. Camero in Daniel Robey (1991), <u>Designing Organizations</u>, 3rd ed. (Homewood, Ill: IRWIN), pp. 328-329.

30- Kim S. Cameron, David A. Whetton, and Myung U. Kim (1987), "Organizational Dysfunctions of Decline", <u>Academy of Management Journal</u>, 30, no. 1, pp. 126-138.

31- Ibid.

32- Robbins, <u>Organization Theory</u>, p. 483.

33- Cameron et al, "Organizational Dysfunctions", pp. 126-138.

34- Robbins, <u>Organization Theory</u>, pp. 485-486.

35- Miller and Friesen, "A Longititudinal Study", pp. 1175-1176.

36- Robbins, <u>Organization Theory</u>, p. 479.

37- <u>Ibid</u>. p. 480.

38- Noel M. Tichy and Mary Anne Devanna, (1986), <u>The Transformational Leader</u>, (New York: John Wiley and Sons).

الفصل السابع

إدارة التقنية في المنظمات
Managing Technology of
Organizations

الأهداف:

بعد إتمامك دراسة هذا الفصل، ستكون قادراً على:

1- توضيح مفهوم التقنية وأنواعها وأهميتها للمنظمات.

2- وصـف أنـواع التقنيـة المسـتخدمة في المـنظمات الصـناعية، وخصائص الهيكل التنظيمي التي تلائم كل نوع.

3- التمييز بين المنظمات الصـناعية والخدميـة، وكذلك تحديد أوجه الاختلاف بين الهياكل التنظيميـة للمـنظمات الصـناعية والمنظمات الخدمية.

4- شرح أنواع التقنية في المنظمات الخدمية والخصائص الهيكلية التي تتوافق مع كل نوع.

5- وصـف أنـواع التقنيـة عـلى مسـتوى الأقسـام/ الوحـدات في المنظمات وتحديد الخصائص التنظيمية التي تلائم كل نوع.

6- تحديد علاقة التقنية بصورة عامة بالهيكل التنظيمي.

الفصل السابع
إدارة التقنية في المنظمات
Managing Technology of Organizations

جميع المنظمات على اختلاف أهدافها وأنشطتها وأحجامها تنشأ بغرض إنتـاج وتسويق سلعة معينة أو تقديم خدمة معينة. وفي سبيل ذلك تقوم بتحويل المـدخلات إلى مخرجات – العمليات التحويلية. ولا يمكن إنجاز تلك العمليات التحويلية بدون استخدام الأجهزة والمعدات والأدوات والأساليب والإجراءات والمعارف اللازمة – التقنيات.

فالتقنية، وإن كانت توحي ضمنياً ارتباطها بالمجالات الصناعية أو الميكانيكية، لا يقتصر استخدامها على المنظمات الصناعية، بل تمتد استخداماتها لتشمل مختلف المنظمات صناعية أم خدمية، حكومية أم أهلية، أم مشتركة. وأصبح التطور والتغيير التقني واضحاً وملموساً في شتى الأنشطة والأعمال في المنظمات. وهو بلا شك من الجوانب والمكوّنات البيئية الأكثر تغيراً. كما أن للتقنية تأثيرها على جوانب كثيرة في المنظمة بما في ذلك تصميم الأعمال، وتصميم الهيكل التنظيمي واستراتيجيات المنظمة والقرارات الإدارية المختلفة. كل ذلك يستدعي وعياً متزايداً من المديرين بأهمية التقنية ودورها وتأثيرها على المنظمة.

وفي هذه الوحدة سوف نناقش مفهـوم التقنيـة وأنواعها في المـنظمات الصناعية والخدمية وعلى مستوى الوحدة، وعلاقة التقنية بالأبعاد الرئيسة للهيكل التنظيمي.

ما هي التقنية   :What is Technology

يتفق علماء وباحثو التنظيم والإدارة على أن التقنية لا تقتصر فقط علـى المعـدات والأجهزة والأدوات –الأمور والجوانب الميكانيكية-، ولكنها تتضمن أيضاً الجوانب المعرفيـة والفكرية والأساليب والفنون اللازمة لتحويل مدخلات المنظمة إلى مخرجات.

فقد عرّف ستيرز (Steers، 1991) التقنيـة علـى أنهـا "تشـير إلى أي شيء يتضمن العمليات الميكانيكيـة أو الذهنيـة/ الفكريـة والتـي تقوم المنظمـة مـن خلالهـا بتحويـل المدخلات (مواد خام) إلى مخرجات (منتجات جاهزة)، في سبيل تحقيق أهدافها".[1]

وعرّف بيرو (Perrow) التقنية بأنها: "الأفعال التي يقوم بها الأفراد بشأن شيء ما بمساعدة الوسائل والأجهزة والأدوات الميكانيكية أو بدونها، من أجل إحداث تغيير ما على هذا الشيء".[2] أمّا هـودج وأنتـوني (Hodge and Anthony, 1991) فقد عرّفا التقنيـة بأنها: "العلم والفن المستخدمان في إنتاج وتوزيع السلع والخدمات... فالتقنية تتعلق بكيفية استخدام الموارد من قبل المنظمة لإنتاج السلع والخدمات... وبمعنى آخر، فإن التقنية تتعلق بعمليات التحويل – تحويل المدخلات إلى مخرجات".[3]

كما عرف الكاتبـان واجنر وهوللنبك (Wagner and Hollenbeck, 1992) التقنية بأنها "المعرفـة، والإجراءات والمعـدات التي تستخدمها المنظمـة في تحويـل المـوارد غير المعالجة إلى سلع أو خدمات جاهزة".[4]

وهكذا تشير التعريفات السابقة، وغيرهـا، إلى أن العلـماء وباحثي التنظيـم لا ينظرون للتقنية على أنها تقتصر فقط على الأجهزة والمعدات والآلات –الأمور الميكانيكية– فقط، بـل يتبنّون جميعـاً منظـوراً أوسع بحيـث تتضمـن التقنيـة المعلومـات والمعرفـة والمعدات والفنون/ الأساليب والعمليات التي تستخدمها المنظمة في عمليـات تحويـل المدخلات (الموارد) إلى مخرجات (سلع أو خدمات).

ويشيـر الكاتبـان (هـودج وأنتـوني) إلى أن التقنيـة هـي علـم وفن في آن واحـد... فالتقنية تعتمد على العلم (Science)، ولكنها تعتمـد أيضاً على استخدام العلـم... وأن استخدام المبادئ العلمية هو في الغالب فن... أي أن هنالك قدراً مـن الحريـة والاجتهاد في استخدام التقنية.[5]

التقنية الأساس (الرئيسة) Core Technology:

تستخدم المنظمة الواحدة عدة تقنيات في أنشطتها وأعمالها، وتختلف هذه التقنيات من وظيفة/ نشاط لآخر. ويطلق على التقنية السائدة والمتحكّمة في إنجاز العمل عند قاعدة المنظمة "بالتقنية الأساس" Core Technology.[6]

وتشمل التقنية في خط التجميع في صناعة السيارات، والتقنية المستخدمة في قاعات الدراسـة في الجامعات...الخ. ويصف ثومبسون (Thompson) التقنية الأساس بأنها التقنيـة الفعليـة التي تستخدمها المنظمة. إنها التقنية التي تستخدمها المنظمة

لتحويل الموارد إلى مخرجات... التقنية المستخدمة في العمليات التحويلية في مفهوم النظم.[7]

أما التقنية التي تستخدمها المنظمة في تفاعلها مع البيئة الخارجية من أجل الحصول على الموارد التي تحتاجها المنظمة أو من أجل تسويق منتجاتها، فيطلق عليها التقنية التحتية (Infrastructure Technology). وهذه التقنيات تشتمل على حواجز تنظيمية متنوعة (Org. buffers) تستخدمها المنظمة لاستيعاب وتكييف تأثير التقنية في البيئة الخارجية. فمثلاً يمكن أن تضم التقنية التحتية وحدات المشتريات، والشحن، والعاملين، والهندسة والأبحاث والتطوير.[8]

وبالنسبة للتقنية الرئيسة التي تستخدمها المنظمة فإن المنظمة تعرفها جيداً وهي متأكدة جداً بشأنها. وأما التقنيات المتوافرة في البيئة الخارجية العامة فالمنظمة ليست متأكدة بشأن جدواها ومزاياها وسلبياتها. ولهذا السبب تتردّد المنظمات كثيراً في إدخال تقنية جديدة حتى وإن أثبتت نجاحها في منظمات أخرى.

بل يرى ثومبسون (Thompson) أن المنظمة التي تحرص على العقلانية والرشد (Rationality) في أعمالها تسعى للحفاظ على التقنية الرئيسة من أي مؤثرات بيئية مجهولة؛ من خلال اتباع الطرق الآتية: [9]

1- الحجز (Buffering): وتشمل الطرق المستخدمة للحفاظ على التقنية الرئيسة من أي تذبذب في مستويات الموارد المتاحة ومستويات الطلب. ويتم ذلك من خلال الاحتفاظ بمخزون من المواد اللازمة للعملية الإنتاجية، وكذلك الاحتفاظ بمخزون من السلع الجاهزة لمواجهة تقلبات الطلب.

2- التسكين والتخفيف (Smoothing): وتعني هذه الطريقة تعديل أو تخفيف المدخلات أو المخرجات إلى مستوى معيّن، أي محاولة تقليل التقلبات البيئية التي قد تؤثر على المدخلات أو المخرجات.

3- التنبؤ (Forecasting): تستطيع المنظمة التنبؤ بمدى توافر الموارد اللازمة، بالإضافة إلى توقع الطلب على المنتجات، ويتم إدماج هذه التنبؤات ضمن خطط المنظمة.

4- التقنين (Rationing): إذا ما فشلت الطرق الثلاث السابقة، تلجأ المنظمة إلى تقنين الموارد في جانب المدخلات أو تقنين المبيعات في جانب المخرجات – إعطاء الأولوية/ الأفضلية في إدخال المرضى والإقامة في المستشفى للحالات الحرجة مثلاً.

إدارة التقنية   Technology Management:

لا يمكن إغفال أهمية الدور الذي يمكن أن تسهم به التقنية –التقنية الأساسية والتحتية- في تحقيق ميّزة تنافسية ثابتة للمنظمة من خلال تحسين جودة منتجاتها/ خدماتها، وتخفيض التكاليف، وسرعة إيصال المنتج للعميل وغيرها، إن لكل تقنية دورة حياة تنتهي بمرحلة النضوج وبدء انخفاض مردود التقنية (التقادم) وحينئذ تبرز الحاجة إلى تقنية جديدة تفوق التقنية الحالية، وهنا تحدث فجوة (discontinuity).[10] ولتجنب وصول التقنية إلى مرحلة النضوج وبالتالي تقادمها، فإن على المنظمة استمرار مراقبة ومتابعة تطورات واتجاهات التقنيات التي تستخدمها المنظمة حرصاً على الاستفادة منها وعدم التعرض لأي مفاجئات قد تلحق الضرر بالمنظمة. وعلى المنظمة أن تتخذ القرار السليم فيما يتعلق بنوع التقنية المناسبة للمنظمة والوقت المناسب لإدخال تقنية جديدة أو الاحتفاظ بالتقنية الحالية.

وفي هذا الإطار يقترح الكاتب مونجر (Monger، 1988) نموذجاً فكرياً متكاملاً لإدارة التقنية في أي منظمة. ونقطة البداية في هذا النموذج هي مفهوم الجودة. فمتطلبات الجودة هي بداية عملية إدارة التقنية. ويتضمن النموذج (3) مراحل منفصلة وهي: التقييم، واتخاذ موقع، وصياغة السياسات.[11]

أما مرحلة التقييم (Assessment) فتتضمن تقييم الصناعة أو النشاط الذي تعمل فيه المنظمة وكذلك بيئتها، وتقرير القاعدة التقنية (نقطة البداية) أو سنة بداية التقنية الحالية للمنظمة، وتقييم التقنيات الجديدة والمتوقعة، وتقرير كيفية قيام المنظمة بنقل وتطبيق التقنية.

وفي المرحلة الثانية - اتخاذ موقع (Position taking) فتتضمن الأنشطة التي تركّز عليها الإدارة في العادة، أي تقرير ما هي الاستثمارات الواجب القيام بها في

مختلف أنواع التقنية، وما حجم الموارد التي يجب تخصيصها لذلك على المدى القصير والبعيد. وأمّا القرار الثاني فيتعلق بعملية استمرار تحسين التقنية التحتية.

وأخيراً فإن المرحلة الثالثة تتعلق بصياغة السياسات (Policy formulating) المتعلقة بالعوامل الداخلية والخارجية. ومن المهم تحقيق توازن بين العوامل التنظيمية والقوى البشرية. كما يجب تحقيق تكامل بين جميع العوامل بحيث يمكن صياغة استراتيجية للتقنية وتنفيذها ومتابعتها. ولا بد من مواجهة القضايا التنظيمية وقضايا الموارد البشرية والبيئة الخارجية.

الاستراتيجية التقنية   Technology Strategy:

إن إدارة التقنية بنجاح وفاعلية لا تتحقق بدون صياغة استراتيجية للتقنية. على أن هذه الاستراتيجية يجب أن تكون جزءاً لا يتجزأ من الاستراتيجية العامة للمنظمة، ويجب أن تتوافق استراتيجية التقنية مع الاستراتيجية العامة وتكون داعمة ومساندة لها، وأن تساعد المنظمة على تحقيق ميزة تنافسية للمنظمة.[12]

أمّا صياغة استراتيجية التقنية فتشتمل على (4) خطوات وهي:

1- تقييم وضع التقنية (تمحيص البيئة الداخلية والخارجية).

2- تطوير محفظة تقنية (تقرير الأهمية النسبية للتقنية وموقع المنظمة نسبياً في مجال الاستثمار التقني).

3- تكامل التقنية والاستراتيجيات العامة للمنظمة.

4- وضع أولويات للاستثمار التقني.[13]

نقل التقنية وتطبيقها   Technology Transfer

هنالك القليل من المنظمات التي تقوم نفسها بتطوير التقنية التي تستخدمها، إذ أن غالبية المنظمات تقوم بنقل وتطبيق التقنيات المتوافرة في البيئة الخارجية والتي قامت منظمات أخرى بتطويرها. يمكن نقل التقنية من وحدة/ نشاط لآخر في المنظمة الواحدة، أو من منظمة لأخرى أو من دولة متقدمة لأخرى نامية. ويمكن نقل التقنية من منظمات حكومية أو أكاديمية أو بحثية إلى القطاع الخاص. ولكن لا يمكن الحديث عن نقل التقنية ما لم يتم استخدام المعرفة التقنية فعلياً.

إن إدخال تقنيات جديدة إلى المنظمة قد يصاحبه آثار ونتائج سلبية خطيرة، على مستوى الأفراد والجماعات والمنظمة، ولتقليص مثل تلك الآثار يجب على المنظمة أن تأخذ في الاعتبار التساؤلات الآتية:

1- هل يجب على المنظمة الإبقاء على العاملين وعدم الاستغناء عنهم عند تطبيق تقنية جديدة؟

2- هل تستطيع المنظمة إعادة تدريب العاملين أو إعادة توزيعهم في المنظمة؟

3- هـل تسـتطيع المنظمـة اسـتقطاب العـاملين ذوي المهـارات اللازمـة للتقنيـة الجديدة؟

4- ما هي الآثار والنتائج التي ستنشأ عن تطبيق التقنية الجديدة على معنويـات العاملين؟

5- كيف يمكن التشاور والتنسيق مع الاتحادات العمالية بهذا الشأن؟

6- هـل يمكن الاستغناء عن العمالة الزائدة نتيجة تطبيق التقنية الجديدة دون أية مشكلات؟[14]

التقنية في المنظمات الصناعية Technology in Manufacturing Organizations

من الدراسات الأكثر شهرة والتي تركت علامات واضحة في أدبيات التنظيم والمنظمات والمتعلقة بالتقنية، تلك التي أجرتها جـوان وودوارد (Joan Woodward) وزملاؤها في الستينيات من القرن الماضي. وقد شملت الدراسة ما يقارب (100) منظمة صناعية في جنوب إنجلترا. وكان الهدف الأصلي من هذه الدراسة هو دراسة العلاقة بين الهيكل التنظيمي وفعالية المنظمة، واكتشاف ما إذا كانت هنالك اختلافات في الهيكل التنظيمي بين المنظمات الأكثر فعالية وتلك الأقل فعالية. وأخفقت الدراسات في التوصل إلى إيجاد علاقة بين الهيكل التنظيمي والفعالية. فأخذ الباحثون في تحليل المعلومات المتوافرة عن التقنيات المستخدمة في المنظمات التي تمت دراستها -أساليب وعمليات التصنيع- واستطاعوا تصنيف المنظمات الصناعية حسب درجة التعقد الفني في العملية الإنتاجية -درجة مكننة العملية الصناعية- فالدرجة المنخفضة من التعقد الفني تشير إلى الاعتماد على العمل اليدوي بدرجة أكبر، أما

الدرجة العالية من التعقد الفني فتشير إلى أن معظم أنشطة العمل تؤدى بوساطة الآلات، واستناداً إلى ذلك فقد ميّز الباحثون بين ثلاثة أنواع من تقنية المنظمات الصناعية، مرتبة حسب درجة التعقد، ابتداءً من الأقل فالأكثر تعقداً، وهذه الأنواع هي:

1- تقنية الإنتاج بالوحدة والكمية القليلة Unit and Small Batch Tech.:
وتعتبر من أبسط أنواع التقنية حيث تعتمد إلى حد كبير على القوى العاملة في العمليات الإنتاجية. ويتم تصنيع وحدة أو عدد قليل نسبياً من الوحدات (الأوامر) في الدورة الإنتاجية الواحدة، وفقاً لطلبات واحتياجات العملاء. وتتصف تقنية الإنتاج بالوحدة بإنتاج سلع متميّزة لكل منها خصائص ومواصفات يحددها العميل، مثال ذلك صناعة الأثاث، والطائرات، والسيّارات الفاخرة، والأقمار الصناعية، والأجهزة الإلكترونية المتخصصة.

وحيث أن مواصفات كل منتج غالباً ما تتغيّر من طلب لآخر، فإن من الصعب التنبؤ بما سيكون مطلوباً في العمل (الطلب) التالي. وهكذا فإن العمل في المنظمات التي تستخدم التقنية حسب الطلب (بالوحدة) يتغير بصورة غير متوقعة. وهذا الأمر –عدم توقع العمل المطلوب- لا يسمح بتخطيط العمل مسبقاً وبالتالي لا يسمح باستخدام التنميط (Standardization) من أجل تحقيق التنسيق. وبدلاً من ذلك، يجب أن يقرر العاملون أنفسهم كيفية أداء أعمالهم. وحينما يعمل العاملون بصورة منفردة فإنه يتم توجيههم من خلال مهاراتهم وخبراتهم والمواصفات التي يحدّدها العميل. وحينما يعمل الأفراد ضمن جماعات فإنهم ينسقون مع بعضهم البعض من خلال التكيف المتبادل (Mutrnl adjustment). وقد وجدت (Woodward) أن التكيف المتبادل يلعب دوراً حيوياً في تقنية الإنتاج حسب الطلب (الوحدة). وقد كشفت الدراسة أيضاً أن المنظمات التي تستخدم هذا النوع من التقنية يناسبها بشكل كبير الهيكل التنظيمي العضوي.[15]

2- تقنية الإنتاج كبير الحجم Mass Production:

ويطلق عليها أيضاً الإنتاج بدفعات كبيرة (large-batch). وفيه يتم إنتاج عدد كبير جداً من الوحدات بنفس الخصائص والمواصفات حيث يتم إنتاج نفس السلعة بشكل متكرّر. وغالباً ما يتم الإنتاج من خلال خطوط إنتاج تتولى تجميع عدد من الأجزاء النمطية المكوّنة للسلعة، كما في صناعة السيارات، مثلاً. وتساعد هذه التقنية على خفض التكلفة الثابتة للوحدة مع تزايد حجم الإنتاج. وغالباً ما يتم الإنتاج بغرض التخزين من أجل تلبية طلبات العملاء مستقبلاً. وهكذا لا يتدخل العميل بشكل مباشر في تحديد مواصفات السلع المنتجة.

ومن الواضح أن العمل في ظل هذه التقنية هو ذات طبيعة متكررة ويبقى كذلك لفترة طويلة، ويقوم العامل بأداء نفس العمل مرّة بعد مرّة، ويعرف أن عمل الغد هو نفس عمل اليوم. وهذا الاستقرار والروتينية في العمل تسمحان بتخطيط العمل ووضع الأنظمة والتعليمات التي تنظمه (الرسمية). ونتيجة لذلك، فمن المتوقع أن تلجأ المنظمة إلى تطبيق التنميط (Standardization) لتقليص تكاليف التنسيق على المدى البعيد. وقد كشفت الدراسة أن المنظمات التي تستخدم هذا النوع من التقنية تكون أكثر نجاحاً وفعالية إذا ما اعتمدت الهيكل التنظيمي الآلي. [16]

3- تقنية العمليات المستمرة Continuous Process Production:

وهذا النوع من التقنية يمثل أعلى درجات التعقد الفني وفيه تتم العملية الإنتاجية بصورة مستمرة بوساطة الآلات التي يتم التحكم فيها آلياً، حيث يتم إنتاج نفس السلعة بنفس الطريقة لفترة زمنية غير محدودة، كما هو الحال في صناعات تكرير النفط، والصناعات الكيميائية. والآلات المستخدمة هنا معدّة لتصنيع منتج واحد فقط وليست جاهزة لتصنيع منتج آخر، ولا يمكن تحديد زمن بدء وانتهاء إنتاج الوحدة من المنتج.

إن العمل في ظل هذه التقنية هو الأكثر روتينية من بين الأنواع الثلاثة. فالتغيرات التي تحدث، إن حدثت، قليلة في عمليات الإنتاج على مدى سنوات عديدة. ومع ذلك فإن قليلاً من العاملين في تقنية العمليات المستمرة يؤدون أعمالاً روتينية متكررة. فالآلات تقوم بهذا العمل. والعاملون هم فنيون يراقبون معدات الإنتاج

ويتولون معالجة المشكلات التي تنشأ نتيجة لخلل أو عطل في الآلات. ومع أن بعض هذه المشكلات قد تحدث مراراً ويمكن تخطيطها مسبقاً، إلا أن عدداً كبيراً من هذه المشكلات هي استثنائية وطارئة لم تحدث من قبل ولا يمكن توقعها. وهكذا فإن بعض الأعمال الأكثر أهمية والتي يؤديها العاملون –في تقنية العمليات المستمرة- ذات درجة عالية من عدم التوقع، الأمر الذي لا يسمح بتطبيق التنميط (Standardization). ويصبح التكيف المتبادل والتوجيه المباشر الوسيلتين السائدتين لتحقيق التنسيق.

وهكذا فقد وجدت الدراسة أن المنظمات التي تستخدم هذه التقنية ستكون أكثر فعالية ونجاحاً في حال تطبيق الهيكل التنظيمي العضوي. [17]

ومن النتائج التي توصلت إليها الدراسة: [18]

1- إن طبيعة التقنية المستخدمة في المنظمات قد أثرت كثيراً في نوع الهيكل التنظيمي الملائم للمنظمة.

2- منظمات الإنتاج بالوحدة ومنظمات الإنتاج المستمر كانت أكثر مرونة ويشبه هيكلها التنظيمي الهيكل العضوي، أما منظمات الإنتاج كبير الحجم فكانت اكثر رسمية والمهام فيها محدّدة، وهيكلها التنظيمي يشبه الهيكل الآلي.

3- اعتمدت منظمات الإنتاج حسب الوحدة ومنظمات الإنتاج المستمر على الاتصالات الشفوية، بعكس منظمات الإنتاج بالحجم الكبير.

4- وظائف الإدارة (المديرين) كانت أكثر تخصصاً في منظمات الإنتاج الكبير منها في المنظمات الأخرى. ففي منظمات الإنتاج الكبير كان المشرفون معنيّين بصفة رئيسة في الإشراف المباشر، تاركين القرارات الفنية للمستشارين أو المساعدين. أما المشرفون في منظمات الإنتاج حسب الطلب والتصنيع المستمر فكانوا يتمتعون بقدرات فنية أو علمية (على التوالي) كبيرة، واتخذوا القرارات الفنية والعلمية بأنفسهم.

5- وتوافقاً مع الفقرة (3) فإن الرقابة الفعلية على الإنتاج متمثلة في وضع الجداول والإجراءات كانت منفصلة عن الإشراف على الإنتاج في منظمات الإنتاج الكبير، وأمّا في المنظمات الأخرى –الإنتاج حسب الطلب والإنتاج

المستمر- فالوظيفتان الإداريتان (الإشراف والرقابة) كانتا متكاملتين ومندمجتين.

وفيما يتعلق بنطاق الإشراف وعدد المستويات الإدارية ودرجة الرسمية والمركزية المرتبطة بأنواع التقنية الثلاث، فيلخص الجدول الآتي نتائج الدراسة:

جدول رقم (7-1)

مقارنة بين أنواع التقنيات الثلاث

نوع التقنية	نطاق الإشراف	عدد المستويات الإدارية	درجة الرسمية	درجة المركزية
الإنتاج حسب الطلب/ الوحدة	متوسط	قليل	منخفضة	منخفضة
الإنتاج بالحجم الكبير	كبير	متوسط	عالية	عالية
الإنتاج المستمر	قليل	كبير	منخفضة	منخفضة

ويتضح من الجدول السابق ما يلي:

1- نطاق الإشراف (في مستويات الإشراف الأول) ازداد من التقنية حسب الطلب إلى الإنتاج الكبير ولكنه تناقص بشكل حاد في تقنية الإنتاج المستمر.

2- تزايدت المستويات الإدارية مع ازدياد تعقد التقنية.

3- كانت الرسمية أعلى ما يمكن في منظمات الإنتاج الكبير وانخفضت في الإنتاج حسب الوحدة، وانخفضت أكثر في الإنتاج المستمر.

4- درجة المركزية كانت الأعلى في منظمات الإنتاج الكبير وانخفضت في الإنتاج حسب الوحدة ثم في الإنتاج المستمر.[19]

وهكذا تشير نتائج دراسات (Woodward) وزملائها إلى أن كل نوع من أنواع التقنية الثلاثة ترتبط بخصائص معينة:[20]

*** تقنية الإنتاج بالوحدة:**

- عدد قليل من المستويات الإدارية.
- نطاق إشراف معتدل.
- نسبة العمالة المباشرة إلى غير المباشرة عالية.

- نسبة الوظائف التنفيذية (line) إلى الوظائف الاستشارية (staff) عالية.
- درجة رسمية منخفضة.
- درجة مركزية اتخاذ القرارات منخفضة.

* تقنية الإنتاج الكبير:
- عدد متوسط من المستويات الإدارية.
- نطاق إشراف واسع.
- نسبة العمالة المباشرة إلى غير المباشرة معتدلة.
- نسبة الوظائف التنفيذية إلى الاستشارية معتدلة.
- رسمية عالية.
- مركزية عالية.

* تقنية الإنتاج المستمر:
- عدد المستويات الإدارية كبير.
- نطاق إشراف ضيق.
- نسبة العمالة المباشرة إلى غير المباشرة منخفضة.
- نسبة الوظائف التنفيذية للاستشارية منخفضة.
- رسمية منخفضة.
- مركزية اتخاذ القرارات منخفضة.

التقنيات الحديثة في الصناعة:

لقد استمر التطور التقني في مجالات التصنيع بعد دراسات (Woodward) وظهرت حديثاً تطورات تقنية هامة في مجالات الحاسوب والإنسان الآلي (Robotics) والأتمتة، ساعدت على تطوير تقنيات جديدة في الصناعة، ومن أهمها تقنية التصنيع المرنة (.Flexible Manufacturing tech) أو تقنيـة التصنيـع المتكامل باستخدام الحاسوب (Computer Integrated Manufacturing CIM). وتتيـح هذه التقنية الفرصة للمنظمات وتساعدها على تحقيق التكامل والتنسيق بين الوظائف الثلاث:

تطوير المنتج، والإنتاج، والتسويق. وتساعد هذه التقنية أيضاً على زيادة مرونة التصنيع/ الإنتاج في المنظمة من خلال المقدرة على:

- نقل ونشر المعلومات والمواد والموارد الأخرى عبر المنظمة.
- تصميم المنتجات بسرعة بالتشاور مع العملاء والعاملين في الإنتاج والتسويق.
- تركيب المعدات لتصنيع القطع والأجزاء اللازمة. [21]

وبالنسبة لدور الحاسوب في هذه التقنية فيتلخص في المساعدة من خلال أربعة وسائل مختلفة:

- المشاركة في عمليات تصميم المنتج، أو
- المشاركة في عمليات التصنيع، أو
- القيام بالعملية الإنتاجية بأكملها، أو
- المشاركة في عمليات الإمداد وتقديم التسهيلات الإنتاجية. [22]

ومن الاستخدامات الحديثة الهامة للحاسوب في الرقابة على المخزون ما يعرف بنظام/ أسلوب وصول المخزون لحظة الحاجة إليه (Just – In- Time)؛ وقد استخدمته المنظمات اليابانية وحقق لها مزايا تنافسية ملحوظة على الصناعات الأمريكية.

ويقوم هذا الأسلوب على الاحتفاظ بمعدلات تدفق المواد في العملية الإنتاجية عند مستوياتها الدنيا، بحيث تصل المواد المطلوبة إلى موقع الإنتاج في لحظة استخدامها وليس قبل ذلك. ومن شأن ذلك أن يساعد على تخفيض تكلفة المخزون والاحتفاظ به إلى أدنى حد ممكن، إن لم تكن صفراً.

وفي هذا النوع من التقنية –الإنتاج المتكامل باستخدام الحاسوب- يتم العمل كله آلياً، وهكذا يكون معظم العاملين من الفنيين لمراقبة أداء الأجهزة والآلات ومعالجة أي مشكلات (مثل تقنية التصنيع المستمر). وترتبط تقنية التصنيع المتكامل باستخدام الحاسوب بالخصائص الآتية:

- نطاق إشراف ضيق.

- عدد المستويات الإدارية قليل.

- درجة التخصص عالية.

- درجة عالية من اللامركزية في اتخاذ القرارات.

- رسمية منخفضة. [23]

وهكذا فإن المنظمات التي تستخدم هذه التقنيات يناسبها التنظيم العضوي.

المنظمات الخدمية (Service Organizations):

هنالك اختلافات عديدة بين منظمات الخدمات والمنظمات الصناعية. ويمكن ملاحظة هذه الاختلافات في الجوانب الآتية على الأقل:

1- **مخرجات المنظمات الخدمية غير ملموسة.** فالخدمة شيء مجرد، فالبنوك والأسواق المركزية، وشركات الهواتف والتأمين وغيرها تقدم للعملاء خدمات لا يمكن تخزينها أو مشاهدتها.

2- **القرب من العميل.** فمنظمات الخدمات غالباً اكثر قرباً لعملائها من المنظمات الصناعية. فالعميل الذي لا يرضى عن خدمة من إحدى المنظمات، غالباً ما يجرّب منظمة أخرى، ولكي تنجح منظمات الخدمات يجب عليها أن تلبّي رغبات العميل. [24]

ويضيف الكاتب مسلم إلى مجالي الاختلاف السابقين، مجالين آخرين وهما:

1- **يتم تقديم الخدمة حسب رغبة العميل.** فالعميل يشارك في تحديد الكيفية التي يود أن يتلقى بها الخدمة، وذلك بعكس المنتجات السلعية التي يمكن أن تتصف بدرجة عالية من النمطية.

2- **الاعتماد على تقنية كثيفة العمالة.** تعتمد منظمات الخدمات على تقنية كثيفة العمالة نظراً لضرورة التفاعل المباشر بين مقدم الخدمة والعميل. فكل عميل يحتاج إلى عامل لكي يقدم له الخدمة، في حين أن تقنية المنتجات الصناعية تعتبر كثيفة رأس المال حيث تزداد فيها درجة الآلية. [25]

ونظراً لهـذه الاختلافات بين المنظمات الصناعية والخدمية، فـإن الهيكـل التنظيمـي للمنظمات الخدمية يختلف عن الهيكل التنظيمي للمنظمات الصناعية على النحو الآتي:

1- **درجة الاعتماد على الأدوار الحدودية.** بالنسبة للمنظمات الصناعية لا بد من وجود أدوار حدودية تتولى رصد التغيرات في البيئة الخارجية بغرض التكيف معها وحماية التقنية الرئيسة للمنظمة، وأيضاً للتعرف على حاجات ورغبات المستهلكين. أما بالنسبة لمنظمات الخدمات فلا توجد حاجة للأدوار الحدودية لأن المستهلك يأتي إلى المنظمة لكي يتلقى الخدمة، وهنا تستطيع التعرف على رغباته وتلبيتها في الحال. ولذلك لا بد من وجود تفاعل مباشر بين مقدم الخدمة ومستهلكها لكي يحدث التكيف المطلوب.

2- **الانتشار الجغرافي لفروع المنظمة.** يمكن إنتاج السلع ونقلها إلى أماكن بعيدة حتى تصل للمستهلك، أما الخدمة فلا يمكن نقلها بعيداً، ويجب أن يذهب المستهلك للمنظمة. لذا فإن درجة الانتشار الجغرافي في حالة المنظمات الخدمية تكون أكبر منها في حالة المنظمات الصناعية.

3- **درجة مركزية اتخاذ القرارات.** تميل المنظمات الصناعية إلى استخدام درجة أكبر من المركزية في اتخاذ القرارات نظراً لنمطية الأداء. أما في حالة المنظمات الخدمية فإن العامل المسؤول عن تقديم الخدمة يجب أن يتفاعل بشكل مباشر مع طالب الخدمة، ولذلك لا بد من وجود درجة عالية من اللامركزية.

4- **درجة الرسمية.** تعتمد المنظمات الصناعية على درجة أكبر من الرسمية في الاتصالات. أما منظمات الخدمات فتعتمد أكثر على الاتصالات الشفهية المباشرة، سواءً بين العاملين أو بين العاملين والمستهلكين.[26]

تقنية المنظمات الخدمية   Technology of Service Organizations:

تعتبر الدراسة التي قام بها ثومبسون (James Thompson) بشأن التقنية في المنظمات الخدمية الأهم والأكثر قبولاً بين أوساط الكتاب والباحثين. وقد ميّز ثومبسون بين ثلاثة أنواع من التقنية تستخدمها المنظمات الخدمية. وأن كل تقنية يرتبط بها نوع معين من الاعتمادية بين الوحدات -جماعات العمل- (Group Interdependence).

1- التقنية الوسيطة (Mediating Technology):

وهذه التقنية تقدم خدمات تربط فيما بين العملاء – جهات لديها موارد وجهات لديها حاجة. ومن أمثلة هـذه المنظمات: البنوك وشركـات الهواتـف والتأمين، ومكاتـب الطيران، وكثير مـن المنظمات الحكوميـة مثل الضمان الاجتماعي، ومكاتب التوظيف وغيرها. [27]

ويـرتبط بهـذه التقنيـة الاعتماديـة التجميعيـة (Pooled Interdepence)، حيـث يعمل الأفراد والجماعات المختلفة مستقلة عـن بعضها البعض إلى حد كبير. والتنسيق مطلوب في هذه المنظمات للتأكد من قيام جميع العـاملين بتأديـة خدمـة عاليـة الجـودة باستمرار، ويقدمون نفس الخدمة لكل عميل. ومن أجل ذلك يتم تطوير إجراءات عمـل نمطية لاتباعها، ومثل هذه المنظمات يناسبها التنظيم الآلي. [28]

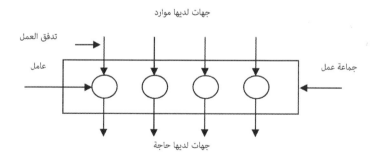

جهات لديها موارد

تدفق العمل

عامل

جماعة عمل

جهات لديها حاجة

2- تقنية السلسلة الطويلة (Long – Linked Tech.):

وهذه التقنية مشابهة لتقنية الإنتاج الكبير (Mass Production). فكلاهما يتضمنان سلسلة متتابعة من الأعمال البسيطة. ومن أمثلة المنظمات التي تستخدم هذه التقنية بعض المنظمات الحكومية الخدمية التي تمنح رخص السيارات ورخص السواقين وجوازات السفر وغيرها، التسجيل في الجامعات، كافتيريا الجامعات.

ويرتبط بهذه التقنية الاعتمادية المتتابعة (Sequential Int.) حيث تكون مخرجات وحدة أو أكثر عبارة عن مدخلات لوحدة أخرى وهكذا. وفي هذه الحالة يتم التنسيق بوساطة تنميط الإجراءات والتي يجب أداؤها في تسلسل واضح محدّد، وهنا يكون النموذج الآلي فعالاً.[29]

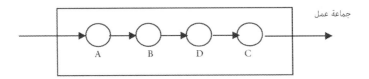

3- التقنية المكثفة (Intensive Tech.):

وتتضمن اختيار الاستجابة المناسبة لكل حالة من الحالات المختلفة، ويعتمد على طبيعة المشكلة وتنوعها الذي لا يمكن التنبؤ به.

ومن أمثلة ذلك تقنيات المستشفيات، والجامعات، والأبحاث والشركات الاستشارية. وتتضمن التقنية عمليات يمكن أن تتغير تركيبتها في حال تلقي العامل تغذية راجعة من العميل الذي يقوم بخدمته.

وهذه التقنية تلازمها علاقة الاعتمادية التبادلية (Reciprocal Int.) ففي المستشفى العام، يمكن في أي لحظة إدخال حالة للطوارئ، وقد تتطلب مزيجاً من عمليات التغذية، والأشعة، والمختبرات، والصيدلانية والفندقية، بالإضافة إلى التخصصات الطبية المختلفة والعلاج الطبيعي والنفسي ـ وغيرها، وذلك تبعاً لحالة المريض. وحتى تستطيع المنظمة تلبية حاجات كل عميل، يجب أن تكون مرنة، وحيث أنه لا يمكن التنبؤ بحاجات العملاء المستقبلية، فإنه لا يمكن التنبؤ بالعمل. ويتطلب كل من المرونة وعدم التنبؤ توافر الموارد المختلفة باستمرار، والتفاعل المكثف

المباشر بين الجهات المختلفة (Mutual adjustment)، وهذا يتطلب استعمال النموذج العضوي.[30]

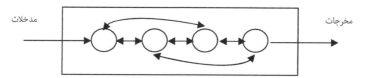

وهكذا يرتبط بكل نوع من أنواع التقنية الثلاثة نوع معين من التنسيق بين الوحدات/ الجماعات المختلفة لزيادة فعالية المنظمة وخفض النفقات نتيجة التقنية. وتزداد متطلبات اتخاذ القرارات والاتصالات كلما زادت التقنية تعقيداً من الوسيطة إلى السلسلة إلى المكثفة. وبذا يناسب كل تقنية خصائص معينة في الهيكل التنظيمي من حيث درجة التعقيد والرسمية، على النحو الآتي:[31]

- التقنية الوسيطة : تعقيد منخفض + رسمية عالية.

- تقنية السلسلة الطويلة : تعقيد معتدل + رسمية معتدلة.

- تقنية مكثفة : تعقيد عالي + رسمية منخفضة.

التقنية على مستوى الوحدات/ الأقسام Departmental Tech.:

كان الكاتب شارلس بيرو (Charles Perrow) من بين الكتاب الذين وجهوا النقد لدراسات (Woodward) وزملائها بسبب اعتمادهم تعريفاً ضيقاً للتقنية وهو تقنية التصنيع، مما حصر جهودهم في المنظمات الصناعية، واقترح بيرو بدلاً من ذلك استخدام تقنية المعرفة (Knowledge Technology). وقد رأى أن كل وحدة تنظيمية ضمن المنظمة الواحدة تستخدم أساليب وإجراءات وعمليات خاصة بها، وأن لكل وحدة مدخلاتها وعملياتها التحويلية ومخرجاتها التي تميزها عن الوحدات الأخرى، وبالتالي لكل منها نوع مختلف من التقنية، بالرغم من وجود نمط عام للتقنية على مستوى المنظمة ككل.

لقد اقترح بيرو أن تقنية المعرفة تتضمن بعدين أساسيين، وهما: [32]

1- درجة التنوع في أنشطة ومشكلات العمل (Task Variety):

ويتعلق بمدى احتواء العمل على أنشطة وإحداث ومشكلات جديدة واستثنائية غير عادية وغير متوقعة يواجهها الفرد أثناء العمل. فإذا ما كانت المشكلات والمواقف الاستثنائية غير العادية قليلة ومحدودة كان العمل روتينياً. وكلما كانت هنالك حالات مواقف استثنائية عديدة، كان العمل أكثر تنوعاً. ومثال على العمل الروتيني أعمال التجميع في صناعة السيارات، أما الأعمال الأكثر تنوعاً فتشمل الأعمال القيادية والاستشارية.

ويمكن أن نتصور درجة التنوع في الأعمال خطاً مستقيماً يقع على أحد طرفية الأعمال المتنوعة وعلى الطرف الآخر الأعمال الروتينية.

2- قابلية المشكلات للتحليل (Systematic Analysis):

ويتعلق بمدى إمكانية تحليل العمل والمشكلات وفق تعليمات وإجراءات وقواعد محدّدة. فإذا كان العمل يمكن تبسيطه وتقسيمه إلى عدد من المهام المتتابعة، وتحديد عدد من الخطوات المحددة لتنفيذه، فهو يعتبر عمل بسيط ذو قابلية عالية للتحليل. أما إذا كانت مشكلات العمل معقدة وتتوقف معالجتها على خبرة القائم بالتنفيذ وحكمته وفطنته، ولا يمكن تحديد خطوات معينة لتنفيذ العمل، فإن العمل يعتبر معقداً وذا قابلية منخفضة للتحليل.

ويمكن أن نتصور هذا البعد -القابلية للتحليل- خطاً مستقيماً على أحد طرفيه الأعمال/ المشكلات ذات درجة عالية من التحليل وعلى الطرف الآخر الأعمال غير القابلة للتحليل المنطقي.

ووفقاً لبعدي درجة التنوع في العمل، ومدى قابلية العمل للتحليل، اقترح بيرو أربعة أنواع من التقنية، على النحو الآتي: (أنظر الشكل 2)[33]

1- التقنية الروتينية (Routine tech.): حيث يتصف العمل بوجود حالات ومواقف استثنائية غير عادية محدودة، ومن السهل تحليل المشكلات - اتباع إجراءات محددة. ومن أمثلة ذلك خطوط تجميع السيارات، وقسم الخزينة في البنوك، والأعمال الكتابية.

2- التقنية الهندسية (Engineering tech.): وهنا يتصف العمل بدرجة عالية من التنوع، حيث الحالات والمواقف الاستثنائية عديدة، ولكن يمكن معالجتها بعقلانية وبطريقة منظمة تشتمل على إجراءات وتعليمات وأسس محددة. ومن أمثلة ذلك التطبيقات الهندسية، ومحاسبة الضرائب.

3- التقنية الحرفية (Craft Technology): وفي هذا النوع من التقنية يتصف العمل بدرجة منخفضة من التنوع حيث المشكلات الاستثنائية محدودة، ولكنها صعبة ومعقدة نوعاً ما ويصعب تحديد إجراءات وخطوات متتابعة لمعالجتها، وتتطلب توافر خبرات ومهارات عالية لدى الفرد المكلّف بتنفيذها. ومن أمثلة ذلك صناعة الأحذية، وأعمال الصياغة والأعمال الفنية.

4- التقنية غير الروتينية (Non routine Tech): ويتضمن العمل حالات استثنائية عديدة، يصعب إخضاعها للتحليل المنطقي المنظم، واتباع إجراءات وتعليمات محددة للتعامل معها. ويعتمد التعامل مع هذه المشكلات على الخبرة والمعرفة الفنية. ومن أمثلة ذلك: التخطيط الاستراتيجي، والأبحاث التطبيقية والبحوث الأساسية.

الشكل (7-2)
التقنية على مستوى الوحدات

	تنوع العمل	
منخفض		عالي
منخفضة	تقنية غير روتينية	تقنية حرفية
القابلية للتحليل		
عالية	تقنية هندسية	تقنية روتينية
عالي	تنوع العمل	منخفض

وقد أشار بيرو إلى اختلاف خصائص الهيكل التنظيمي المناسب لكل نوع من الأنواع الأربعة للتقنية، يلخصها الجدول الآتي: [34]

جدول رقم (3)

مقارنة بين خصائص الهيكل التنظيمي التي تناسب كل تقنية

	نوع التقنية	الرسمية	المركزية	نطاق الإشراف	التنسيق والرقابة
1	روتينية	عالية	عالية	واسع	تخطيط وقواعد صارمة
2	هندسية	منخفضة	عالية	متوسط	تقارير واجتماعات
3	حرفية	متوسطة	منخفضة	متوسط -عالي	التدريب والاجتماعات
4	غير روتينية	منخفضة	منخفضة	متوسط -ضيق	معايير واجتماعات الجماعة

وهكذا يميل التنظيم إلى النموذج الآلي في التقنية الروتينية والهندسية، ويميل إلى التنظيم العضوي في التقنية الحرفية وغير الروتينية.

الخلاصة:

يلخص الجدول رقم (4) أنواع التقنية المختلفة في المنظمات الصناعية والخدمية وعلى مستوى الوحدات ضمن المنظمة الواحدة، ونوع التنظيم الذي يلائم كلاً منها.

جدول رقم (4)

التقنية في المنظمات

نوع المنظمات	اسم الكاتب	نوع التقنية		نوع التنظيم	
		روتينية	غير روتينية	آلي	عضوي
صناعية	Woodward	تقنية الإنتاج الكبير	الإنتاج حسب الوحدة الإنتاج المستمر	الإنتاج الكبير	الإنتاج حسب الوحدة الإنتاج المستمر
خدمية	Thompson	السلسلة الطويلة الوسيطة	المكثفة	السلسلة الطويلة الوسيطة	المكثفة
على مستوى الوحدات	Perrow	روتينية هندسية	حرفية غير روتينية	روتينية هندسية	حرفية غير روتينية

أما بشأن العلاقة بين التقنية والهيكل التنظيمي فيلخصها روبنز (Robbins) على النحو الآتي: [35]

1- **التقنية ودرجة تعقد الهيكل التنظيمي**: ترتبط التقنية الروتينية إيجابياً مع درجة متدنية من التعقيد. فكلما ازدادت درجة روتينية التقنية قل عدد الجماعات المهنية، وقل مستوى التدريب والتعليم لدى المهنيين، وهذه العلاقة تكون قوية الاحتمال في الأنشطة التنظيمية المتعلقة بجوهر العمليات التشغيلية. أما التقنية غير الروتينية فتؤدي إلى درجة عالية من التعقيد. وكلما زاد العمل تعقيداً وزاد الاعتماد على رغبات العملاء، ضاق نطاق الإشراف وزاد التخصص الرأسي (زادت المستويات الإدارية) – استخدام عدد أكبر من الاختصاصيين لمعالجة المشكلات غير القابلة للبرمجة.

2- **التقنية ودرجة الرسمية**: ترتبط التقنية الروتينية إيجابياً بالرسمية وأما التقنية غير الروتينية فتتطلب أنظمة رقابية تسمح بمزيد من حرية التصرف والمرونة.

3- **التقنية والمركزية**: لقد كانت نتائج العلاقة بين التقنية والمركزية متباينة؛ والمنطق يشير إلى أن التقنية الروتينية ترتبط بهيكل تنظيمي مركزي. بينما التقنية غير الروتينية والتي تعتمد على المعرفة المتخصصة، تتصف بتفويض سلطة اتخاذ القرار. وقد نال هذا الرأي قبولاً محدوداً. فالاستنتاج الأكثر تعميماً هو أن درجة الرسمية تكيف وتعدّل علاقة التقنية بالمركزية. إذ أن كلاً من الأنظمة الرسمية والمركزية هما آليتان للرقابة، وباستطاعة الإدارة استخدام إحداهما دون الأخرى. فالتقنية الروتينية ترتبط بالرقابة المركزية في حال وجود رسمية منخفضة، ولكن إذا كانت الرسمية عالية فمن الممكن أن تلازم اللامركزية التقنية الروتينية.

أسئلة للمراجعة والنقاش

س1- وضح ماهية التقنية؟

س2- ما المقصود بالتقنية الأساس (الرئيسة) والتقنية التحتية؟

س3- ما هي الطرق التـي تسـتخدمها المـنظمات للحفـاظ عـلى التقنيـة الرئيسـة مـن أي مؤثرات خارجية؟

س4- وضح أهمية إدارة التقنية؟

س5- ما هي الأمور التي ينبغي التفكير بها حين إدخال تقنيات جديدة للمنظمة؟

س6- ناقش باختصار تقنية الإنتاج بالوحدة (حسب الطلب)؟

س7- ناقش باختصار تقنية الإنتاج بالحجم الكبير؟

س8- اشرح تقنية الإنتاج المستمر (العمليات)؟

س9- قارن بين الخصائص الهيكلية للأنواع الثلاثة من التقنية السابق ذكرها؟

س10- ما هي أوجه الاختلاف بين المنظمات الصناعية والمنظمات الخدمية؟

س11- ما هي اختلافات الهيكل التنظيمي في المنظمات الصناعية والمنظمات الخدمية؟

س12- اشرح باختصار التقنية الوسيطة، وتقنية السلسلة الطويلة، والتقنية المكثفة؟

س13- قارن بين الخصائص الهيكلية التي تلائم كل نـوع مـن أنـواع التقنيـة في المـنظمات الخدمية؟

س14- ناقش البعدين اللذين اعتمدهما الكاتب شارلس بـيرو في دراسـة وتحليـل التقنيـة على مستوى الوحدات؟

س15- اشرح باختصار أنواع التقنية الأربعة حسب نموذج الكاتب بيرو؟

س16- قارن بين الخصائص الهيكلية التي تلائم كل نوع من أنـواع التقنيـة حسـب نمـوذج بيرو؟

س17- لخّص رأي الكاتب روبنز في وصف علاقة التقنية بالهيكل التنظيمي؟

الهوامش

1- Richard M. Steers (1991), <u>Introduction to Organization Behavior</u>,   4th ed. (New York: Harper Collins Publishers), p. 355.

2- Charles Perrow in James Gibson, John Ivancevich and James Donnelly, Jr. (1994), <u>Organizations Behavior and Processes</u>, (Boston, Mass: IRWIN), p. 545.

3- B. J. Hodge and William P. Anthony (1991), <u>Organization Theory</u>,   4th ed. (Boston, Mass: Allyn and Bacon), p. 395.

4- John A. Wagner III, and John R. Hollenbeck (1992), <u>Management of Organizational Behavior</u>, (Englewood Cliffs, NJ: Prentice-Hall, Inc.), p. 609.

5- Hodge and Anthony, <u>Organization Theory</u>, p. 395.

6- Wagner and Hollenbeck, <u>Management</u>, p. 609.

7- Hodge and Anthony, <u>Organization Theory</u>, p. 403.

8- <u>Ibid</u>.

9- <u>Ibid</u>. pp. 403-404.

10- Richard Foser in John M. Ivancevich, Peter Lorenzi, Steven   J. Skinner and Philip B. Crosby (1997), <u>Management: Quality and Competitiveness</u>, 2nd ed. Boston, Mass.: McGraw-Hill, p. 533.

11- Rod F. Monger (1988), <u>Mastering Technology</u>, New York: Free Press, p. 38.

12- Ivancevich et al, <u>Management</u>, p. 537.

13- Chris Pappas in Ivancevich et al., <u>Management</u>, p. 537.

14- <u>Ibid</u>., p. 405.

15- Wagner and Hollenbeck, <u>Management</u>, p. 610.

16- <u>Ibid</u>., pp. 610-611.

17- <u>Ibid</u>., p. 611.

18- Richard H. Hall (1991), <u>Organizations: Structures, Processes, and Outcomes</u>, 5th ed. (Englewood Cliffs: N. J: Printice-Hall, Inc.), p. 90; Gibson et al, <u>Organizations</u>, pp. 545-546; Stephen Robbins (1990), <u>Organization Theory</u>, 4rd ed. (Englewood Cliffs, N.J: Prentice-Hall), pp. 177-178.

19- Steers, <u>Introduction to Organizational Behavior</u>, p. 359.

20- Hodge and Anthony, <u>Organization Theory</u>, pp. 415-416.

21- Gibson et al, <u>Organizations</u>, pp. 549-550.

22- علي عبد الهادي مسلم (1997): مذكرات في تحليل وتصميم المنظمات، (الإسكندرية: جامعة الإسكندرية، كلية التجارة، مركز التنمية الإدارية)، ص ص79.-80.

23- Daft, Richard (1992), <u>Organization Theory and Design</u>, (New York: West Publishing co.), p. 123.

24- Steers, Introduction to Organizational Behavior, p. 361.

25- مسلم، مذكرات في تحليل وتصميم المنظمات، ص ص86.-87.

26- Daft, <u>Organization Theory</u>, pp. 130-131.

27- Hodge and Anthony, <u>Organization Theory</u>, pp. 409-410.

28- Wagner and Hollenbeck, <u>Management</u>, pp. 612-613; Hodge and Anthony, <u>Organization Theory</u>, pp. 409-410. Hall, <u>Organizations</u>, p. 91; Robbins, <u>Organization Theory</u>, pp. 189-190.

29- Hodge and Anthony, <u>Organization Theory</u>, 408-409; Hall, <u>Organizations</u>, p. 91; Wanger and Hollenbeck, <u>Management</u>, p. 613; Robbins, <u>Organization Theory</u>, p. 188.

30- Robbins, <u>Organization Theory</u>, p. 190; Wagner and Hollenbeck, <u>Management</u>, pp. 613-614; Hodge and Anthony, <u>Organization Theory</u>, pp. 410-411.

31- Robbins, <u>Organization Theory</u>, p. 191.

32- Hodge and Anthony, <u>Organization Theory</u>, pp. 411-412.

33- Robbins, <u>Organization Theory</u>, pp. 182-187; Hall, <u>Organizations</u>, pp. 91-92, Hodge and Anthony, <u>Organization Theory</u>, pp. 411-414.

34- Robbins, <u>Organization Theory</u>, p. 186.

35- <u>Ibid.</u>, pp. 199-201.

الفصل الثامن

إدارة المعلومات في المنظمات
Information Management

الأهداف:

بعدما تكون قد أنهيت دراسة هذا الفصل، سوف تقدر على:

1- توضيح أهمية المعلومات للمنظمات.

2- تحديد خصائص المعلومات القيمة للمنظمة.

3- شرح نظام المعلومات، وأهمية إدارة المعلومات.

4- وصف خصائص نظام إدارة المعلومات الفعال.

5- شرح أنواع نظم المعلومات المختلفة.

6- وصف خطـوات إنشـاء نظـام للمعلومـات، والمتغـيرات التـي تحـدد
فعاليته.

7- شرح تأثير تقنيات المعلومات على المنظمات.

الفصل الثامن

إدارة المعلومات في المنظمات
Information Management

يمكن النظر إلى المنظمات باعتبارها نظم لمعالجة البيانات، ويمكن أيضاً تشبيهها بالدماغ... وهذا التشبيه يشير إلى أن المنظمات معنية بالحصول على المعلومات وتنقيتها وتخزينها وتبويبها ومعالجتها وتحليلها وتفسيرها وتعديلها، واتخاذ ما يلزم من إجراءات في ضوء ذلك.[1]

لا يشك أحد في أن المعلومات تلعب دوراً حيوياً وحاسماً في شتى مناحي الحياة، بما في ذلك في حياة المنظمات، بدءاً من نشوئها وطيلة حياتها، فالمعلومات تمثل مورداً ومصدراً حيوياً للمنظمة إن كان في صياغة رسالتها وأهدافها ووضع استراتيجيتها وتنفيذها وبناء هيكلها التنظيمي واختيار تقنياتها واتخاذ القرارات المختلفة في مجالات التخطيط والتوجيه والدافعية والرقابة وغيرها. وباختصار تعتبر المعلومات دم الحياة للمنظمات ومفتاح نجاحها وبقائها ونموها.

وتشكل الثورة المعلوماتية والانفجار المعرفي تحديات كبيرة أمام المنظمات في إدارة المعلومات بنجاح وفعالية لمواكبة زخم المعلومات المتصاعد وتسخير معطياتها لأغراضها المختلفة. ولحسن حظ المنظمات فإن بإمكانها استخدام تقنيات المعلومات الحديثة لتذليل هذه التحديات.

وفي هذه الوحدة سنناقش أهمية المعلومات وقيمتها ومعالجتها ونظم المعلومات وأحدث تقنيات المعلومات.

أهمية المعلومات للمنظمات   **Significance of Information**:
لا غنى لأي منظمة عن المعلومات، وكل منظمة، مهما كانت طبيعة عملها ونشاطها وأهدافها وحجمها وغيرها، بحاجة للمعلومات. ولكن مدى هذه الحاجة تختلف من منظمة لأخرى. وهنالك عوامل عديدة تؤثر على مدى أهمية المعلومات للمنظمة وعلى مدى القدرات المعلوماتية الواجب توافرها في المنظمة. وبعض هذه العوامل

يتعلق بالبيئة الداخلية للمنظمة -عوامل تنظيمية- والبعض الآخر يتعلق بالبيئة الخارجية للمنظمة.[2]

من العوامل الداخلية -التنظيمية- التي تؤثر في مدى حاجة المنظمة للمعلومات وأهمية هذه المعلومات ما يلي: طبيعة أعمال المنظمة (روتينية أم غير متوقعة)، ودرجة تنوع الأعمال التي تقوم بها المنظمة ودرجة تعقيداتها، وحجمها، ومدى ثبات هذه الأعمال، ومدى توسع المنظمة في تطبيق مبدأ تقسيم العمل والتخصص، وما نوع نطاق الإشراف (واسع أم ضيق) المعمول به، وما ينتج عن ذلك من تعدد وتنوع الوحدات التنظيمية ومدى الارتباط والاعتمادية فيما بينها، وتعدد المستويات الإدارية، ومدى تنوع المهام والواجبات، يضاف إلى ذلك مدى توزيع وانتشار أنشطة وأعمال المنظمة، ومدى اللامركزية المستخدمة في المنظمة، ونوع التقنية (روتينية أم غير روتينية)، فكلما تنوعت أعمال المنظمة وتعقدت وزاد حجمها وطبقت التخصص الضيق ونطاق الإشراف الضيق ومزيداً من اللامركزية واستخدمت تقنية غير روتينية، كلما زاد ذلك من أهمية المعلومات وحاجة المنظمة إليها، وزادت بالتالي حاجتها إلى قدرات معلوماتية عالية.

أما فيما يتعلق بالعوامل ذات الصلة بالبيئة الخارجية فتشمل: مدى تأثر المنظمة وارتباطها، أو أي من وحداتها التنظيمية بالعوامل البيئية والمتطلبات التي تقتضيها التشريعات الحكومية أو القطاعات الخاصة المختلفة. ومدى التقلبات وعدم الاستقرار الذي تشهده المنظمة. ففي حالة المنظمة التي ترتبط بشكل كبير بالبيئة الخارجية وتعتمد عليها كثيراً، وتواجه بيئة دينامية مضطربة، تصبح حاجتها للمعلومات أكبر مما يتطلب قدرة عالية في إدارة المعلومات.

كما أن أهمية المعلومات ومدى الحاجة إليها تختلف أيضاً من وحدة/ وظيفة لأخرى ضمن المنظمة الواحدة. ويتوقف ذلك على طبيعة الأعمال التي يتم إنجازها وما يتطلبه ذلك من اتصالات، ومدى الارتباط والاعتمادية بين الوحدات المختلفة التي تقوم بهذه الأعمال... وتزداد أهمية المعلومات في الوحدة التي تؤدي أعمالاً غير روتينية وغير متوقعة، وحينما تكون بيئة الأعمال متغيرة، وفي الأعمال التي تترابط فيها الواجبات والمهام بدرجة عالية.[3]

قيمة المعلومات **Value of Information:**

إن قيمة المعلومات -باعتبارها مورداً من موارد المنظمة- تتحدد بمدى فائدة هذه المعلومات للمنظمة، وبمقدار ما تساعد المنظمة -على مستوى الأفراد والوحدات والمنظمة- على وضع الاستراتيجيات الناجحة وتنفيذها بنجاح، وإعداد الخطط السليمة وتنفيذها، واتخاذ القرارات التنظيمية في مختلف مجالات وأنشطة المنظمة، وتحقيق أهداف المنظمة بكفاءة وفعالية.

وهنالك خمس خصائص رئيسة للمعلومات تحدد قيمتها للمنظمة، وهي: [4]

1- الصلة (Relevance):

كلما كانت المعلومات أكثر صلة بالتقنية الجوهرية/ الأساس للمنظمة، ازدادت قيمتها. تواجه المنظمات مشكلتين رئيسيتين هنا، وهما:

- تحديد ماهية المعلومات البيئية ذات الصلة.
- تحديد الجهات في المنظمات التي للمعلومات صلة بها.

وتستطيع المنظمة تحديد المعلومات البيئية ذات الصلة من خلال استخدام مفهومي بيئة النطاق (domain) وبيئة النشاط (task). وتقوم المنظمة بتحديد موقع ووظيفة وحدات الرصد ومراقبة البيئة، وكذلك ربط هذه الوحدات بمواقع اتخاذ القرار المناسبة.

إن المعلومات البيئية الأكثر صلة بالنسبة للمنظمة هي التي تحتاجها المنظمة لاتخاذ القرارات الاستراتيجية. وإن اتخاذ مثل تلك القرارات بدون الاعتماد على المعلومات المناسبة يمكن أن يقود المنظمة غالباً إلى كارثة.

2- نوعية المعلومات (Quality):

وتتحدد نوعية المعلومات قياساً إلى دقتها في إظهار الواقع الفعلي، فكلما زادت دقتها ارتفعت نوعيتها وبالتالي زادت ثقة المنظمة عند استخدام هذه المعلومات في اتخاذ القرارات. وتجب الإشارة هنا إلى أن تكلفة الحصول على المعلومات تزداد بازدياد درجة النوعية المرغوبة في المعلومات. ولا بد من الموازنة بين هذه التكلفة وتكلفة استخدام معلومات خاطئة.

هنالك نوعان رئيسان من الأخطاء التي يمكن أن تقوم بها المنظمة:

النوع الأول: ويحدث عندما تقبل المنظمة معلومات معينة على أنها صحيحة ولكنها غير ذلك بالفعل.

النوع الثاني: ويحدث عندما تتقبل المنظمة معلومات على أنها خاطئة وهي صحيحة.

وعلى المنظمات أن تسعى جادّة لتجنب الوقوع في أي من نوعي الأخطاء. كما أنه يجب أن تعي المنظمة وتعرف ما الذي يجب عليها أن تعرفه. فإذا ما كانت بعض المعلومات ناقصة لاتخاذ قرار معين، ويعي صانعو القرار أن عليهم معرفة هذه المعلومات، فإنه من الجائز أن يتخذوا إجراءً مختلفاً لو كان الأمر غير ذلك.

3- كمية المعلومات (Quantity of Information):

إن من المهم توفير المعلومات بالقدر الكافي لمتخذ القرار لإصدار الحكم الصائب. وهكذا يجب التنبيه إلى سلبيات وجود فائض كبير من المعلومات تضيع وقت وجهد صانع القرار، مثلما أن نقص المعلومات يؤدي إلى اتخاذ قرارات غير سليمة. لذا على المنظمة مراقبة العلاقة بين الوحدات المسؤولة عن جمع المعلومات وبين مراكز اتخاذ القرارات وذلك للتأكد من توافر القدر المناسب من المعلومات.

4- توقيت المعلومات (Timeliness):

للمعلومات قيمة زمنية، وتزداد قيمة المعلومات وفائدتها كلما أمكن الحصول عليها حين الحاجة إليها، ولا مانع وصولها بصورة مبكرة نوعاً ما، ولكن ليس بعد انتفاء الحاجة إليها.

إن معظم المعلومات التي تستخدمها المنظمة هي تاريخية وتعكس ما حدث سابقاً، ومثل هذه المعلومات تزداد فائدتها كلما كانت أحدث.

5- سهولة الحصول على المعلومات (Accessibility of Inf.):

مما يزيد من قيمة المعلومات وفائدتها هو توافرها وإمكانية الحصول عليها بيسر وسهولة من قبل متخذ القرار. ومن الناحية المثالية، يتوجب على المديرين اختيار المعلومات من المصادر التي توفر أعلى قيمة ممكنة (من حيث الصلة، والنوعية،

والكمية والتوقيت). ولكن من الناحية العملية، فإن مصادر المعلومات الأقل قيمة والتي يسهل الحصول عليها هي الأكثر استخداماً في الغالب من قبل المديرين.

وقد أشار أوريلي (O'Reilly) إلى أن المديرين يختارون المعلومات استناداً لسهولة الحصول عليها لأسباب عديدة منها:

1- يتحمل المديرون تكاليف اجتماعية واقتصادية أثناء بحثهم عن معلومات ذات قيمة أكبر، قد لا تكون جاهزة.

2- قد يقيّد الهيكل التنظيمي للمنظمة عملية الوصول إلى معلومات ذات قيمة والتي قد لا تكون متوافرة فوراً.

3- يمكن لنظام الحوافز في المنظمة أن يكافئ العامل الذي يطلب المعلومات من مصدر معيّن، ويعاقب العامل الذي يطلبها من مصدر آخر.

4- المعلومات في المنظمات غالباً غير كاملة وغامضة وعرضة لتفسيرات مختلفة، ولهذا يعتمد المديرون على المصادر التي اعتادوا استخدامها في الماضي حيث يعتبرونها موثوقة ومن السهل الحصول عليها.

إن الخصائص الخمس التي تمت مناقشتها هي التي تحدّد قيمة وفائدة المعلومات. ومن هنا يجب أن تحرص المنظمات على إدارة معلوماتها بطريقة تساعد على تحقيق وتوفير تلك الخصائص، مع الأخذ في الاعتبار تكاليف ذلك.

نظم المعلومات Information Systems:

نعني بنظام المعلومات "ذلك النظام الذي يعنى بجمع المعلومات وتوجيهها وتحليلها واستلامها وتخزينها واسترجاعها واستخدامها في المنظمة".[5] ويعرف الكاتب شوقي جواد (2000) نظام المعلومات بأنه "عبارة عن مجموعة العناصر البشرية والآلية لجمع وتشغيل ومعالجة البيانات طبقاً لقواعد وإجراءات محددة بقصد تحويلها إلى معلومات مفيدة تساعد إدارة المنظمة المعنية في أعمال التخطيط والرقابة وصناعة القرارات المنظمية".[6]

إن نظام المعلومات يعنى بالعملية المعلوماتيـة (Information Process) والتـي تشتمل بالترتيب:

1- جمع المعلومات.

2- توجيه/ إرسال المعلومات.

3- التحليل.

4- استلام المعلومات.

5- التخزين.

6- الاسترجاع.

7- استخدام المعلومات.

وسنناقش هذه الخطوات بإيجاز: [7]

1- جمـع المعلومـات: ويتضمـن الحصـول عـلى المعلومـات مـن داخـل المنظمـة وخارجها، إما من مصادر أولية مثل المقابلات مع الأفراد أو المشاهدات أو الاستبانات، أو من مصادر ثانوية مثل الإحصاءات أو التقارير. وعند القيام بجمع المعلومات يجب الاهتمام بمفهومي الصدق والثبـات (Validity and reliability) فيما يتعلق بوسائل وطرق جمع المعلومات.

2- توجيـه/ إرسال المعلومـات (Reporting): مـن المهـم جـداً التأكـد مـن أن المعلومـات قـد تـم توجيههـا أو إيصالهـا للجهـة المناسـبة. والمشكلة هنا هـي تنسـيق المعلومـات، فعـلى المنظمـة أن توجـه اهتمامهـا نحـو كيفيـة إيصـال المعلومـات للجهـات المناسبة بالسرعة الكافية وبما يضمن تحقيق التكامـل بين الوحدات التنظيميـة المختلفـة في المنظمة.

3- التحليـل (Analyzing): وهـذه الخطـوة تجيـب عـلى السـؤال: "مـاذا تعنـي المعلومات؟" والأمر الهام في التحليل هو عدم التحيّـز. وكلما تم تحليل المعلومات كان هناك احتمال للتحيّـز، عـن قصد أو غـير قصد مـن قبـل الشـخص الـذي يحلـل ويفسّر المعلومات. وتزداد مشكلة التحيّـز إذا تم تحليل المعلومات في كل مرحلـة تمـرّ بها عـبر المنظمة. لذلك يجب على المنظمة أن تضع إرشادات توجه الأفراد الذين يقومون

بتحليل المعلومات. كما يجب التأكد من عدم تحويل المعلومات إلى وحدة أخرى للتحليل دون حاجة لذلك ودون أن يكون للتحليل فائدة ذات قيمة.

4- استلام المعلومات (.Accepting Inf): تبقى المعلومات عديمة الفائدة ما لم يتم تسلمها من قبل الجهات المرسلة إليها. وهذا يتطلب نوع من المتابعة للتأكد من تسلم المعلومات.

5- التخزين (Storing): يمكن أن تستخدم المعلومات فوراً في بعض الحالات، ولكن في أغلب الحالات يتم تخزينها بطريقة ما. وهنا، في التخزين، يجب الأخذ بعين الاعتبار التكلفة، والتوقيت وسهولة الوصول إلى المعلومات.

6- الاسترجاع (Retrieving): لقد ساعد الحاسوب كثيراً في تسهيل الحصول على المعلومات واسترجاعها. على أن قرار استرجاع المعلومات يتم عند تخزين المعلومات، حيث يؤخذ عندها في الاعتبار سهولة ووقت الاسترجاع.

7- استخدام المعلومات (Using): يجب جمع المعلومات فقط إذا كانت ستستخدم. ولكن هنالك حالات كثيرة يتم فيها جمع المعلومات دون معرفة متى ولماذا ستستخدم، مما يؤدي إلى معلومات فائضة وغير ذات صلة. يجب أن يحدد بوضوح الاستخدام المتوقع للمعلومات قبل جمعها. وفي هذه الحالة تتصف المعلومات بأنها معدّة على أساس الاستخدام (User-based). إن مستخدمي المعلومات يجب أن يكون لهم الدور الأكبر في تحديد نوع المعلومات التي يجب جمعها وكيف سيتم توجيهها (إرسالها). وبذا يجد مستخدم المعلومات من السهل استخدامها. وعلى الرغم من وضوح هذا الأمر، إلا أنه لم يتم الالتزام به عملياً، وبدلاً من ذلك نجد أن الجهة التي تجمع المعلومات أو الجهة التي تحلل المعلومات وتخزنها هي التي تقرر نوعية وشكل المعلومات والغرض منها.

من المفيد جداً تدقيق المعلومات (Information audit) لتحديد إذا كانت المعلومات قد استخدمت وكيف تم استخدامها. ويتضمن تدقيق المعلومات مراجعة التقارير والمذكرات وغيرها، لتحديد كيف تم إعدادها، ولمن ترسل، وكيف تستخدم. والهدف من ذلك هو تحقيق انسيابية مسار المعلومات وإجراءات توجيه المعلومات، وكذلك لضمان استخدام المعلومات التي تم تجميعها، كما هو مقصود بالأساس. كما أن

تدقيق المعلومات يسعى أيضاً لتحديد إذا كانت هنالك احتياجات معلوماتية لم يتم تحقيقها، وهل تكلفة تلبية هذه الاحتياجات معقولة أم لا.

إدارة المعلومات   Information Management:

إن نظام المعلومات في أي منظمة مثله مثل باقي الأنظمة الأخرى: النظام الإنتاجي، والنظام التسويقي ونظام الموارد البشرية وغيرها. وأن المعلومات هي أحد الموارد الهامة في المنظمة. ولذا يجب إدارة نظم المعلومات بأعلى درجة من الكفاءة والفعالية لتحقيق الفوائد الحيوية المرجوة منها، وتوفير كل مساعدة ممكنة للمنظمة في جميع المجالات وعلى مختلف المستويات لتحقيق أهدافها وإنجاز أعمالها بنجاح. وهكذا ينبغي على المنظمة إعداد "نظام "إدارة المعلومات" Management Information MIS System من أجل العمل على توفير المعلومات الدقيقة وذات الصلة وفي الوقت المناسب للمديرين لاستخدامها في اتخاذ القرارات". (9) وهذا يعني وجود نظام رسمي لضمان توفير المعلومات السليمة -عن الماضي والحاضر والمستقبل- في الوقت المناسب للجهات المناسبة لتمكينها من اتخاذ أفضل القرارات الممكنة المتعلقة بأنشطة المنظمة ووظائفها المختلفة وفي المجالات التخطيطية والتنظيمية والتوجيهية والرقابية وغيرها.

إن من الواضح أن لنظم المعلومات دور بالغ الحيوية في نجاح أي منظمة وفعاليتها، الأمر الذي يستدعي تصميم هذه النظم وإدارتها بكفاءة وفعالية. ويمثل نظام إدارة المعلومات الجيد ميّزة تنافسية هامة للمنظمة. ويقول السيد كنت نيلسون، المدير التنفيذي للخدمة البريدية المتحدة (United Parcel Service) في هذا العدد "إن الريادي والمتميّز في إدارة المعلومات هو الذي يكون قائداً ومتميزاً في توزيع الطرود عالمياً". (10)

ونظراً للتغيير المتسارع في تقنيات المعلومات والذي لم تعد بعض المنظمات قادرة على مواكبته، فقد لجأت مثل هذه المنظمات إلى التعاقد مع منظمات متخصصة لإدارة نظم المعلومات فيها (Outsourcing أو Farming out)، فمثلاً قامت شركة كوداك بالتعاقد مع شركة (IBM) لإدارة نظم المعلومات في الأولى. ومن المهم هنا أن

نشير إلى أن فعالية ونجاح إدارة نظم المعلومات، سواءً كان داخل المنظمة أم بالتعاقد خارجياً، لا تقاس بمدى تقدم وتعقد تقنياته، وإنما تقاس بمدى مساهمته ومساعدته في تحقيق أهداف المنظمة وتنفيذ استراتيجياتها وإنجاز أعمالها.[11]

يتوافر للمنظمة ثلاثة بدائل (استراتيجيات) رئيسة في إدارة المعلومات وهي:

1- **الوسائل الإدارية التقليدية**: وتشمل الأنظمة والخطط والسياسات وتقسيم العمل، والسلطة الرئاسية، وتفويض السلطة.

2- **تقليص حاجة المنظمة للمعلومات** من خلال إيجاد موارد فائضة، وإنشاء وحدات مستقلة.

3- **زيادة قدرات المنظمة على معالجة المعلومات**، من الاستثمار الرأسي في المعلومات (توسيع قواعد المعلومات على المستويات الرئاسية المختلفة)، وتكثيف العلاقات الأفقية (من خلال مكاتب الارتباط، وفرق العمل، والمصفوفة التنظيمية).[12]

خصائص نظام إدارة المعلومات الفعال Characteristics of an Effective MIS:

يتميّز النظام الفعال للمعلومات بعدة خصائص هي:

1- يتم إعداد المعلومات على أساس حاجة المستخدم (User-based)، ويجب أن يلبي احتياجات المستخدمين لاتخاذ قرارات فعّالة.

2- توفير المعلومات الدقيقة وذات الصلة وفي الوقت المناسب.

3- يجب أن يرتبط باستخدام الحاسوب لتسهيل عمليات التحليل والتخزين وسهولة الوصول إليه.

4- أن يكون فعّالاً قياساً إلى تكاليف، أي أن تكون العملية ومنافعها متوازنة مع التكاليف.

5- أن يكون نظام المعلومات نظاماً من عدة نظم، أي أن نظم المعلومات المحاسبية والتسويقية والرقابية وغيرها يجب أن تشكل نظاماً واحداً متكاملاً منسقاً لضمان عدم ازدواجية وتداخل المعلومات والتقارير وغيرها.

6- يجب أن يدار النظام، أي أن تكون هنالك وحدة تنظيمية متخصصة لإدارة نظام المعلومات مع تفويضها سلطة إدارة النظام والعمل كجهاز استشاري للمديرين التنفيذيين. (13)

أنواع نظم المعلومات Types of Information Systems:

لقد شهدت أنظمة المعلومات تغيراً وتطوراً جذرياً ومتسارعاً ونوعياً كبيراً، ولا سيما خلال السنوات الماضية. وظهرت تطبيقات جديدة لأنظمة المعلومات ومعايير جديدة لتصميم هذه الأنظمة، وبالتالي أجيال متطورة من النظم. وقد شجعت وساعدت على هذا التطور عوامل عديدة، ومن أهمها: الثورة التقنية وخاصة تقنيات المعلومات، والانفجار المعرفي، وتقدم الفكر الإداري والتنظيمي، وتطور منظمات الأعمال، وازدياد شدّة التنافس بين المنظمات، وغيرها. (14)

أما أهم أنواع أنظمة المعلومات المستخدمة الآن في المنظمات فهي: (15)

1- نظم معالجة البيانات Electronic Data Processing (EDP)

2- نظم المعلومات الإدارية Management Information System (MIS)

3- نظم دعم القرارات Decision Support System (DSS)

4- نظم أتمتة المكاتب Office Automation System (OAS)

5- نظم دعم الإدارة العليا Executive Support System

6- نظم الخبرة والذكاء الاصطناعي
Expert Systems and Article Intelligence (ES, AI)

وفيما يلي عرضاً موجزاً للسمات الأساسية لكل نوع:

1- نظم معالجة البيانات (EDPS):

ويعنى هذا النظام بجمع المعلومات حول أنشطة المنظمة المختلفة، ومعالجتها وتخزينها لحين الحاجة إليها، وتلخيصها وعرضها في شكل تقارير. والغرض من النظام هو الاحتفاظ ببيانات دقيقة وحديثة عن المنظمة وليس تزويد المديرين بالمعلومات في الوقت المناسب لاتخاذ القرارات. وقد تم استخدام النظام في البداية في العمليات المحاسبية والفواتير والرواتب.

ومن أجل إدارة النظام قامت بعض المنظمات بإنشاء إدارة نظم معالجة البيانات وكان العاملون فيها من فنيي الحاسوب الذين لم يكونوا ملمّين بالإدارة أو احتياجات المديرين في اتخاذ القرارات.[16]

2- نظم المعلومات الإدارية (MIS):

مع تزايد حجم المنظمات وما تتعامل به من معلومات، أصبحت نظم معالجة البيانات غير قادرة على تلبية احتياجات المديرين عند اتخاذ القرارات. وقد أدرك المديرون أن فائدة واستخدام الحاسوب لا تقتصر فقط على الأعمال المحاسبية والرواتب والفواتير، وإنما يفيد الحاسوب أيضاً في تخزين المعلومات ومعالجتها وفي اتخاذ القرارات. وقد اتجهت المنظمات لتوفير معلومات تصف أنشطة/ وظائف الشركة (تسويق، إنتاج، أفراد) بشأن الأحداث الماضية والحاضرة وما هو متوقع حدوثه في المستقبل. وهكذا قامت المنظمة بإنشاء إدارات مسؤولة عن نظم المعلومات الإدارية مهمتها تنسيق انسياب معلومات المنظمة بصورة منظمة.[17]

3- نظم دعم القرار (Decision Support Systems):

تطور هذا النظام بعد نظم المعلومات الإدارية. وقد ظهر مفهوم نظم دعم القرارات في أواخر الستينيات من القرن الماضي مع ظهور نظم مشاركة الوقت في الحاسب الآلي. ويضم النظام حزمة من أدوات الحاسوب التي تسمح لمتخذ القرار بالتعامل البيني (Interactive) بصورة مباشرة مع الحاسوب دون اللجوء إلى المتخصصين في المعلومات، للحصول على المعلومات التي يحتاجها عند اتخاذ قرار معين.[18] هذا وتوجد أنواع عدة من نظم دعم القرار التي تسهم في عملية اتخاذ القرارات بدرجات متفاوتة.

4- النظم الخبيرة والذكاء الاصطناعي (ES & AI):

وتعتبر هذه النظم أحدث تطوّر في نظم المعلومات، وأكثرها تقدماً؛ وهي مبنية على أساس المعرفة (Knowledge-based). وقد ظهرت النظم الخبيرة وتطورت نتيجة العمل في مجال الذكاء الاصطناعي (Artificial Intelligence)، ويقصد بالذكاء الاصطناعي لدى الحاسوب تشبيهاً بالذكاء الإنساني، حيث أن الحاسوب يتصرف كما

لو كان يفكر في المشكلة أو الموضوع.[19] والنظم الخبيرة هي أنظمة معلومات حاسوبية يقوم الخبراء في مجال معيّن بتغذية الحاسوب بها، وتخزيها فيه بشكل مبسط، بحيث يمكن استخدامها من قبل غير ذوي الخبرة للحصول على النصائح التي يحتاجها لحل مشكلة في مجال معيّن.[20]

وهنالك عدّة أنواع من النظم الخبيرة تتفاوت في مدى ما تقدّمه من نصائح لمستخدمها.

5- نظم دعم الإدارة العليا Executive Support System (ESS):

وهي من أحدث نظم المعلومات، ومعدّة لمساندة الإدارة العليا في المنظمات. وتعتمد على توافر حاسوب لكل مدير (من الإدارة العليا)، وترتبط الحواسيب الشخصية ببعضها البض شبكياً. ويشتمل الحاسوب الشخصي على معلومات خاصة بالمستفيد، بالإضافة إلى إمكانية وصوله إلى المعلومات الموجودة في الحاسوب الرئيسي الذي يقوم بتلخيص هذه المعلومات وعرضها بطرق محدّدة مسبقاً (تقارير ملخصة عن الأنشطة، بيانات إحصائية، أشكال بيانية وغيرها).[21] ويساعد نظام دعم الإدارة العليا مستخدم النظام في متابعة أعمال المنظمة بسهولة، وهذا يتيح للإدارة العليا تفويض مزيد من السلطة للمستويات الإدارية الأدنى وبذلك يؤدي إلى مزيد من اللامركزية والمرونة.

6- نظم أتمتة المكاتب Office Automation System (OAS):

ويعني هذا النظام استخدام الآلات والأجهزة في أداء مهام وأعمال المكاتب الإدارية والتي كانت تؤدى عادة بوساطة الإنسان. والهدف من ذلك إنجاز العمل بسرعة وإتقان أكبر، وتحسين فعالية الاتصالات والمعلومات داخل المكتب، وبين المكتب والبيئة التنظيمية الداخلية، وبين المكتب والبيئة الخارجية، أيضاً. ويشمل برامج معالجة الكلمات، والبريد الإلكتروني، والبريد الصوتي، وشبكات الحاسب الآلي، والفاكسميلي والاجتماعات التليفونية... وغيرها.

يتضح من العرض الموجز لنظم المعلومات المختلفة أن لكل نظام مفاهيمه وتطبيقاته، وأن هذه النظم على الرغم من تباين أدواتها ومكوناتها، تتشابه وتتداخل في

وظائفها وأهدافها، وكل منها يسهم في دعـم عمليـات الإدارة وأنشـطتها، ولا سـيما عمليات اتخاذ القرار، ولو بدرجات متفاوتة، وهذه النظم هي أيضاً صـور وأشـكال لـنظم المعلومات الإدارية لأنها تسهم بتزويد الإدارة بمختلف مستوياتها بالمعلومات الضرورية في الوقت والمكان المناسبين. وتمثل نظم المعلومات الإدارية مظلّـة لهـذه الـنظم التـي تـرتبط بعلاقات تفاعل وتكامل فيما بينها.(22)

إنشاء نظام للمعلومات Developing Information Systems:

ينبغي أن ينظر إلى نظم المعلومات باعتبارها وسيلة وليست غاية. فهي أداة لمساعدة المنظمة في إنجاز أعمالها واتخاذ القرارات التنظيمية المختلفة. وتتحدد كفاءة وفعالية هذه الوسيلة قياساً إلى مدى ما تحققه من فوائد للمنظمة وليس استناداً إلى مدى تطور وتقدم التقنيـة المستخدمة. ومن ناحية أخرى، فإن نظام المعلومات الجيد يمكن أن يوفر ميّزة تنافسية هامة للمنظمة. كل ذلك يستدعي إجراء دراسة متعمّقة ومتأنية قبل اعتماد نظام للمعلومات وإدخال التقنيات المطلوبة، والتأكد من قناعة المنظمة بأهمية نظام المعلومات لها وعلملياته، والتحقق من أن فوائد ومردود النظام تتوازن مع تكاليفه.

ومما يساعد على إنشاء نظام معلومات جيّد وفعّال اتباع الخطوات الآتية:

1- تحديد الاحتياجات المعلوماتية:

وتتضمن هذه الخطوة التحديـد الـدقيق للمعلومـات، كـماً ونوعـاً، التـي تحتاجهـا إدارة المنظمة ويستخدمها الأفراد العاملون فيهـا في إنجـاز أعمالهـم. وتختلـف احتياجـات المـديرين إلى المعلومـات بـاختلاف مسـتوياتهم الإداريـة، وطبيعـة أعمالهـم. ولـذا ينبغـي تحديد احتياجات كل فرد أو وحدة للمعلومات، مـن حيـث النوعيـة والكميـة والتوقيـت والملائمة، وعلى المستويات الثلاثـة: الاسـتراتيجي والتكتـيكي والعمليـاتي/ التشـغيلي، وسـواءً تتعلق بالبيئة الداخلية للمنظمة أو البيئة الخارجية.

2- تحديد القيود/ المعوقات التنظيمية:

بعد إتمام تحديد احتياجات المنظمة للمعلومات، يبدأ المعنيون ببناء نظام المعلومات بتشخيص المعوقات التنظيمية في النظام الحالي. ويمكن تصنيف هذه المعوقات إلى نوعين: داخلية (مثل تكلفة النظام، نوعية العاملين، درجة دعم الإدارة العليا)، وخارجية (مثل الأنظمة السائدة، وشروط ومتطلبات المجهز، والتطور التقني، ومتطلبات العملاء). أي بمعنى أن معوقات بناء نظام المعلومات يمكن أن يكون مصدرها البيئة الخارجية أو البيئة الداخلية للمنظمة.

3- وضع الأهداف:

بعد تشخيص المعوقات المتوقعة، تأتي مرحلة تحديد الأهداف المرجوّة من النظام، ويتم ذلك في ضوء ما المطلوب من هذا النظام ومن يستفيد منه (يستخدمه) ويشغله وطريقة تشغيله.

4- تصميم النظام Design:

تشتمل عملية تصميم نظام معلومات على المراحل المنطقية الآتية، والتي يوضحها الشكل رقم (7-1).

شكل (*7-1*)

مراحل تصميم نظام المعلومات

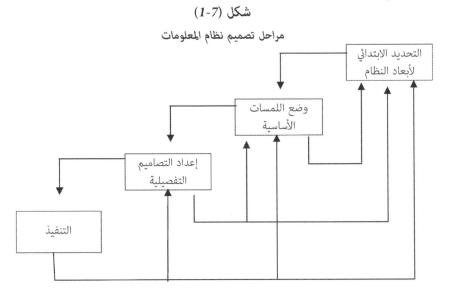

المصدر: جواد، إدارة الأعمال، ص.416.

1- التحديد الابتدائي لأبعاد النظام: يقوم فريق عمل من المستفيدين من النظام لتثبيت الحاجة له وتشخيص المعوقات التي يمكن أن يواجهها النظام.

2- وضع التصاميم الأساسية للنظام: حيث يقوم الخبراء بوضع التصاميم، ويشارك فيها المستفيدون من النظام، وذلك اعتماداً على نتائج المرحلة السابقة. ويجري في هذه المرحلة فحص وتقييم التصاميم البديلة التي تمخضت عن المرحلة السابقة، استناداً لحاجات وأهداف المنظمة. ومن معايير التقييم المعتمدة معيار تكلفة نظام المعلومات ومردوده.

3- إعداد التصاميم التفصيلية: وفي هذه المرحلة يتم وضع المواصفات والترتيبات التفصيلية للنظام، بما في ذلك اختيار الأجهزة والمعدات والبرمجيات. وهنا يبرز دور خبراء نظم المعلومات من خلال:

- رسم خرائط تدفق المعلومات.
- تحديد قواعد المعلومات.
- اختيار أحد نظم المعلومات.

والهدف من ذلك كله التوصل إلى نظام يفي بمتطلبات المنظمة ويلبي حاجاتها. وهذا يستدعي من الخبراء استشارة مستخدمي النظام والاستئناس بآرائهم في أعمال إعداد التصاميم.

5- اختبار وتنفيذ التصاميم:

يتم في هذه المرحلة تركيب وحدات النظام واختبارها كما يقوم مستخدمو النظام بتشغيله والتدريب عليه خطوة بعد خطوة، للتأكد من توافق جميع مكونات النظام مع ما هو مرسوم لها. وبعد الانتهاء من أعمال الاختبار، يجرى ربطه مع أنظمة المنظمة ليأخذ شكله وموقعه السليمين في النظام الكلي لها.

ينبغي أن لا ينظر إلى مراحل التصميم السابقة باعتبارها منفصلة عن بعضها البعض، بل هي متداخلة، وأن كلاً منها يغذّي المراحل المختلفة بالمعلومات الراجعة والتي تحمل معها ردود الفعل المختلفة من ملاحظات واقتراحات تجاه كل مرحلة من هذه المراحل.

6- المتابعة (Follow-up):

وتشمل متابعة تنفيذ النظام وتقويم فوائده ومردوده والكشف عن أي صعوبات أو مشكلات تواجه التطبيق، وتبسيط نظام تدفق المعلومات وإجراءات توجيهها والتأكد من أن المعلومات قد استخدمت كما كان مرسوماً لها. وتحديد ما إذا كانت هناك معلومات تحتاجها جهة معينة ولم تتم تلبيتها، وما إذا كانت تلبية هذه الحاجات مجدية مقارنة بالتكاليف، وضمان مواكبته لأي متطلبات جديدة، وتطورات جديدة في تقنيات المعلومات.

فعالية نظام المعلومات:

هنالك سبعة متغيرات تحدّد فعالية بناء وتصميم وتنفيذ نظام المعلومات، وهي:

1- **جدية مستخدم النظام**، ويشير إلى مدى إسهام ومشاركة مستخدم النظام في أعمال التصميم والاختبار وبناء النظام.

2- **مساندة الإدارة العليا للنظام واهتمامها به.**

3- **آثار التكلفة والوقت:** من الضروري الاهتمام الشامل بدراسة تكلفة النظام والوقت الذي يستغرقه الحصول على المعلومات.

4- **التنفيذ التتابعي:** أي تنفيذ النظام والتقنية الجديدة خطوة خطوة، وعدم إدخالها مرة واحدة، ومن الضروري وضع برنامج لتنفيذ النظام.

5- **التأكد من صلاحية النظام**، من خلال فحص واختبار جميع مكونات النظام وأجزائه والنظام ككل.

6- **التدريب والتوثيق:** وضع برنامج تدريبي لجميع العاملين الذين يستخدمون النظام ويشغلونه، بالإضافة إلى تدريبهم على توثيق وبرمجة الإجراءات التشغيلية له.

7- **نظام آخر مساند:** يجب توافر نظام آخر مساند لضمان سير عمل المنظمة في حال نشوء مشكلات غير متوقعة في النظام الجديد.

تأثير تقنية المعلومات على المنظمات:

من الصعب تجاهل آثار ونتائج تقنيات المعلومات الحديثة، والتطور المتزايد في الحواسيب والأنظمة والبرمجيات وبنوك المعلومات وشبكات الاتصال والأقمار الصناعية والنظم الخبيرة والذكاء الاصطناعي وغيرها. ويعتقد توفلر (Toffler) أن حضارة اليوم والمستقبل سوف تستند إلى المعلومات... وسيجري التحول بسرعة نحو مجتمع أساسه قاعدة معلوماتية ذات إلكترونية مرتفعة، وسيكون الطاقم التنفيذي هو محور المستقبل ومركزه المهنة الجديدة (مدراء المعلومات) وغرف الحاسوب التابعة لهم. [25]

وتبرز بوضوح آثار تقنية المعلومات على المنظمات والعملية الإدارية. ويحظى هذا الموضوع باهتمام متزايد من الكتاب والباحثين، ونستعرض فيما يلي أهم وجهات نظر عدد من الكتاب في هذا الصدد.

يلخص جواد توقعات عدد من الكتاب بشأن تأثير تقنية المعلومات على المنظمات على النحو الآتي:

1- التغيير في أدوار مدراء الوسط، وتباين نمط أعمالهم، وميلهم إلى التخصص في الجوانب الفنية.

2- انخفاض أعداد مدراء الوسط، بسبب ظهور المنظمة المسطحة (Flatter).

3- تتحمل إدارة القمة (الإدارة العليا) مسؤوليات إبداعية تجديدية وتنظيمية إضافية بسبب ارتفاع معدلات التغير والتقادم.

4- توفير معلومات أكبر إلى مدراء القمة لمساعدتهم في السيطرة على القرارات التي يتخذها أتباعهم.

5- اختيار مدراء القمة للامركزية بسبب كبر حجم وتعقد منظماتهم، مع احتمال عودتهم إلى مركزية الأعمال بسبب تقنية المعلومات التي تمكنهم من الرقابة والسيطرة على الأعمال. [26]

ويلخص كاتب آخر أهم اتجاهات تأثير تكنولوجيا المعلومات في النظم الإدارية على النحو التالي:

1- تعتبر تكنولوجيا المعلومات أداة فعالة لتخفيض الحجم (في الموارد والنفقات وإعادة التنظيم).

2- يساعد استخدام تكنولوجيا المعلومات على توسيع مجال رقابة الإدارة العليا مع التوسع في نفس الوقت في توزيع عملية اتخاذ القرارات في الإدارة التنفيذية، وهذا يعني مركزية الرقابة ولا مركزية اتخاذ القرارات.

3- ساعدت على إيجاد قنوات اتصالات جديدة... ومكن ذلك من زيادة سرعة تدفق ومعالجة وتبادل المعلومات وتطوير أساليب إدارية حديثة كالاجتماعات والتفاوض وعقد الصفقات عن بعد.

4- ساعدت على تخليص المديرين من أعباء المهام الروتينية المملة وتكريس مزيد من الوقت والجهد للتخطيط الاستراتيجي ورسم السياسات.

5- ساهمت في زيادة قدرة النظم الإدارية على التكيف والتأقلم السريع مع بيئة العمل الإداري، وذلك من خلال توفير وسائل اقتصادية فعّالة لتخزين واسترجاع ومعالجة المعلومات وتقديمها لمتخذ القرار في الوقت المناسب.

6- وبشكل عام، فإن تكنولوجيا المعلومات تعتبر أكثر انتشاراً وتغلغلاً في المجالات الإدارية بالمقارنة مع المجالات الأخرى. [27]

أما الكاتب زوبوف (Zuboff) فيعتقد بأن التغييرات التي أحدثتها تقنيات المعلومات في المنظمة هي تغييرات جوهرية لا تقل عن التغيرات التي أحدثتها الثورة الصناعية، ومن هذه الآثار:

1- إن الأجهزة عالية الأتمتة التي تستطيع الحصول على المعلومات وتخزينها وتحليلها وإرسالها عبر المنظمة ستجعل من السهل على الجميع الحصول على هذه المعلومات من خلال الحاسوب الشخصي.

2- ومن نتائج تقنيات المعلومات الجديدة أن هيكلية المنظمة وعملياتها تغيّرت وستستمر في التغيير جذرياً.

3- إن علاقات السلطة والقوة المبنية على الهيراركية (السلم الهرمي) سوف تنهار إذا ما استمرت اتجاهات معينة. فالحاسوب يقلل من أهمية أشكال السلطة التقليدية وتكسر الحواجز بين فئات الوظائف والمهن. ويحل محل السلطة التقليدية عضوية الفرد في الشبكة (Network) وتصبح هذه العضوية أكثر أهمية بالنسبة للفرد من إشغاله مركزاً معيناً في السلم الهرمي... ويصبح أساس القوة المعرفة.

4- وحيث أن تقنية المعلومات سوف تزيد من سرعة وكمية المعلومات المنقولة، لذا ستوفر مزيداً من الرقابة والتنسيق في المستويات الأدنى وعبر المنظمة. وفي نفس الوقت، سيؤدي إلى مزيد من اللامركزية والمرونة.(28)

أما الكاتب مسلم، فيعتقد أن تقنية المعلومات سيكون لها تأثيرها على الهيكل التنظيمي، ويلخص هذه الآثار على النحو الآتي:

أصبح الهيكل التنظيمي أكثر انبساطاً (Flatterer) وقل بذلك عدد المستويات الإدارية، كما زادت قدرة المنظمة على التحكم في درجة مركزية صنع القرارات. فوفقاً لرغبة الإدارة العليا يمكن تحديد المستويات الإدارية التي يتاح لها فرصة الوصول إلى المعلومات والمشاركة في صنع القرارات.. كما أدى استخدام نظم المعلومات أيضاً إلى تحسين ملموس في أساليب التنسيق بين الوحدات الإدارية بغض النظر عن درجة انتشارها الجغرافي.(29)

أسئلة للنقاش والمراجعة

س1- ناقش أهمية المعلومات وفائدتها للمنظمة؟

س2- ما هي الخصائص الرئيسة للمعلومات التي تحدد قيمتها للمنظمة؟ اشرح باختصار.

س3- ما المقصود بنظام المعلومات؟ اشرح باختصار.

س4- ناقش أهمية إدارة المعلومات للمنظمة؟

س5- ما هي خصائص نظام إدارة المعلومات الفعّال؟ اشرح.

س6- اشرح باختصار: نظم المعلومات الإدارية، نظم دعم القرارات، نظم دعم الإدارة العليا، نظم الخبرة والذكاء الاصطناعي؟

س7- اشرح باختصار خطوات إنشاء نظام للمعلومات؟

س8- ما هي العوامل التي تحدد فعالية بناء وتصميم وتنفيذ نظام للمعلومات؟

س9- ناقش أهم الآثار على المنظمة التي تنشأ عن استخدام تقنيات المعلومات الحديثة؟

س10- ناقش أهم آثار التقنية على الهيكل التنظيمي؟

الهوامش

1- Gareth Morgan in Richard Hall (1991), Organizations: Structures, Processes, and Outcomes, 5th ed. (Englewood Cliffs, NJ: Prentice-Hall Inc.), p. 163.

2- James A. Stooner and R. Edward Freeman (1992), Management, 5th ed. (Englewood Cliffs, NJ: Prentice-Hall Inc.), pp. 321-322; Harold Wilensky in Hall, Organizations, pp. 164-167; W. Richard Scott, Organizations, 3rd ed., (Englewood Cliffs, NJ: Prentice-Hall Inc.), pp. 226-238.

3- Stooner and Freeman, Management, p. 322.

4- B. J. Hodge and William P. Anthony (1991), Organization Theory, 4th ed. (Boston, Mass: Allyn and Bacon), pp. 145-152.

5- Ibid., p. 153.

6- شوقي ناجي جواد (2000)، إدارة الأعمال: منظور كلي، (عمان: دار ومكتبة الحامد للنشر والتوزيع، ص410.

7- Hodge and Anthony, Organization Theory, pp. 153-158.

8- Ibid., p. 158.

9- Ibid.

10- Peter Wright and Others (1994), Strategic Management, 2rd ed. (Boston, Mass: Allyn and Bacon), p. 169.

11- Ibid.

12- Jay Galbraith in Scott, Organizations, pp. 231-240.

13- Hodge and Anthony, Organization Theory, p. 160.

14- علي حسين علي وآخرون (1999)، الإدارة الحديثة لمنظمات الأعمال، (عمان: دار ومكتبة الحامد للنشر والتوزيع)، ص ص387-394.

15- علي عبد الهادي مسلم (1997)، مذكرات في تحليل وتصميم المنظمات، (الإسكندرية: جامعة الإسكندرية، كلية التجارة، مركزية التنمية الإدارية، ص ص97-98.

16- Hodge and Anthony, Organization Theory, p. 161.

17- Ibid.

18- علي وآخرون، الإدارة الحديثة لمنظمات الأعمال، ص407؛ مسلم، مذكرات، ص99.

19- مسلم، مذكرات في تحليل وتصميم المنظمات، ص100.

20- علي وآخرون، الإدارة الحديثة، ص.407

21- مسلم، مرجع سابق، ص.101

22- Hodge and Anthony, Organization Theory, p. 167.

22- علي وآخرون، الإدارة الحديثة، ص.416

23- جواد، إدارة الأعمال: منظور كلي، ص ص410-.415

24- المرجع السابق، ص ص415-.417

25- توفلر الفن، حضارة الموجة الثالثة، ترجمة عصام الشيخ قاسم (1990)، (طرابلس: الدار الجماهيرية للنشر والتوزيع)، ص ص389-.392

26- جواد، إدارة الأعمال: منظور كلي، ص.404

27- محمد نور برهان في أميمة الدهان (1992)، نظريات منظمات الأعمال، (عمان: مطبعة الصفدي)، ص130-.131

28- Shoshanna Zuboff in Hodge and Anthony, Organization Theory, pp. 166-167.

29- مسلم، مذكرات في تحليل وتصميم المنظمات، ص ص101-102.

الفصل التاسع

القوة، السياسة،

والصراع التنظيمي

Power, Politics, and
Organizational Conflict

الأهداف:

بعد إتمامك دراسة هذا الفصل، ستكون قادراً على:

1- التمييز بين مفهوم القوة، ومفهوم السياسة والعلاقة بينهما.

2- تحديد مسببات السلوك السياسي وفنونه وأساليب تقليص السلوك السياسي السلبي.

3- توضيح مفهوم الصراع التنظيمي وتحديد مسبباته مراحله.

4- شرح آثار ونتائج الصراع التنظيمي الإيجابية والسلبية، والعلاقة بين شدة الصراع ومستوى الأداء.

5- شرح كيفية إدارة الصراع ووسائل استثارة الصراع وتسوية الصراعات الحادة.

الفصل التاسع

القوة، السياسة، والصراع التنظيمي

Power, Politics, and Organizational Conflict

ينظر إلى المنظمة باعتبارها تكتلات/ تحالفات من جماعات وأفراد، من مستويات تنظيمية، ووحدات ومهن مختلفة، وأعراق وديانات مختلفة، ولديهم قيم وأفضليات واعتقادات ومدركات وأهداف ومصالح مختلفة. ونظراً لندرة الموارد المتاحة في المنظمة يصبح النزاع أمراً محتوماً، وتصبح القوة أمراً حيوياً وحاسماً في هذا النزاع، ويحاول كل طرف استخدام قوته ونفوذه، بل واللجوء للسلوك السياسي والمناورات، والتحالف مع الغير، والتفاوض والمساومة لتحقيق مصالحه. وبهذه الطريقة يتم في الغالب تحديد أهداف المنظمة واستراتيجيتها وهيكلها التنظيمي وغيرها من القرارات الرئيسة في المنظمة.

يناقش هذا الفصل مفهوم القوة والسلطة والسياسة، ومصادر القوة، ومفهوم السلوك السياسي وأسبابه وكيفية إدارته، والنزاع التنظيمي؛ أسبابه، مراحله وكيفية إدارته.

توضيح مفهوم القوة Power:

تعرّف القوة بأنها "القدرة (الممكنة أو الفعلية) لفرض إرادة الفرد على غيره، إنها قدرة شخص على التأثير في سلوك شخص آخر".[1] ويعرّفها كاتب آخر بأنها "القدرة على التأثير على سلوك الآخرين ومقاومة التأثير غير المرغوب في المقابل".[2]

أما Gibson وزملاؤه فينظرون إلى القوة على أنها "المقدرة على جعل الآخرين يقومون بما يرغب شخص آخر أن يقوموا به".[3] ومن أبسط وجهات النظر وأكثرها قبولاً هو التعريف المقدم من ريشارد إيمرسون (Richard Emerson) حيث يرى أن "القوة للسيطرة أو التأثير على شخص آخر تكمن في السيطرة على الأشياء التي يعتبرها الشخص الآخر ذات قيمة له.. وباختصار فالقوة ضمنياً تكمن في اعتمادية الطرف الآخر... فالقوة ينظر إليها باعتبارها علاقة بين طرفين أحدهما يحاول التأثير

على الآخر في موقـف معـين". [4] وأخـيراً فقد عـرف الكاتـب (Steers) القـوة بأنهـا "علاقة تبادلية بين طرفين (شخصين أو جماعتين) حيث أن أحدهما لديه القدرة على جعل الآخر يقوم بعمل/ إجراء ما لا يتم بخلاف ذلك... أي أن القوة تتضمن قيام شخص بتغيير سلوك شخص آخر. [5]

أمـا السـلطة (Authority) فهـي "الحـق المشرـوع أو القـانوني في توجيـه أداء المرؤوسين والتأثيـر عليهم... الحـق في القيام بتصرف معين، أو توجيـه سـلوك الآخـرين بقصـد تحقيـق أهـداف المنظمـة.. الحـق المشروع في اتخـاذ القـرارات وإصـدار الأوامـر والتعليمات والتوجيهات للمرؤوسين للقيـام بواجبـاتهم". [6] وهكـذا فالسـلطة تسـتند إلى الوظيفة التي يشغلها الفرد، وإلى السياسـات والأنظمـة والتعلـيمات السـائدة في المنظمـة، وتمثل السلطة جانباً فقط من القوة -القوة المشروعة- وهي أقل نطاقاً من القـوة. فـالفرد قد يمتلك القدرة على التأثير على الآخرين دون أن يمتلك السلطة.

مصادر القوة **Sources of Power:**

لا يـزال تصنيـف مصـادر القـوة الـذي اقترحـه الكاتبـان فـرنش ورافـن (French وRaven) منذ سنوات عديدة، يحظـى بقبـول واسـع بـين أوسـاط الكتـاب المعنيـين بهـذا الموضوع. وقد صنّفا مصادر وأنواع القوّة على النحو الآتي: [7]

1- القوة المشروعة (Legitimate Power): وهـي تسـمية أخـرى للسـلطة التـي ناقشناها من قبل؛ وتستند إلى مقدرة الفرد على التأثير عـلى الغير اعـتماداً عـلى السـلطة الرسمية لوظيفته.

2- قوّة الإثابـة/ المكافـأة (Reward Power): مقـدرة الفـرد عـلى مكافـأة سـلوك الآخرين، أو السيطرة على كيفية توزيع عوائد أو نتائج مرغوبة من قبل الآخرين.

3- قوة الإرغام/ الإكـراه (Coercive Power): وهـي عكـس قوة الإثابـة؛ المقـدرة على معاقبة شخص لعدم امتثاله، أو السيطرة على كيفيّة توزيـع نتـائج غـير مرغوبـة مـن قبل الآخرين.

4- القوة المرجعية/ الاقتداء (Referent Power): المقدرة على التـأثير عـلى الغـير بسبب تمثّلهم (Identification) بالشخص، وإعجابهم به، والاقتداء به.

5- **قـوة الخـبرة (Expert Power)**: المقـدرة عـلى التـأثير عـلى الآخـرين اسـتناداً للمعرفة والخبرة المتخصّصة لدى الفرد.

6- **قوّة الهالة/ السحرية (Charismatic Power)**: المقدرة على التأثير على الغير بسبب امتلاك الشخص صفات معينة تعمل على جذب الآخرين وسحرهم.

بالإضافة إلى مصادر القوة السابق ذكرهـا، فإن هنالك مصـادر أخرى هيكلية (Structural) في المنظمة نتيجة لتقسيم العمل والتخصص ونظم الإنتاج الفنية، والسياسات والأنظمة، وتدفق المعلومات وغيرها.[8] ومن أهم هذه المصادر:

1- تخفيض درجة عدم التأكد (Uncertainty Reduction):

ومن أهم الطرق والوسائل لتقليص درجة عدم التأكد بالنسبة للمنظمة ما يلي:[9]

- **السيطرة على الموارد (Resource Control)**، أي تأمين الموارد والحفاظ عليها والتي يصعب الحصول عليها بخلاف ذلك. فمثلاً تستطيع دائرة شؤون العاملين في المنظمة تخفيض مصدر هام من مصادر عدم التأكد إذا كانت المنظمة تواجه صعوبات في جذب الكفاءات، إذا ما استطاعت (دائرة شؤون العاملين) جذب القوى البشرية اللازمة والمحافظة عليها. وكذلك الأمر بالنسبة لدائرة المشتريات التي تستطيع التفاوض للحصول على خصومات كبيرة على المواد الخام، فهي تستطيع تقليص عدم التأكد بالنسبة لإمكانية استمرار سير الإنتاج في المنظمة.

ولكن السيطرة على الموارد لا يشكل مصدر قوة ونفوذ ما لم تكن هذه الموارد:

1- محدودة ونادرة.

2- لا يتوافر لها بديل (Non substitutable).

3- مهمة بالنسبة للمنظمة.[10]

- **أمـا المصرـ الثـاني فهـو المعلومـات (Information)**: إذ أن تـوفير المعلومـات والوصول إليها فيما يتعلق بالمتغيرات والجوانب الحسّاسة لعمل المنظمـة، يشـكل مصـدر قوة ونفوذ، ولا سيما إذا كانت هذه المعلومات هامة ونادرة، وتستخدم لأغـراض التنبـؤ أو تجنب أي تهديدات ومخاطر لأعمال المنظمة. ومـن بـين الأنشـطة في هـذا المجـال: دائـرة الأبحاث، والتسويق. حيث تستطيعان تقليص عدم التأكد من خلال تـوفير معلومـات عـن أفضليات ورغبات العملاء.

- المصدر الثالث فهو المعرفة والمهارات المتخصصة النادرة التي تعتبر هامة للمنظمة، ولا يتوافر بديل لها.

- أما المصدر الرابع فهو السيطرة على عملية اتخاذ القرارات فيما يتعلق بتحديد أي الموارد ستكون عوامل حاسمة في عمل المنظمة. هنالك بعض الجماعات/ الأفراد يملكون نفوذاً على غيرهم، وقادرون على تحديد قواعد اللعبة ويقرّرون مثلاً ما نوع المواد، ونوع القوى العاملة، ونوع الإجراءات وغيرها التي تحتاجها المنظمة.

2- مركزية الموقع (Network Centrality):

إن مقدرة الفرد/ الجماعة على الحصول على القوة والنفوذ يتأثر أيضاً بمركزيتها. فاحتلال موقع مركزي/ حيوي في المنظمة يمنح صاحبه قوة ونفوذاً. إذ أن هذا الموقع يسمح لصاحبه بتحقيق التنسيق والتكامل بين الجهات المختلفة أو تقليص اعتمادية المنظمة. ويتوقف ذلك على استراتيجية المنظمة وطبيعة المشكلات التي تواجهها في وقت معين. فالوظائف/ الأنشطة المختلفة في أي منظمة تتفاوت في أهميتها بتفاوت استراتيجية المنظمة والمشكلات التي تواجهها. فالمنظمة التي تركّز على الأسواق والمنتفعين سيكون للجهاز التسويقي فيها قوة أكبر من الأجهزة الأخرى.[11]

التحالف المهيمن Dominant Coalition:

يتضح من مناقشة مصادر القوة في المنظمات أن هنالك أفراداً وجماعات تتمتع بقوة ونفوذ أكبر من غيرها. وجدير بالذكر أن هذه الأطراف غالباً ما تتحالف لضمان مصالحها، ويبرز في المنظمة تحالف يسيطر على مجريات الأمور، وهذا التحالف يتكون من الأفراد والجماعات التي تمتلك السيطرة على الموارد والمعلومات الحيوية الحسّاسة للمنظمة، وتمتلك الخبرة والمعرفة المتخصصة النادرة والتي تعتبر حيوية لاستمرار المنظمة.

ويعتقد كثير من الكتاب أن التحالف المهيمن في أي منظمة يلعب دوراً هاماً في تحديد نوع الهيكل التنظيمي للمنظمة، وذلك من خلال اختيار استراتيجية وأهداف المنظمة، ونوع البيئة وطرق التعامل معها، ونوع التقنية، ومدى التوسع والنمو في

أنشطة المنظمة.[12] ولكي يتمكن هذا التحالف المهيمن من إحكام سيطرته على ما يجري في المنظمة، وضمان الحفاظ على مصالحه، فهو يميل غالباً إلى اختيار هيكل تنظيمي أقل تعقيداً، وأكثر رسمية ومركزية.[13]

وتجدر الإشارة هنا إلى أن التحالف المهيمن في المنظمة قد يضمّ أفراداً وجماعات من مختلف الوحدات والأنشطة ومن مستويات مختلفة أيضاً. كما أن أعضاء هذا التحالف ليسوا ثابتين بل قد يتغيّرون تبعاً لقوّة ونفوذ الأعضاء، فقد يخرج من التحالف أعضاء وينضم إليه أعضاءً آخرين.

السياسة Politics:

السياسة ترتبط كثيراً بالقوة ولا تقل أهمية عنها في المنظمات. ولذا لا بد من إلقاء الضوء على العملية السياسية. تعرف السياسة ببساطة على أنها "من يحصل على ماذا ومتى وكيف".[14] وفي تعريف آخر فالسياسة هي "الأنشطة التي يحصل الأفراد/ الجماعات من خلالها على القوة ويستخدمونها لتحقيق مصالحهم... السياسة هي القوة الممارسة التي تستخدم فعلياً... ويمكن التمييز بين السياسة والاستخدامات الأخرى للقوة بالتركيز على المصلحة الذاتية.[15]

وقد عرّف الكاتب روبنز (Robbins، 1991) السياسة بأنها "جهود أفراد المنظمة لاستقطاب الدعم لصالح أمر ضد السياسات والأهداف والأنظمة أو القرارات الأخرى التي يمكن أن يكون لها تأثير عليهم... فالسياسة إذاً هي أساساً ممارسة القوة".[16] ومن بين التعريفات الأكثر قبولاً هو "أن السياسة تتضمن الأنشطة التي يتم ممارستها في المنظمة للحصول على القوة وتطويرها واستخدامها لتحقيق رغبات مفضلة (لدى الفرد/ الجماعة) في موقف يتّصف بعدم التأكد أو الاختلاف بشأن الخيارات".[17]

نستخلص من هذه التعريفات وغيرها ما يلي:

1- تمثّل القوة مخزناً/ مستودعاً لإمكانات التأثير والنفوذ في المنظمة، أما السياسة فهي الممارسة الفعلية للقوة.

2- السياسة هي نشاط يتم ممارسته بغرض التغلب على معارضة أو مقاومة ما.
3- السياسة هي نشاط يتم ممارسته في الغالب لتحقيق مصالح ذاتية للفرد أو الجماعة.
4- السياسة، مثل القوة، ليست بالضرورة سيئة في جميع الحالات، فقد تؤدي في بعض الحالات إلى نتائج إيجابية.
5- لا يمكن تجنب السياسة في المنظمات، فالسياسة والعقلانية تعملان في المنظمات جنباً إلى جنب.
6- السياسة تتم ممارستها في الغالب من خلال العلاقات غير الرسمية.

مسبّبات السلوك السياسي في المنظمات:

يمكن تصنيف العوامل التي تساعد وتشجع على ممارسة اللعبة السياسية والسلوك السياسي في المنظمات إلى: عوامل شخصية وعوامل تنظيمية.

أما أهم **العوامل التنظيمية** فهي:

- عدم التأكد الناشئ عن الغموض والتغير والبيئة المضطربة وتدني الرسمية (غموض الأهداف والأدوار وغيرها).
- الموارد المحدودة في المنظمة.
- حجم المنظمة الكبير، وزيادة تعقّدها، وتزايد المنافسة بين الأفراد والجماعات تشجع على السلوك السياسي.
- دورة حياة المنظمة؛ ففي مرحلة الانحدار تتزايد اللعبة السياسية.
- المستوى التنظيمي، فالسلوك السياسي ينتشر في المستويات العليا والوسطى لتمتعها بقوة أكبر.
- القرارات الهامة، والقرارات غير المبرمجة تشجع على السلوك السياسي أكثر من القرارات غير الهامة، والقرارات الروتينية.[18]

أما بالنسبة **للعوامل الشخصية** التي تساعد على السلوك السياسي فمن أهمها:

- الشخصية التي لديها حاجة كبيرة للقوة.
- الشخصية الميكيافيلليه والتي تسعى للتأثير على الآخرين وبواسطة المراوغة والانتهازية، والتي تطبق مبدأ "الغاية تبرّر الوسيلة".[19]

كما يتطلب السلوك السياسي عناصر معينة هي: القدرات الشخصية مثل القدرة على الاتصال وفهم الآخرين، وكذلك بذل الطاقة اللازمة لممارسة التأثير والسيطرة على المعلومات، وشبكة العلاقات والارتباطات مع الآخرين.[20]

الأساليب والفنون السياسية   Political Tactics:

إذا ما توافرت الظروف المواتية التي تشجع السلوك السياسي، فقد يلجأ الأفراد/ الجماعات إلى أساليب مختلفة للسعي لمزيد من القوّة والنفوذ ومحاولة استخدامها لتحقيق مصالح ذاتية. ومن أهم هذه الأساليب:[21]

1- **تشكيل التحالفات بين الأفراد والجماعات** لتحقيق مزيد من القوة السياسية بما يضمن تحقيق المصالح المشتركة لهؤلاء الأفراد والجماعات.

2- **الاستمالة (Cooptation)**: تحويل الأعداء السابقين إلى حلفاء بإشراكهم في عمليات التخطيط واتخاذ القرارات وإعطاء المشورة والنصح.

3- **المديح/ الثناء (Ingratiating)**: استخدام الثناء والتقدير من أجل الحصول على موافقة الآخرين أو قيامهم بعمل معيّن يخدم الفرد.

4- **إيجاد صورة ذهنية إيجابية (Impression Management)**: تصرّف الفرد بطريقة تساعد على بناء صورة ذهنية إيجابية عنه لدى الجمهور.

5- **الحصول على قوة هيكلية (Structural Power)**: وذلك من خلال السيطرة على الموارد الحساسة، وكذلك الأنشطة الحيوية في المنظمة.

معالجة السياسة الهدّامة/ السلبية   Managing Destructive Politics:

من الممكـن أن يخفـق الأفـراد/ الجماعات في محـاولاتهم الحصـول علـى مزيـد مـن القوّة أمام الآخرين، وبالتـالي عـدم النجـاح في تحقيـق مصـالحهم. فيلجأ هـؤلاء الأفـراد/ الجماعات إلى السلوك السياسي السلبي المتمثل في إلقاء اللّوم على الآخرين والبحـث عـن "كبش فداء" والتقليل من دور الآخرين وإنجازاتهم وتوجيه النقد إليهم وغير ذلك، ممـا يولّد الشك في مصداقية هؤلاء ومشروعيتهم وقدرتهم على الإثابـة والعقـاب، وجاذبيتهم. وهذا من شأنـه أن يؤدّي إلى تدهور معنويات العـاملين، والصـراع بـين الأطـراف المتنافسـة وبذلك توجّه الجهود إلى تخطيط الهجمات والهجمات المضادة بـدل أن توجّه إلى أنشطة منتجة. ولذا يصبح من الضروري ضبط السلوك السياسي وإدارته بفعالية.

ومن الوسائل المقترحة لتقليص السلوك السلبي في المنظمة ما يلي: [22]

1- تقليص درجة عدم التأكد في المنظمة.

2- تقليص درجة المنافسة، ولا سيما فيما يتعلق بالموارد.

3- حل أي تحالفات (تكتّلات) سياسية (الشلل السياسية).

4- منع تطوّر أي تحالفات/ تكتلات سياسية.

5- أن يكون كل مدير/ رئيس مثالاً لمرؤوسيه في عـدم المراوغـة والمنـاورة والتحايـل وغيرها من أنماط السلوك السياسي السلبي.

6- الاتصالات المفتوحـة الصـريحة التـي تتيـح للجميـع الاطـلاع علـى مـا يجـري في المنظمة.

7- مواجهة من يقومون باللعبة السياسية، واتخاذ الإجراءات اللازمة بحقهم.

8- توقّع ظهـور السـلوك السياسـي السلبي ورصد أي عوامـل أو ظـروف تشـجع وتساعد على اللعبـة السياسية، لأن من شأن ذلك أن يوجّه الإدارة للتدخّل قبـل تصاعد اللعبة السياسية الهدّامة.

النزاع (الصراع) التنظيمي   **Organizational Conflict:**

لا تستطيع أي منظمة أن تعمل بنجاح وأن تحقق أهدافها بكفاءة وفعاليـة بـدون التفاعل المتواصل بين الأفراد والجماعات المختلفـة عـبر المسـتويات والوحـدات التنظيمية المختلفة. فالأفراد والجماعات المختلفة تعتمد كل منها علـى الأخـرى لأغـراض شـتى، مثـل تبادل المعلومات، والتعاون، والتشاور، والتنسيق وغيرها. وهذه الاعتمادية والـترابط يمكن أن يؤدي إلى التعاون أو النزاع والتعارض. فالنزاع بين الأفراد والجماعات في المنظمات أمـر شائع ومألوف مثل شيوع التعاون والتماسك، بل وأكثر.

تعريف النزاع التنظيمي:

حينما يسمع البعض كلمة نـزاع أو صراع يتصـوّر وجـود حالـة عـراك أو فـوضى أو حرب أو اضطراب. نعم تلك حالات نزاع وتعارض متطرفة جداً، وهي قليلة، ولكن تـبرز في العمل يومياً حالات كثيرة من عدم الاتفاق، وسوء الفهم، والجدال، والنقد وغيرهـا، والتي تعتبر صوراً وأشكالاً من النزاع التنظيمي.

هنالك تعريفات عديدة للصراع/ النزاع، وسنكتفي بالإشارة إلى بعضها بغرض توضيح ماهية الصراع في المنظمات. فالصراع "هو ذلـك السـؤال الـذي يوجهـه الأفراد في المنظمة نحو معارضة أفراد آخرين". ⁽²³⁾ وعرّفه كاتب آخر "هي العمليـة الـتي تبـدأ حينما يدرك طرف ما بان طرفاً آخر قد تسبّب أو يوشك أن يتسبب في إفشال أحـد شؤونه". ⁽²⁴⁾ ويقترح كاتب آخر تعريفاً أكثر شمولية ووضوحاً فيقول "الصراع يحدث حينما يظهر عـدم اتفاق حول موضوع أو قضية أو حينما تولد الانفعـالات العدائيـة احتكاكـاً بـين الأفراد والجماعات. ففي الحالة الأولى ينشأ الصراع الموضوعي في صـورة عـدم اتفـاق أو اخـتلاف حول الأهداف أو الغايات المراد تحقيقها أو حول وسائل تحقيقهـا وإنجازهـا، وأمـا الصراع الانفعالي فيتضمن صعوبات في التفاعل بين الأفراد تنشأ بسبب مشاعر الغضب وعـدم الثقة والكره والخوف والرفض وما شابهها – ويعرف عادة بصدام الشخصيات. ⁽²⁵⁾

فالصراع التنظيمي يشمل جميع أشكال وأنواع وصور التعارض وعدم الاتفاق والتفاعل العدائي بين الأفراد والجماعات المختلفة، ويتراوح الصراع ما بين ثانوي وهامشي- وصراع جوهري ومدمّر. كما أن الصراع في المنظمات يمكن أن يحدث على مستوى الفرد (داخل الفرد)، وعلى مستوى الجماعة (فيما بين أعضاء الفريق/ الجماعة الواحدة)، وعلى مستوى المنظمة (بين الجماعات المختلفة). وهكذا فالصراع التنظيمي أمر حتميّ لا يمكن تجنّبه.

وليس بالضرورة أن يكون دائماً ضاراً، بل قد يكون مفيداً ومرغوباً في بعض الحالات.

أسباب/ مصادر الصراع (Sources of Conflict):

ينشأ الصراع في المنظمات بين الأفراد والجماعات المختلفة لأسباب ومن مصادر عديدة متنوعة، ومن أهمها: [26]

1- **الاعتمادية بين الوحدات/ الأعمال (Interdependence)**، ولا سيما إذا كانت تلك الاعتمادية باتجاه واحد، أي بمعنى أن وحدة تنظيمية معينة تعتمد كثيراً على وحدة أخرى وليس العكس، فالوحدة الثانية -التي يميل ميزان القوة لصالحها- قد لا يكون لديها حافز أو دافع للتعاون مع الوحدة التابعة. وحيث أن هذا النوع من الاعتمادية هو الشائع في المنظمات، لذا تزداد فرص واحتمالات نشوء الصراع بين الجماعات/ الوحدات.

2- **الاختلاف في الأهداف والقيم والمدركات**: من المصادر المألوفة للصراع بين الوحدات الاختلاف في الأهداف والأولويات والأفضليات، والقيم، وكذلك الاختلاف في إدراكها للمواقف والأحداث.

3- **التمايز/ التقسيم العالي (High Differentiation)**، فكلّما زاد التمايز/ التقسيم بين الوحدات، زادت احتمالات الصراع بسبب الاختلافات الداخلية الجوهرية بينها. فالتمايز العالي يؤدي إلى أهداف متفاوتة، ونظرة مختلفة للوقت، وفلسفة إدارية مختلفة.

4- **الاعتماد على موارد محدودة مشتركة**: تـزداد احتمالات الصراع بين الوحدات حينما تعتمد وحدتان فأكثر على نفس الموارد المحدودة، مثل المخصصات المالية، وخدمات السكرتارية، والطباعة، والمكان، والأدوات...الخ.

5- **عدم تكافؤ السلطة والمسؤولية**: حينما لا تتوافق سلطات وحـدة معينـة مع مسؤولياتها، من المحتمل أن ينشأ احتكاك بين الوحدات.

6- **الرسمية المتدنية (Low Formalization)**: حيـنما تكـون الرسمية متدنية تكون الأدوار والمهام والسلطات والاختصاصات غير واضحة وغير محدّدة، مما يساعد عـلى نشوء الصراع.

7- **الاختلاف في معـايير التقيـيم ونظـم العوائـد**: كـما زاد تأكيـد الإدارة العليـا واهتمامها بالتقييم عـلى أسـاس أداء كـل وحـدة منفـردة، بـدلاً مـن الأداء الموحـد (العـام للمنظمة)، زادت احتمالات الصراع.

8- **اتخاذ القرارات بالمشاركة**: فالمشاركة من قبل الأفراد في عملية اتخاذ القرارات تتيح الفرصة للتعبير عن النزاعات والتعارضات المتواجدة، وتوفر فرصة لظهور الاختلافات.

9- **عـدم تجـانس الأعضـاء**، كلـما زادت الاختلافـات بـين الأشخاص (مـن حيـث الشخصية والقيم والاتجاهات والتعليم والعمر...الخ) كلـما قلّ احـتمال العمـل بتعـاون وسلاسة وقيام علاقات صداقة بين ممثلي الوحدات.

10- **تشويه الاتصالات**: تعتبر صعوبات ومشكلات الاتصالات في المنظمـة مـن المصادر الشائعة للصراع.

ومن بين الأسباب الأخرى للصراع التنظيمي: الإحبـاط، تعـارض الأدوار، غمـوض الأدوار، تداخل الاختصاصات، النزاع على الموارد المحدود والمكانة والسلطة، الصراع بين المستويات الإدارية المختلفة، والصراع بين الأجهزة التنفيذية والأجهزة الاستشارية.

مراحل عملية الصراع (Stages of Conflict Process):

تمر الصراعات في المنظمات في الغالب بعدّة مراحل، ولكن الكتاب لم يتوصلوا إلى اتفاق جامع على ماهية تلك المراحل ومدّة كل منها. ومن بين النماذج الأوسع انتشاراً وقبولاً في هذا المجال، هو النموذج الذي اقترحه الكاتب لويس بوندي (Louis Pondy)، الذي حدّد مراحل عملية الصراع التنظيمي على النحو الآتي:[27]

1- **مرحلة الصراع الخفي (Latent Conflict):** في هذه المرحلة يكون هنالك سبب/ مصدر للصراع ويحتمل أن يتطوّر منه صراع، ولكنّه لم يحدث بعد، وإنما لا يزال مدفوناً.

2- **مرحلة إدراك الصراع (Perceived Conflict):** وهنا يدرك أحد أطراف الصراع أهمية الخلاف بالنسبة لمصالحه، وبذا يؤدي الخلاف إلى صراع.

3- **مرحلة الشعور بالصراع (Felt Conflict):** في هذه المرحلة ينشأ شعور/ انفعال عاطفي لدى أطراف الصراع - شعور شخصي وداخلي بالصراع (مثل القلق والتوتر والغضب) - ويصبح كل منهم طرفاً في الصراع يسعى للفوز ولو على حساب الأهداف العامة للمنظمة.

4- **مرحلة الصراع المكشوف/ الظاهر (Manifest Conflict):** وهنا يظهر الصراع إلى العلن، ويصبح مكشوفاً، ويتم التعبير عنه سلوكياً، من خلال سعي كل طرف لإحباط خصمه، وعدم التعاون، والتخريب. وهذا السلوك مدمّر مما يستوجب معالجة الصراع عند هذا المستوى.

5- **مرحلة ما بعد إدارة الصراع (Conflict Management Aftermath):**

تتوقف نتائج الصراع على أسلوب إدارته. فإذا ما تمت إدارة الصراع بطريقة ترضي جميع الأطراف، فسيعمل ذلك على تشجيع التعاون والتفاهم المتبادلين والتنسيق مستقبلاً بين الأطراف المتصارعة. ولكن إذا ما تم كبت الصراع أو تجنبه أو إدارته بطريقة تؤدّي إلى عدم رضا أحد الطرفين (نتيجة خاسر - رابح)، فمن المحتمل أن تزداد الأمور سوءاً، وأن تظهر صراعات جديدة لاحقاً. وإذا ما شعر العاملون بالإحباط نتيجة الفشل في إدارة الصراع، فإن الصراع المتجدد يمكن أن يشكل مشكلة أكبر بكثير مما كان عليه الوضع سابقاً.

وتجدر الإشارة هنا إلى أهميـة ملاحظة وتتبـع المراحـل الأولى في الصراع، لأن إدارة الصراع حينئذ سيكون أكثر سـهولة مـما سـيكون عليـه الوضـع في المراحـل المتـأخرة. ومـن ناحية أخرى، فإن عدم وجـود حـالات صراع مكشـوف وعلنـي في المنظمـة لا يعنـي عـدم وجود صراع خفيّ وأن الصراع غير موجود.[28]

نتائج وآثار الصراع التنظيمي (Conflict Outcomes):

إن الصراع التنظيمي ليس أمراً حتمياً فحسب، ولكنّه أمر صحيّ ومرغوب في بعـض الحالات، لأنه يحرك المشاعر ويحفز الإبداعية... وهكذا يمكن اعتبار الصراع أمراً صحياً ولا يعيق سعي المنظمة لتحقيق الفاعلية.[29] ويربط كثير من الكتاب بين نتائج وآثـار الصراع وبين شدّة الصراع. ومن بين الآثار الإيجابية للنزاع المعتدل المعقول:

1- ينمو لدى الأفراد الحماس والنشاط للبحث عن أساليب أفضـل، فـالنزاع يشـحذ طاقات الناس ليصبحوا مبدعين.
2- المشكلات التي قد تكون مكبوتة ومدفونة، يمكن أن تطفو عـلى السـطح حيـث تتم مواجهتها.
3- يمكن أن يؤدي إلى تعميق الفهم المتبادل بين أطراف الصراع.
4- ونتيجة لحل النزاع، يصبح الأفراد أكثر التزاماً تجاه النتيجة من خلال مشـاركتهم في حلّها.[30]

ويرى الكاتبان (Wright و Noe، 1996) أن غياب الصراع كلياً في المنظمات غير مرغوب فيه، وكذلك الصراع الشديد، فغياب الصراع يشير إلى عدم مبالاة العاملين وتخليهم عن المشاركة، أو أن المنظمة تكبت التفكير الإبداعي... وأما الصراع الشديد فهـو يعيق ويربك العمل، لأنه يضر بالمعنويات ويعيق التنسيق ويحول دون قيام العاملين بتحقيق أهدافهم بكفاءة. وعليه تكون النتائج أفضل ما يمكن حينما يكون الصراع معتدلاً.[31] وفي رأي مماثل، يتصور الكاتب خطاً يقع على أحد طرفيه نزاع طفيف جداً يكاد لا يذكر، وعلى الطرف الآخر نزاع حادّ جداً، وما بين الطرفين حالات متفاوتة من النزاع وكلا النزاعين على طرفي الخط ضاران وغير مرغوبان.

فالوحدات التنظيمية التي تعيش نزاعاً طفيفاً جداً تميل لأن تكون عديمة المبالاة، وتفتقر للإبداعية، وعدم الحسم، وعدم التقيد بالمواعيد المحددة للإنجاز. وفي المقابل، فالنزاع الحاد يمكن أن يؤدي بالمنظمة إلى الدمار بسبب النزاع السياسي، وعدم الرضا، والافتقار للعمل بروح الفريق، والدوران الوظيفي. ولذا فالنوع المناسب من النزاع هو النزاع المعتدل، فهو ينشط الناس ويوجههم في اتجاهات بنّاءة.[32]

ومن بين إيجابيات الصراع المعتدل أيضاً "يحافظ على حيوية الجماعة والنقد الذاتي، والإبداعية، ويعمل على تحسين جودة القرارات، ويستثير إبداعية الأفراد وتشجيع الاهتمام وحب الاطلاع بين الأعضاء، ويوفّر وسيلة يتم من خلالها طرح المشكلات في العلن، وتخفيف التوترات ويطوّر مناخاً يتصف بتقييم الذات والتغيير".[33] يمثل الشكل (1) العلاقة بين شدة الصراع التنظيمي ومستوى الأداء في المنظمات.

مشكل (1)

العلاقة بين شدة الصراع ومستوى الأداء

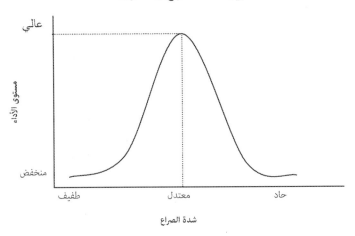

المصدر:

John M. Ivancevich and Michael T. Matteson (1990), <u>Organizational Behavior and Management</u>, 3rd ed. Homewood, Ill: IRWIN, p. 306.

إدارة الصراع   **Conflict Management:**

تتوقف نتائج وآثار الصراع التنظيمي إلى حد كبير على كيفية إدارة الصراع. وهنالك استراتيجيات/ أساليب عديدة لمواجهة الصراع وتسويته. ويقترح الكاتب (Dessler) ثمانية طرق/ أساليب لحل وتسوية الصراعات، وهي: (34)

1- التنافس	Competing	الطرف الآخر يتخذ موقفاً محدوداً ويتمسك به.
2- التجنب/ الهروب	Avoidance	الطرف الآخر يحاول تجنب التفاوض.
3- التنازل	Accommodation	الطرف الآخر يستسلم.
4- التسوية	Compromise	الطرف الآخر يقترح حلاً وسطاً أو تسوية.
5- التآزر	Collaboration	أحد الطرفين يكشف ما لديه من معلومات ويشجع الطرف الآخر على عمل الشيء ذاته.
6- المواجهة	Confronting	يبقى الطرفان يواجهان بعضهما البعض حتى يتوصلا إلى أفضل حل.
7- التهدئة	Smoothing	يحاول الطرف الآخر أن يقلل من أهمية المشكلة على أمل أنها ستزول.
8- الإكراه	Forcing	أحد الطرفين يفرض وجهة نظره على الطرف الآخر، وإلا يحال الأمر إلى سلطة أعلى.

ويعتقد الكاتب أن التآزر والمواجهة هما أفضل الأساليب.

أمّا أساليب تسوية الصراع الأكثر شيوعاً فهي:

1- التهرب/ التجنب.	Avoidance
2- التنازل.	Accommodation
3- الإجبار/ الإكراه.	Forcing
4- المساومة/ الحل الوسط.	Compromise
5- التآزر.[35]	Collaboration

وسنناقش بإيجاز هذه الأساليب الخمسة:

1- التجنب/ الهروب (Avoidance): في هذه الاستراتيجية لا يحاول أحد أطراف الصراع تحقيق أهدافه أو أهداف الطرف الآخر، وإنما ينسحب من موقف الصراع أو يقوم بكبته. وهذه الاستراتيجية لا تؤدي إلى نتائج إيجابية على المدى البعيد.[36] ويتوقع أن تؤثر سلباً على أداء الفريق لأنها لا تؤدي إلى تقييم البدائل بصورة كاملة مما ينعكس سلباً على جودة القرارات، وكذلك لا يتم حشد طاقات وجهود جميع أعضاء الفريق في عملية اتخاذ القرار بسبب عدم مشاركة أحد الأطراف أو عدم استجابته.[37]

ويمكن أن يكون هذا الأسلوب مناسباً إذا كان موضوع الصراع ثانوياً، أو كانت المشاعر متأججة وتحتاج إلى تهدئة أو من أجل كسب الوقت لجمع المعلومات لإيجاد حل بعيد المدى.[38]

2- التنازل (Accommodation): وبموجب هذه الاستراتيجية يعطي الفرد أولوية وأفضلية لمصلحة الغير على مصلحته، وذلك بهدف الإبقاء على علاقات جيدة. وهذا سلوك سلبي في حلّ الصراع لكونه ينطوي على مشاركة سلبية في عمل الفريق. فالموافقة العمياء من قبل الفرد لا تساعد على الاستفادة من كل الطاقات ومن عملية التداوب (Synergism) من خلال التعاون، كما لا يتم الأخذ في الاعتبار كامل المعلومات والبدائل مما يؤثر سلباً على نوعية القرار.[39]

وتصلح هذه الاستراتيجية في حال الحاجة إلى حـل سريـع مؤقت، أو حينما يكون موضوع الخلاف ليس مهما كثيراً بالنسبة للفرد أو حينما يرغـب الفـرد في كسـب نقاط (رصيد اجتماعي) من أجل قضايا لاحقة. [40]

3- الإجبار/ الإكراه (Forcing): في هـذه الاستراتيجية يسعى الفـرد إلى فرض حـلّ يلبي مطالبه على حساب مطالب الطرف الآخر، ويسعى الفرد للفـوز في أي موقف صراع على افتراض أن الطرف الآخر يجب أن يخسر.

ويعتبر هذا الأسلوب سلوكاً سلبياً لأن أحد الطرفين يهمل وجهة نظر الطرف الآخر. ومثل هذه الهيمنة على العمليات والاتصالات تضعف التكامل الاجتماعي وتماسك الفريق وأداءه. [41]

ومن ناحية أخرى، فإن الحل المفروض يجعل الطرف الآخر (الخاسر) يشعر بالظلم، وتتطور لديه اتجاهات سلبية، وقد يسعى إلى نوع من الثأر، ولكون هـذا الأسـلوب يركّـز على نتائج الصراع، وليس على أسبابه، فمن المحتمل أن يتجدد الصراع. [42]

يمكن أن يكون هذا الأسلوب مناسباً إذا كانت هنالك حاجة إلى حل سريـع لقضيـة هامة، أو حاجة لاتخاذ قرارات غير شعبية أو حينما يكون التزام الطرف الآخر بالحل الذي يُفرض عليه غير ضروري. [43]

4- الحل الوسط/ المساومة (Compromise)، يعتبر هذا الأسلوب مـن الأسـاليب التقليدية في إدارة الصراع، وفيه تسعى أطراف الصراع إلى حل مقبول لديها، حيـث يحقـق جانباً من مطالب كل طرف، وعلى كل طرف أن يتنازل عن شيء ذات قيمة، ويعتبر القرار الذي يتم التوصل إليه ليس مثالياً لأطراف الصراع. [44]

5- التآزر/ التعاون (Collaboration): في هذه الاستراتيجية تعمل أطراف الصراع معاً لتحقيق مطالبها، وتقوم بمناقشة القضايا بشكل مفتوح وصريح، وتتبـادل المعلومات إلى أن يتم التوصل إلى قرار يكون الجميع فيه رابحين. [45]

إن كلاً من الأسلوبين السابقين –الحل الوسط والتآزر- يمكن أن تكون له آثار إيجابية على أداء الفريق. فكلاهما يتضمنان التعاون وتطبيق أسلوب حل المشكلات في إدارة الصـراع. كما أنهما يعكسان الاهتمام بالعمل حيث يسعى طرفا الصراع

للحصول على معلومات كافية والعمل بصورة هادفة لإيجاد الحلول... ويصاحب كل أسلوب تركيز على العمل، وتوافق أهداف الأعضاء، وتفعيل المشاركة، مما يؤدي إلى تحسين جودة أداء الفريق.(46)

أما الاختلاف بين التآزر والمساومة فيتمثل في مدى الاهتمام الذي يبديه الأعضاء وإلى أي مدى يكون الحل تكاملياً أم وسطاً. ويصلح أسلوب المساومة في حال الحاجة إلى التوصل بسرعة إلى حل مؤقت، أو حينما تكون لدى طرفي الصراع قوة متكافئة.(47)

أما استراتيجية التآزر فتكون مناسبة حينما يكون ضغط الوقت ضئيلاً جداً، وحينما تكون الأطراف راغبة في إيجاد حل "رابح" لكل الأطراف، وحينما تكون قضية الصراع هامة جداً إلى درجة لا يمكن المساومة بشأنها.(48)

ومن بين هذه الأساليب يعتبر التآزر/ المواجهة الأفضل لأن نتيجته (رابح -رابح)، أي أن الطرفين يخرجان فائزين.

استثارة الصراع Stimulating Conflict:

أشرنا سابقاً إلى أن للصراع المعتدل المعقول آثار ونتائج إيجابية للمنظمة، وأنه في حال غياب الصراع أو وجود صراع طفيف جداً يكون مستوى الأداء منخفضاً. لذا ينبغي العمل على إيجاد واستثارة الصراع بصورة متعمّدة ومدروسة. ويمكن أن يتم ذلك من خلال إيجاد سبب/ مصدر أو أكثر من مصادر الصراع التي تمّت مناقشتها سابقاً. ولكن يجب أن تبقى الإدارة يقظة وتتابع مراحل تطور الصراع بحيث لا يتجاوز درجة الاعتدال.

أسئلة للمراجعة والنقاش

س1- وضّح مفهوم القوة؟ وما هو الاختلاف بين السلطة والقوة؟

س2- ما هي مصادر القوة الفردية؟ الشخصية والرسمية؟

س3- ما هي المصادر الهيكلية (التنظيمية) للقوة؟

س4- وضّح مفهوم السياسة؟ والعلاقة بين القوة والسياسة؟

س5- اشرح مسببات السلوك التنظيمي؟

س6- ما هي الأساليب (الفنون) السياسية المختلفة التي قد يستخدمها الأفراد في المنظمات؟

س7- متى يصبح السلوك السياسي هدّاماً؟ وكيف يمكن معالجته؟

س8- عرّف الصراع/ النزاع التنظيمي؟

س9- اشرح باختصار مسببات النزاع التنظيمي؟

س10- ناقش مراحل النزاع التنظيمي؟

س11- ما هي الآثار والنتائج الإيجابية للصراع التنظيمي؟

س12- ناقش العلاقة بين الصراع التنظيمي ومستوى الأداء؟

س13- اشرح باختصار الأساليب الأكثر شيوعاً في تسوية الصراعات التنظيمية؟ وأيها أكثر فاعلية، علل ذلك؟

س14- وضّح كيف يمكن استثارة الصراع التنظيمي؟

قائمة الهوامش

1- B. J. Hodge and William Anthony (1991), Organizations Theory: A Strategic Approach, 4th ed., Boston: Mass: Allyn and Bacon,   P. 483.

2- V. V. McMurry in John A. Wagner and John Hollenbeck (1992), Management of Organizational Behavior, Englewood Cliffs,   N. J: Prentice – Hall Inc., P. 46.

3- James Gibson, John Ivancevich and James Donnelly, Jr. (1994) Organizations: Behavior, Structure and Processes, 8th ed., Boston, Mass.: IRWIN, p. 439.

4- Richard Emerson in W. Richard Scott (1992), Organizations: Rational, Natural, and Open Systems, Englewood Cliffs, N. J: Prentice – Hall, Inc., P. 303.

5- Richard Steers (1991), Organizational Behavior, 4th ed., New York: Harper Collins Publishers Inc., P. 482.

6- Stephen Robbins (1990), Organization Theory, 3rd ed. Englewood,   N. J: Prentice – Hall Inc., P. 251.

7- حسن حريم (1997)، السلوك التنظيمي: سلوك الأفراد في المنظمات، عمان: دار زهران للنشر والتوزيع، ص.265.

8- Scott, Organizations, P. 309.

9- Wagner and Hollenbeck, Management of Organizational Behavior,   P. 648-649.

10- Robbins, Organization Theory, PP. 257-258.

11- Ibid., 259.

12- Scott, Organizations, PP. 288-269; Richard Hall, (1991) Organizations: Structures, Processes and Outcomes, 5th ed., Englewood Cliffs, N. J: Prentice – Hall, Inc., PP. 102-103.

13- Robbins, Organization Theory, PP. 268-270.

14- H. D. Lasswell in Steers, Organizational Behavior, P. 494.

15- Wagner and Hollenbeck, Management of Organizational Behavior, P.471.

16- Robbins, Organization Theory, PP. 262-263.

17- J. Pfeffer (1981), Power in Organizations, Marshfield, Mass.: Pitman, P. 7.

18- Steers, <u>Introduction to Organizational Behavior</u>, PP. 495-496; Wagner and Hollenbeck, <u>Management of Organizational Behavior</u>, PP. 473-474; Hodge and Anthony, <u>Organization Theory</u>,   PP. 510-511.

19- Wagner and Hollebeck, <u>Management of Organizational Behavior</u>, PP. 472.

20- أميمـة الدهـان (1992)، <u>نظريات منظمة الأعمال</u>، عمان، مطبعة الصفدي، ص.143.

21- Richard L. Daft and Richard M. Steers (1986), <u>Organizations: A Micro/Macro Approach</u>, Glenview, Ill.: Scott, Foresman and Co., PP. 488-489; Robert Allen et al, "Organizational Politics: Tactics and Characteristics of Its Actors," California Management Review 22 (1979), 77-83.

22- P. Vecchio (1988), <u>Organizational Behavior</u>, Chicage: Dryden Press, PP. 270-272; Gregory Moorhead and Ricky W. Griffin (1989), <u>Organizational Behavior</u>, Boston: Houghton Mifflin, PP. 377-378, and Steers, <u>Introduction to Organizational Behavior</u>, P. 504.

23- Robbins, <u>Organization Theory</u>, P. 411.

24- Thomas W. Kenneth in Robbins, <u>Organization Theory</u>, P. 412.

25- Schermerhorn R. John, Hunt G. James, and Osborn N. Richard (1994), <u>Managing Organization Behavior</u>, 5th ed, New York: John Wiley and Sons, Inc, PP. 592-593.

26- Robbins, <u>Organization Theory</u>, PP. 419-425; Gary Dessler (1989), <u>Organization Theory</u>, 2nd ed., New York: Prentice. – Hall, Inc.,   PP. 418-432.

- حريم، <u>السلوك التنظيمي</u>، ص232-244، محمد قاسم القريوتي، (1997)، <u>السلوك التنظيمي</u>، طبعة ثانية ومنقحة، عمان، دار مكتبة الشروق، ص199.-201.

27- Gary Dessler (1986), <u>Organization Theory: Integrating Structure and Behavior</u>, 2nd ed., Englewood Cliffs, New Jersey: Prentice – Hall Inc., PP. 422-423, Schermerhorn et al., <u>Managing Organization Behavior</u>, PP. 598-599.

28- Patrick M. Wright and Raymond A. Noe (1996), <u>Management of Organizations</u>, Boston, Mass: IRWIN, P. 685.

29- Hodge and Anthony, <u>Organization Theory</u>, PP. 565-566.

30- Keith Davis and John Newstrom (1989), <u>Human Behavior at Work: Organizational Behavior</u>, 8th ed., New York: McGraw – Hill Book Co., P. 257.

31- Wright and Noe, <u>Management of Organizations</u>, P. 683.

32- Robert Kreitner and Angelo Kinicki (1992), <u>Organizational Behavior</u>, 2nd ed., Homewood, Ill: IRWIN, PP. 378-380.

33- Stephen Robbins (1997), <u>Management Today</u>, upper Saddle River, New Jersey: Prentice – Hall Inc., P. 487.

34- Dessler, <u>Organization Theory</u>, P. 450.

35- Mitzi Montoya – Weiss, Ann P. Massey, and Michael Massey (2001), "Getting It Together: Temporal Coordination and Conflict Management in Global Virtual Teams", <u>The Academy of Management Journal</u>, Vol. 44, No. 6, Dec. 2001, PP. 1251-1262.

36- Ivancevich and Matteson, <u>Organizational Behavior</u>, P. 317.

37- Montoya – Weiss et al., "Getting It Together …".

38- Robbins, <u>Managing Today</u>, P. 489, Wright and Noe, <u>Management of Organizations</u>, P. 691.

39- Montoya – Weiss et al., "Getting It Together …".

40- Robbins, <u>Managing Today</u>, P. 489; Wright and Noe, <u>Management of Organizations</u>, P. 692.

41- S. G. Cohen and D. E. Bailey (1997), "What Makes Teams Work: Group Effectiveness", <u>Journal of Management</u>, 23: 239-290.

42- Ivancevich and Matteson, <u>Organizational Behavior and Management</u>, P. 317.

43- Wright and Noe, <u>Management of Organizations</u>, P. 691.

44- Robbins, <u>Managing Today</u>, P. 490.

45- <u>Ibid.</u>; Ivancevich and Matteson, Organizational Behavior, P. 315.

46- Montoya – Weiss et al., "Getting It Together ..".

47- M. A. Rahem (1992), <u>Managing Conflict in Organizations</u>, 2nd ed., Westport, CT: Praeger; R. J. Lewick, S. E. Weiss, and D, Lewin (1992) "Models of Conflict: A Review and Synthesis", <u>Journal of Organizational Behavior</u>, 13: 209-252.

48- Write and Noe, <u>Management of Organizations</u>, P. 691; Ivancevich and Matteson, <u>Organizational Behavior</u>, P. 318.

49- Robbins, <u>Managing Today</u>, P. 490.

50- Davis and Newstrom, <u>Human Behavior at Work</u>, P. 259; Fred Luthans, (1992), <u>Organizational Behavior</u>, 6th ed., New York: McGraw – Hill Inc., PP. 412-414.

الفصل العاشر

إدارة ثقافة المنظمة

Managing Organizational Culture

الأهداف:

بعد أن تنجز دراسة هذا الفصل، ستكون قادراً على:

1- توضيح مفهوم ثقافة المنظمة وأبعادها ووظيفتها.

2- وصف العناصر المادية/ الظاهرية لثقافة المنظمة.

3- التمييز بين نوعين من ثقافة المنظمة: القوية والضعيفة.

4- شرح كيفية تكوين ثقافة المنظمة.

5- وصف عملية تغيير ثقافة المنظمة ودور الإدارة في ذلك.

6- شرح تأثير ثقافة المنظمة على فعالية المنظمة وهيكلها التنظيمي وعلى ولاء العاملين.

الفصل العاشر

إدارة ثقافة المنظمة

Managing Organizational Culture

يجمع العلماء السلوكيون من مختلف العلوم السلوكية، وبخاصة في مجال علم الإنسان، على أهمية الثقافة ودورها الحيوي في تكوين وتشكيل شخصية الفرد وقيمه ودوافعه واتجاهاته، بالإضافة إلى أن الثقافة تشكل إطاراً لأنماط السلوك المختلفة للفرد.

فكما أن لكل مجتمع ثقافته الخاصة به، فلكل منظمة أيضاً ثقافتها الخاصة بها التي تتطور مع مرور الوقت، وحتى المنظمات العاملة في نفس المجال وفي نفس البلد، تتميّز ثقافة كل منها عن الأخرى، بما تشتمل عليه من قيم واعتقادات ومدركات وافتراضات ورموز ولغة وغيرها. وقد ازداد اهتمام الكتاب والباحثين في السنوات الأخيرة بثقافة المنظمة لما لها من تأثير كبير على المنظمة، وتطوّر هذا الاهتمام إلى مدخل/ إطار لدراسة المنظمات (أنظر الفصل الأول).

يتناول هذا الفصل مفهوم ثقافة المنظمة وكيف تتكون ثقافة المنظمة وما هي وظيفتها، وأنواعها، وكيفية تغيير ثقافة المنظمة وما هو تأثيرها على المنظمة.

ماهية ثقافة المنظمة:

إن مفهوم "ثقافة المنظمة" في نظريات التنظيم والإدارة هو مستعار من علم الإنسان، ولذا فإن التعريفات المختلفة التي قدمها الكتاب، والتي سنذكر بعضاً منها، لا تخرج عن إطار تعريف الثقافة الاجتماعية.

لقد عرّف الكاتب Gibson وزملاؤه ثقافة المنظمة بأنها "تعني شيئاً مشابهاً لثقافة المجتمع، إذ تتكون ثقافة المنظمة من قيم واعتقادات ومدركات وافتراضات وقواعد ومعايير وأشياء من صنع الإنسان، وأنماط سلوكية مشتركة... إن ثقافة المنظمة هي شخصيتها ومناخها أو الإحساس، وثقافة المنظمة تحدد السلوك والروابط المناسبة وتحفز الأفراد...".[1] أما الكاتب كيرت ليوين (Kurt Lewin) فقد عرّف ثقافة المنظمة

بأنها "مجموعة من الافتراضات والاعتقادات والقيم والقواعد والمعايير التي يشترك بها أفراد المنظمة، وهي بمثابة البيئة الإنسانية التي يؤدي الموظف عمله فيها. ويمكن الحديث عن ثقافة المنظمة بصورة عامة، أو ثقافة وحدة تنظيمية، والثقافة شيء لا يشاهد ولا يحسّ، ولكنه حاضر ويتواجد في كل مكان، وهي كالهواء يحيط بكل شيء في المنظمة ويؤثّر فيه".[2] وفي تعريف آخر أكثر وضوحاً، ثقافة المنظمة هي "مزيج من القيم والاعتقادات والافتراضات والمعاني والتوقعات التي يشترك فيها أفراد منظمة أو جماعة أو وحدة معينة، ويستخدمونها في توجيه سلوكهم وحلّ المشكلات".[3]

نلاحظ من التعريفات السابقة وغيرها، أن وجهات النظر والآراء تركّز على مضمون الثقافة، وهو يدور حول مجموعة قيم وافتراضات واعتقادات ومدركات يشترك فيها الأفراد العاملون في المنظمة وتمثل إطاراً بوجه سلوك الأفراد أثناء العمل وفي علاقاتهم ببعضهم البعض وبالآخرين من خارج المنظمة. وهكذا تتضمن ثقافة المنظمة أبعاداً أو خصائص رئيسة ترتبط ببعضها البعض، وتعتمد على بعضها البعض، وفيما يلي الأبعاد/ الخصائص الرئيسة التي قد تختلف من منظمة لأخرى:[4]

1- المبادرة الفردية (Individual Initiative): درجة الحرية والمسؤولية، والاستقلالية لدى الأفراد.

2- التسامح مع المخاطرة (Risk Tolerance): إلى أي مدى يتم تشجيع العاملين ليكونوا جسورين، ومبدعين، ويسعون للمخاطرة.

3- التوجيه (Direction): إلى أي مدى تضع المنظمة أهدافاً وتوقعات أدائية واضحة.

4- التكامل (Integration): ما مدى تشجيع الوحدات في المنظمة على العمل بشكل منسّق.

5- دعم الإدارة (Management Support): إلى أي مدى تقوم الإدارة بتوفير الاتصالات الواضحة، والمساعدة، والمؤازرة للعاملين.

6- الرقابة (Control): ما مدى التوسع في تطبيق الأنظمة والتعليمات، ومقدار الإشراف المباشر المستخدمة لمراقبة وضبط سلوك العاملين.

7- الهويّة (Identity): إلى أي مدى ينتمي (Identity) العاملون للمنظمـة ككل بدلاً من الوحدات التي يعملون فيها أو مجال تخصصهم المهني.

8- نظـم العوائـد (Rewards System): إلى أي مـدى يتـم توزيـع العوائـد (الزيادات والعلاوات والترقيات) علـى أسـاس معايير أداء العاملين مقارنـة بالأقدميـة والمحاباة وغيرها.

9- التسـامح مـع النـزاع (Conflict Tolerance): إلى أي مـدى يتـم تشجيع العاملين على إظهار/ إعلان النزاعات والانتقادات بصورة مكشوفة.

10- أنماط الاتصـال (Communication Patterns): إلى أي مـدى تقتصـر الاتصالات في المنظمة على التسلسل الهرمي الرسمي.

يلاحظ أن الأبعاد والخصائص السابقة تشتمل علـى أبعاد هيكليـة وسـلوكية، وأن الجزء الأكبر يتعلّق بمتغيرات هيكلية مترابطة.

خصائص ثقافة المنظمة   Characteristics of Org. Culture:

المنظمات مثل الناس، متشابهة ومختلفة في نفس الوقت، وكل منها متميّزة عـن الأخرى، وتقوم كل منظمة بتطوير ثقافتها الخاصة بها من خلال تاريخها وفلسفتها وأنماط اتصالاتها ونظم العمـل وإجراءاتها وعملياتها في القيادة واتخـاذ القرارات، وقصصها وحكاياتها، وقيمها واعتقاداتها. وحيث أن المنظمة تتأثر بالثقافة السائدة في المجتمع، فإن ذلك يجعل المنظمات المختلفة التي تعمل في نفس البيئة الاجتماعية تتشابه أيضاً في بعض جوانب وأبعاد ثقافتها. ولو أخذنا منظمتين تعملان في نفس البيئة الاجتماعية نجد أن ثقافتيهما ليستا مختلفتين أو متطابقتين تماماً، ومع مرور الزمن يصبح لكل منظمة ثقافتها التي يدركها العاملون فيها والجمهور الخـارجي. يوضح الشـكل (1) العلاقـة بين الثقافـة الاجتماعية وثقافة المنظمة.

ومن ناحية أخرى لا توجد في أي مجتمع ثقافة واحدة، وكذلك الأمر بالنسبة لثقافة المنظمة. إذ نجد أن هنالك ثقافة سائدة/ مهيمنة (Dominant Culture) وهي مجموعة قيم رئيسة يشترك فيها غالبية أعضاء المنظمة، وهنالك أيضاً ثقافات فرعيـة (Subcultures) لوحدات أو مجموعات وظيفية (مثل المهندسين، والمحاسبين...الخ).

وقد يعتقد البعض أن الثقافات الفرعية في المنظمة يمكن أن تضعف المنظمة إذا كانت تتعارض مع الثقافة المهيمنة والأهداف العامة للمنظمة، ولكن الواقع عكس ذلك، فالكثير من الثقافات الفرعية تتكون لمساعدة مجموعة معينة من العاملين على مواجهة مشكلات يومية محددة تواجه المجموعة.[5]

الشكل (1)

العلاقة بين الثقافة الاجتماعية وثقافة المنظمة

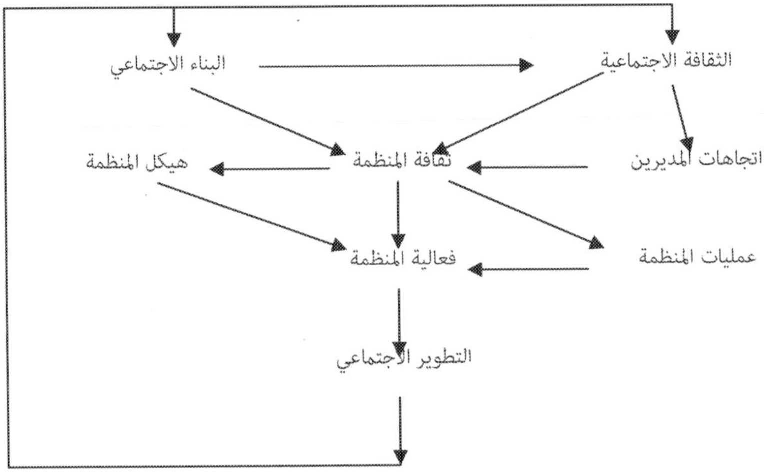

المصدر:

William M. Evan (1993), <u>Organization Theory</u>, New York, Macmillan Publishing co., p. 299.

وظيفة ثقافة المنظمة   Functions of Org. Culture:

تتلخص وظائف ثقافة المنظمة في أربع وظائف رئيسة هي:

1- تعطي أفراد المنظمة هوية تنظيمية: إن مشاركة العاملين نفس المعايير والقيم والمدركات يمنحهم الشعور بالتوحد، مما يساعد على تطوير الإحساس بغرض مشترك.

2- تسهّل الالتزام الجماعي: إن الشعور بالهدف المشترك يشجع الالتزام القوي من جانب من يقبلون هذه الثقافة.

3- **تعزز استقرار النظام**؛ تشجع الثقافة على التنسيق والتعاون الدائمين بين أعضـاء المنظمة وذلك من خلال تشجيع الشعور بالهوية المشتركة والالتزام.

4- **تشكل السلوك من خلال مساعدة الأفراد على فهم مـا يـدور حـولهم**، فثقافة المنظمـة توفّر مصدراً للمعاني المشتركة التي تفسّر لمـاذا تحدث الأشياء على نحو ما.[6]

وبتحقق الوظائف السابقة، تعمل ثقافة المنظمة بمثابة الصـمغ/ الإسـمنت الـذي يربط أفراد المنظمة بعضهم ببعض، ويساعد على تعزيز السلوك المنسق الثابت في العمل.

عناصر ثقافة المنظمة الظاهرية   Elements of Organizational Culture

تشتمل ثقافة أي منظمة على مجموعـة مـن القيم والمعايير والمثاليات الأساسية التي توجه سلوك الأفراد في المنظمة وتساعدهم على فهم بيئة المنظمة من حولهم. وهذه القيم والمعايير الأساسية تمثل المصدر النهائي للمدركات والأفكار والمشاعر والاتجاهـات المشتركـة التـي تكـوّن ثقافـة المنظمـة. ولكـل ثقافـة منظميـة عنـاصر ظاهريـة (Manifestations) تساعد العاملين على تفسير الأحداث اليومية في المنظمة، والتـي مـن خلالها يتم نقل وتوصيل القيم والمعايير من شخص لآخر.

يلخص الجدول التالي العناصر الظاهرية لثقافة المنظمة:

جدول رقم (1)

عناصر الثقافة

العنصر الظاهري	الوصف
المراسم (Ceremonies)	أحداث وأنشطة خاصة يقوم الأفراد فيها بممارسة شعائر/ طقوس، أساطير في ثقافتهم (مثلاً إجراء احتفال سنوي لتكريم أفضل موظف).
شعائر (Rites)	مجموعة فعاليات/ أحداث تفصيلية مخططة تدمج مظاهر ثقافية متنوّعة في حدث معين يتم القيام به من خلال التفاعل الاجتماعي، وتهدف إلى نقل رسائل معيّنة أو إنجاز أغراض محدّدة. مثلاً: طقوس التحاق موظف جديد بالمؤسسة، أو ترقية مسؤول، أو اجتماع غداء أسبوعي غير رسمي (Informal) لتعميق الترابط والتكامل بين العاملين.
الطقوس (Rituals)	وهي طقوس/ احتفالات متكرّرة تتم بطريقة نمطية معيارية وتعزّز بصورة دائمة القيم والمعايير الرئيسة. مثلاً فترة استراحة يومية لتناول القهوة أو الشاي توفّر فرصة لتقوية الروابط بين العاملين، والاجتماع السنوي للمساهمين.
القصص والأساطير (Stories & Myths)	القصص هي روايات لأحداث في الماضي يعرفها جيداً العاملون، وتذكرهم بالقيم الثقافية للمنظمة؛ وهي مزيج من الحقائق والخيال. وهذه القصص تدور في الغالب حول المؤسّسين الأوائل للمنظمة؛ كما أنها توفّر معلومات حول الأحداث التاريخية التي مرّت بها المنظمة بما يساعد الموظفين على فهم الحاضر، والتمسّك بالثقافة والمحافظة عليها. أمّا الأسطورة/ الخرافة: فهي قصّة من نوع معيّن تعطي تفسيراً خيالياً ولكن مقبولاً لحدث/ شيء معين يبدو بخلاف ذلك محيّراً وغامضاً. فقد يقوم أفراد المنظمة أحياناً بتأليف الروايات الخرافية حول مؤسّسي المنظمة، أو نشأتها أو تطوّرها التاريخي من أجل توفير إطار لتفسير الأحداث الجارية في المنظمة.
الأبطال (Heroes)	الأبطال هم أناس يتمسّكون بقيم المنظمة وثقافتها؛ ويقدّمون دوراً أنموذجاً في الأداء والإنجاز لباقي أعضاء المنظمة.
نجوم غير عاديين (Superstars)	وهم شخصيات ثقافية غير عادية يتفوّقون على زملائهم ويصبحون أحياناً رموزاً للصناعة (التي تعمل فيها المنظمة) بأكملها.

العنصر الظاهري	الوصف
الرموز واللغة (Symbols & Language)	الرموز هي عبارة عن أشياء، أفعال، أحداث، نوعية، أو علاقة تخدم كوسيلة لنقل المعاني - ترتبط بمعنى معيّن لدى الناس؛ مثل شعار المؤسسة أو علمها، أو اسمها التجاري، والمصافحة بالأيدي وغيرها تحمل معاني معيّنة ترتبط بقيم المنظمة ومعاييرها. اللغة هي منظومة من المعاني المشتركة بين أعضاء المنظمة يستخدمونها لنقل الأفكار والمعاني الثقافية؛ وفي كثير من المنظمات تعكس اللغة التي يستخدمها العاملون في المنظمة ثقافة تلك المنظمة.
الروايات الشعبية (Folktale)	وهي روايات محض خرافية ولا أساس لها.
القصص البطولية (Saga)	وهي روايات تاريخية تصف الإنجازات الفريدة لجماعة معينة وقيادتها.
Gesture	وهي عبارة عن حركات لأجزاء من الجسم تستخدم للتعبير عن معاني معينة.
البيئة المادية (Physical Setting)	وتشير إلى الأشياء التي تحيط بالناس مادياً وتقدم لهم مثيرات حسّية فورية أثناء القيام بأنشطة ثقافية تعبيرية؛ وتتضمن كيفية تصميم المباني والمكاتب ونوع الأثاث، وموقع الفرد، وكذلك توزيع البريد على العاملين، والمكالمات الهاتفية والساعات المعلّقة على الجدران.

المصدر:

Terrence E. Deal and Allan A. Kennedy (1982), Corporate Cultures: The Rites and Rituals of Corporate Life, Reading, Mass: Addison-Wesley, p. 15; Harrison M. Trice and Janice M. Beyer (1984), "Studying Organizational Culture Through Rites and Ceremonials", Academy of Management Review 9, no. 4 (October), p. 655; Lee Bolman and Terrence Deal (1991), Reframing Organizations, San Fransisco, Jossey-Bass Inc., Publishers, pp. 253-270.

أنواع ثقافة المنظمة **Types of Org. Cultures:**

تصنف ثقافة المنظمة بصورة عامة إلى نوعين رئيسين، وهما:

1- ثقافة قوية/ مكثّفة Thick/ Strong Culture.

2- ثقافة ضعيفة/ ركيكة Thin/ Weak Culture.

وهنالك عاملان أساسيان يحددان درجة قوة ثقافة المنظمة:

1- الإجماع (Consensus) أو مدى المشاطرة (Sharedness) لنفس القيم والاعتقادات الحيوية في المنظمة من قبل الأعضاء. وتكون الثقافة قويّة كلما كان هناك إجماع أكبر من الأعضاء على القيم والاعتقادات الحيوية في ثقافة المنظمة، ومشاركة واسعة لنفس القيم. ويتوقف ذلك على عاملين رئيسين:

- تنوير العاملين وتعريفهم بالقيم السائدة في المنظمة وكيفية العمل بها.

- نظم العوائد والمكافآت، إذ أن منح الأعضاء الملتـزمين بـالقيم العوائـد والمكافـآت يساعد الآخرين على تعلّم القيم وتفهمها.

2- الشـدة (Intensity)، ويشـير إلى مـدى تمسّـك الأعضـاء بـالقيم والاعتقـادات الحيوية، وتزداد ثقافة المنظمة قوة بتزايد شدّة وقوّة تمسّك العاملين بالقيم والاعتقـادات الحيوية. وهكذا تتواجد ثقافة قوية بتوافر الإجماع علـى القيم والاعتقادات الحيويـة والتمسّك بهذه القيم بقوّة من قبل الجميع.[7]

تكوين ثقافة المنظمة والمحافظة عليها:

Developing and Maintaining Org. Culture

إن القيم والمثاليات والمعايير والتقاليد السائدة في أي منظمة تمتد جذورها، بصورة عامة، إلى الرياديين/ المؤسسون. فهؤلاء المؤسسين بحكم دورهم قادة في مرحلة حسّاسة في حياة المنظمة عادة يحملون رسالة/ رؤية محدّدة لما يجب أن تكون عليه المنظمة وكيفية تحقيق هذه الرسالة. ويقومون باستقطاب مجموعة من المديرين الذين يشاطرونهم قيمهم واعتقاداتهم، ويبدون استعداداً لتنفيذ رسالتهم. ويتبع ذلك اختيار العاملين المؤهلين ذوي القيم والاتجاهات التي تتوافق مع قيم واعتقادات المؤسسين والمديرين، ويبدأ بناء تاريخ جديد وثقافة جديدة.[8]

وبعد ما تتشكل ثقافة المنظمة، لا بد من العمل على ترسيخها وإدامتها. ويتم ذلك من خلال الوسائل الآتية:[9]

- **إدارة الموارد البشرية**: وتشمل انتقاء الأشخاص المـؤهلين الـذين تتوافق قيمهم ومدركاتهم واعتقاداتهم مع قيم المنظمة الرئيسة، وفي نفس الوقت استبعاد أولئك الـذين يحتمل أن يهاجموا قيم المنظمة أو يسيئوا إليها. كما تشمل إدارة الموارد البشرية إجراءات وممارسات تحديـد مواقـع عمـل العـاملين والتـدريب، والتطـوير، وقيـاس الأداء والتقـدير والاعتراف وغيرها.

- أما الوسيلة الثانية لترسيخ ثقافة المنظمة فهي **أفعـال وممارسـات الإدارة العليـا**. ولا بد للإدارة العليا من القيام بالأفعال والسلوكيات الظاهرة الواضحة التي تدعم

وتعزّز قيم المنظمة واعتقاداتها. ويجب أن تعزّز أفعال الإدارة أقوالها، وتوفّر للعاملين تفسيراً واضحاً للأحداث الجارية في المنظمة.

- **التطبيع (Socialization):** وهو تعليم قواعد اللعبة التنظيمية وتوصيل عناصر ثقافة المنظمة إلى العاملين بصورة مستمرة.

إن العاملين الجدد ليسوا على دراية بقيم واعتقادات المنظمة، وهنالك إمكانية أن يقوم هؤلاء بتجاوز وخرق القيم والتقاليد السائدة. ولذا ينبغي على المنظمة مساعدة هؤلاء العاملين على التكيف مع ثقافتها. وتسمى عملية التكيف "التطبيع". وتتم عملية التطبيع من خلال برامج التنوير والتعريف والتدريب وغيرها.

- **نظم العوائد الشاملة:** ونظم العوائد ليست مقصورة على المال بل تشمل الاعتراف والتقدير والقبول. كما يجب أن تركّز هذه العوائد على الجوانب الذاتية (Intrinsic)، والعمل، والشعور بالانتماء للمنظمة.

وقد أكّد الكاتبان (Shichman و Gross) على الدور البارز والحيوي الذي يمكن أن تقوم به الإدارة في التأثير على تطوير وتكوين ثقافة المنظمة، وحدّد أربعة أساليب يمكن للإدارة التدخل والتأثير من خلالها في تكوين وتطوير ثقافة المنظمة وإدامتها ونقلها، وهذه الأساليب هي:

- **بناء إحساس بالتاريخ (History):** من خلال سرد تفاصيل تاريخ المنظمة، وحكايات الأبطال والقصص.

- **إيجاد شعور بالتوحد (Oneness):** من خلال القيادة ونمذجة الأدوار وإيصال القيم والمعايير.

- **تطوير الإحساس بالعضوية والانتماء (Membership):** من خلال نظم العوائد، والتخطيط الوظيفي، والاستقرار الوظيفي، والاختيار والتعيين، والتطبيع والتدريب والتطوير.

- **تفعيل التبادلية بين الأعضاء (Exchange):** عن طريق عقد العمل والمشاركة في اتخاذ القرارات والتنسيق بين الجماعات.

وإذا ما أخذنـا الحرف الأول من كـل وسيلـة (باللغـة الإنجليزيـة) تكونـت كلمـة (Home) على اعتبـار أن الثقافـة القويـة للمنظمـة تشبه العائلـة التـي تعمـل بصـورة (Home).[10]

أمّا فيما يتعلق بكيفية نقل وتوصيل الثقافة للعاملين، فبالإضافة إلى التدريب والتطوير، هنالك طرق أخرى لتوصيل الثقافة ومنها: المراسم والاحتفالات والمناسبات، والقصص والحكايات والرموز واللغة وغيرها من عناصر الثقافة الظاهرية التي ناقشناها سابقاً.[11]

تغيير ثقافة المنظمة **Changing Org. Culture:**

هنالك القليل من الكتاب الذين يرون أن ثقافة المنظمة غير قابلـة للتغيـير، حيـث أن الكثيرين يعتقدون بإمكانية تغيير وتعديل ثقافة المنظمة.[12] والسؤال الذي يـبرز هنـا: ما هي الظروف الضرورية لتغيير الثقافة والتي تسهّل عملية التغيـير؟ ومـن بـين العوامـل الموقفية الواجب توافرها لتغيير ثقافة المنظمة هي:[13]

- **تغيير في قادة المنظمـة البارزين،** على أن يتوافر لدى القادة الجـدد رؤيـة بديلـة واضحة لما يجب أن تكون عليه المنظمة.

- **مرحلة دورة حياة المنظمة:** مرحلة انتقـال المنظمـة إلى النمـو/ التوسع، وكـذلك دخول المنظمة مرحلة الانحدار (decline) تعتبران مرحلتان تشجعان على تغيير الثقافة.

- **عمر المنظمة:** تكون ثقافة المنظمة أكثر قابلية للتغيير في المنظمات صغيرة السـن، بغض النظر عن مرحلة دورة حياتها.

- **حجم المنظمة:** من الأسهل تغيير ثقافة المنظمة في المنظمات صغيرة الحجم.

- **قوّة الثقافة الحالية:** كلـما زاد إجـماع العـاملين وشـدة تمسّكهم بالثقافـة، زادت صعوبة تغيير الثقافة.

- **غياب ثقافات فرعيـة:** إن وجـود ثقافـات فرعيـة عديـدة في المنظمـة يزيـد مـن صعوبة تغيير الثقافة الأساسية. وهذا الأمر مرتبط بالحجم، فالمنظمات كبيرة الحجم تقاوم التغيير لأنها تضم عادة عدة ثقافات فرعية.

فإذا ما كانت الظروف ملائمة لتغيير ثقافة المنظمة، فإنه يجب وضع استراتيجية شاملة ومنسّقة لإنجاز هذا التغيير بنجاح. والبداية الصحيحة هي تحليل الثقافة الحالية بأبعادها العشرة التي نوقشت في الجزء المتعلق بتوضيح ماهية ثقافة المنظمة؛ ويتضمن ذلك تفحّص وتقييم الثقافة الحالية، ومقارنة الثقافة الحالية بالوضع المنشود، وتقييم الفجوة بينهما لتقرير أي العناصر والأبعاد الثقافية التي تحتاج إلى تغيير، ومن ثم النظر في الإجراءات المناسبة لمعالجة تلك الفجوة.[14]

ومن بين الإجراءات المقترحة في هذا المجال:

1- لا بد من إذابة الجليد عن الثقافة الحالية، وأن يدرك جميع العاملين فعلياً أن المنظمة تواجه أزمة حقيقية تهدّد كيانها ووجودها. ويمكن تحقيق ذلك من خلال تعيين رئيس جديد للمنظمة. فهذا الإجراء يعني أن تغييرات جوهرية ستتم في المنظمة، وبإمكان هذا الرئيس الجديد أن يقدّم دوراً أنموذجاً ومعايير سلوكية جديدة. وهذا يتطلب منه إدخال الرؤية الجديدة لديه عن المنظمة وتعبئة الوظائف الإدارية الرئيسة بأشخاص ملتزمين بهذه الرؤية.[15]

2- إن من مسؤوليات الإدارة العليا نقل وتوصيل القيم الجديدة للعاملين، وهذا يتضمن (3) عناصر رئيسة:

- الوضع الحالي للمنظمة والنشاط/ الصناعة التي تعمل فيها، ونظرة مستقبلية وأية معلومات أخرى ذات صلة.
- الرؤية المستقبلية لما يجب أن تكون عليه المنظمة وكيفية الوصول إلى ذلك.
- تقدم المنظمة في المجالات التي تعتبر مفتاحاً لتحقيق هذه الرؤية.[16]

3- وبإمكان الإدارة العليا تغيير وتعديل القيم والمعايير الثقافية المترسّخة من خلال تعديل وتغيير العناصر الظاهرية لثقافة المنظمة (Symbolic Management) التي يستخدمها أفراد المنظمة للتعبير عن المعاني والمفاهيم ونقلها، مثل الرموز واللغة والحكايات والمراسم والاحتفالات والطقوس، والتصريحات العلنية عن الرؤية المستقبلية للمنظمة وغيرها...[17]

4- ومن الوسائل الأخرى لنقل وتوصيل القيم والمعايير الجديدة هو **التطوير التنظيمي** (Organization Development) الذي يقترح الخطوات الآتية لتغيير وإدارة ثقافة المنظمة:

- التعرف على القيم والمعايير الحالية.
- رسم توجهات جديدة.
- تحديد القيم والمعايير الجديدة.
- تحديد الفجوات الثقافية.
- العمل على سد الفجوات الثقافية. [18]

5- **إعادة تنظيم المنظمة بدمج وحدات معينة** أو إنشاء وحدات جديدة أو إلغاء وحدات معينة؛ فهذا يعني أن الإدارة مصمّمة على التغيير. [19]

6- **إعادة النظر في نظم وإجراءات إدارة الموارد البشرية** من تعيين، وتطبيع وتقييم ونظم عوائد من أجل دعم العاملين الذين يلتزمون بالقيم الجديدة. [20]

لقد أكّد الكاتب إدجار شين (Edger Schein) على الدور الحيوي الذي تقوم به قيادة المنظمة في مجال تغيير الثقافة. وهذا الدور يتطلب **قيادة تحويلية** (**Transformational Leadership**) ذات رؤية واضحة للمنظمة، ولديها القدرات والمهارات لتحقيق هذه الرؤية. ويصنف شين (Schein) الوسائل التي تستطيع القيادة من خلالها تغيير ثقافة المنظمة إلى مجموعتين: [21]

1- وسائل أساسية.
2- وسائل ثانوية تعزّز الوسائل الرئيسة.

أما الوسائل الأساسية التي تستطيع القيادة استخدامها لتغيير ثقافة المنظمة فهي:

- إعطاء اهتمام منتظم لمجالات وقضايا معيّنة في المنظمة، من خلال القياس والرقابة والتعليقات والتساؤلات بشأن تلك القضايا والمجالات.
- ردود فعل القيادة تجاه الأحداث الحسّاسة والأزمات التنظيمية.
- القيام بدور نموذجي، وكمعلّم ومدرّب. فالسلوك الظاهري للقيادة يحمل معاني وافتراضات معيّنة للأفراد.

- وضع المعايير والأسس لمنح العوائد وتوزيع المراكز.
- وضع المعايير والأسس للتعيين والاختيار والترقية والتقاعد.

أما الوسائل الثانوية المساعدة التي تعزز الوسائل الرئيسة فهي:
- تصميم المنظمة وهيكلها التنظيمي.
- نظم وإجراءات العمل في المنظمة.
- تصميم المباني والمكاتب والأثاث وغيرها.
- القصص والحكايات حول أحداث وأشخاص مهمين.
- البيانات الرسمية حول فلسفة المنظمة وقانونها.

وهنا ينبغي التنبيه إلى أنه لا يجب أن نتوقع الانتقال/ التحول إلى الثقافة الجديدة بسرعة، حتى لو كانت كل الظروف مواتية واتخذت الإجراءات السابقة بنجاح؛ ذلك لأن تغيير الثقافة عملية طويلة مستمرة تدوم سنوات عديدة، وليس أشهراً معدودة.

تأثير الثقافة على المنظمة:

تشير الدراسات العديدة إلى تأثير ثقافة المنظمة على جوانب وأبعاد عديدة من المنظمة وفي مقدّمتها علاقة ثقافة المنظمة بالهيكل التنظيمي، وفعالية المنظمة والأداء، والإبداع والالتزام وغيرها. كما تشير الدراسات إلى أنه يمكن أن تكون للثقافة نتائج إيجابية وسلبية.

ثقافة المنظمة والفعالية (Culture and effectiveness):

لقد كشفت الدراسة التي أجراها (Peters و Waterman) حول خصائص المنظمات متميزة الأداء أن هنالك علاقة إيجابية بين الثقافة القوية وفعالية المنظمة. فقد وجدا أن هيمنة الثقافة وتماسكها هي صفة أساسية في المنظمات متفوّقة الأداء والإنجاز. ففي هذه المنظمات عملت الثقافة القوية على إزالة الحاجة إلى الكتيبات والخرائط التنظيمية والقواعد الرسمية. فالناس يعرفون ماذا يفترض أن يعملوا، والسلوك المناسب كانت تحدده باستمرار الرموز والحكايات والمراسيم والطقوس.[22]

ويرى الكاتـب (Jay Barney) أن الثقافـة القويّـة يمكـن أن تـؤدي إلى إنتاجيـة اقتصادية أعلى حينما تكون (ثقافة المنظمة) مصدر ميّزة تنافسية، وذلك شريطة أن تكون هذه الثقافة قيّمة (Valuable) أي بمعنى تساعد على الإنجاز والأداء الأفضل، وأن تكون نادرة (Rare)، وغير قابلة للتقليد. [23]

إن فعالية المنظمة تتطلب تحقيق التوافق والمواءمـة بين ثقافـة المنظمـة وبيئتهـا واستراتيجيتها والتقنية التي تستخدمها. [24] فمن ناحية يجب أن تتوافق ثقافة المنظمة مع البيئة الخارجية، أي بمعنى أن تتضمن ثقافة المنظمة القيم والمعايير والتقاليد التي تساعد المنظمة على التكيف مع البيئة والتغيرات البيئية. [25]

أما فيما يتعلق بالعلاقة بين الثقافة والاستراتيجية فمن الضروري أن تكون ثقافة المنظمة مناسبة -وداعمة- لاستراتيجية المنظمـة. وأن أي تغييرات في اسـتراتيجية المنظمـة تتطلب إجـراء تغييرات متزامنـة في ثقافة المنظمـة، وإلا فمـن المحتمـل أن يكون مصير الاستراتيجية الفشل. [26]

وعلى الصعيد الداخلي للمنظمة، يجب أن تكون ثقافة المنظمة ملائمة لنوع التقنية المستخدمة. فالتقنية الروتينية تتطلب قيماً ومعايير وتقاليد تختلف عن تلك التي تلائم التقنية غير الروتينية. [27]

الثقافة والهيكل التنظيمي (Culture and Org. Structure):

تناول العديد من الكتاب والباحثين موضوع العلاقة بين الثقافة والهيكل التنظيمي، ويستخلص من الدراسات العديدة أن الثقافة تؤثر في نوع الهيكل التنظيمي والعمليات والممارسات الإدارية (القيادة، واتخاذ القرارات، والاتصالات وغيرها)؛ وأن مواءمـة الهيكـل التنظيمي والعمليات الإدارية لثقافة المنظمـة يساعد علـى تحقيـق مزيـد مـن الفعاليـة للمنظمة. [28]

وهنا لا بد من الإشارة إلى أن الثقافة القوية تعزز وتقوي الثبات في سلوك الأفراد، وتحدّد ما هو السلوك المطلوب والمقبول، وهذا يؤدي إلى نوع من الرقابة الضمنية التي تحققها الثقافة القوية على سلوك الأفراد، ونتيجة لذلك تقلّ الحاجة إلى الوسائل الهيكليـة الرقابية في المنظمة، والرقابة التي تحققها الثقافة هي رقابة على العقل

والروح والجسد. ونتيجـة لـذلك يقـل اهـتمام الإدارة بوضـع الأنظمـة والتعلـيمات الرسمية لتوجيه سلوك الأفراد.[29]

الثقافة والانتماء (الولاء) التنظيمي (Culture and Commitment):

يتميّز العاملون في المنظمات ذات الثقافة القوية بدرجة عالية من الالتزام والانتماء للمنظمة. فالإجماع الواسع على القيم والاعتقادات المركزية، والتمسّك بها بشدة مـن قـبل الجميع يزيد من إخلاص العاملين وولائهم والتصاقهم الشديد بالمنظمة. وهـذا يمثّل ميّـزة تنافسية هامة للمنظمة تعود بنتائج إيجابية عليها.[30]

أسئلة للمراجعة والنقاش

س1- عرّف ثقافة المنظمة؟

س2- ما هي أهم أبعاد/ جوانب ثقافة المنظمة؟ اشرح باختصار؟

س3- ما هي أهم وظائف ثقافة المنظمة؟

س4- اشرح بعض أهم مظاهر ثقافة المنظمة؟

س5- ناقش كيف تتكون ثقافة المنظمة؟

س6- ما هي الإجراءات التي يمكن اتخاذها للمحافظة على ثقافة المنظمة وإدامتها؟

س7- ما هي العوامل المساعدة على تغيير ثقافة المنظمة؟ اشرح باختصار؟

س8- ناقش الإجراءات اللازمة لتغيير ثقافة المنظمة؟

س9- اشرح الوسائل التي تستطيع القيادة من خلالها تغيير ثقافة المنظمة، حسب رأي الكاتب شين (Schein)؟

س10- ناقش أنواع ثقافة المنظمة؟ وما هي متطلبات توافر ثقافة قوية/ مكثفة؟

س11- اشرح تأثير ثقافة المنظمة على فعاليتها؟

س12- ناقش تأثير ثقافة المنظمة على الهيكل التنظيمي، وعلى انتماء العاملين؟

الهوامش

1- James L. Gibson, John Ivancevich, and James Donnelly, Jr. (1994), <u>Organizations: Behavior, Structure and Processes</u>, 8th ed., Homewood, Ill: IRWIN, Inc., P. 62.

2- Kurt Lewin in Keith Davis and John Newstrom (1989), <u>Human Behavior at Work</u>, 8th ed., New York: McGraw – Hill Book Co.,   P. 460.

3- B. J. Hodge and William P. Anthony (1991), <u>Organization Theory: A Strategic Approach</u>, 4th ed., Boston: Mass: Allyn and Bacon, P. 443.

4- Stephen Robbins (1990), <u>Organization Theory: Structure, Design and Applications</u>, 3rd ed., Englewood Cliffs, New Jersey: Prentice – Hill, Inc., P. 439.

5- Fred Luthans (1992), <u>Organizational Behavior</u>, 6th ed., New York: McGraw – Hill Book Co., P. 563.

6- Robert Kreitner and Angelo Kinicki (1992), <u>Organizational Behavior</u>, 2nd ed., Homewood, Ill: IRWIN, P. 709.

7- Luthans, <u>Organizational Behavior</u>, P. 564, Hodge and Anthony, <u>Organization Theory</u>, PP. 447-448; Richard M. Steers and Lyman W. Porter (1991), <u>Motivation and Work Behavior</u>, 5th ed., New York: McGraw – Hill, Inc., P. 246.

8- Luthans, <u>Organizational Behavior</u>, P. 567; Hodge and Anthory, <u>Organization Theory</u>, P. 444.

9- Steers and Porter, <u>Motivation and Work Behavior</u>, PP. 249-251; Robbins, <u>Organization Theory</u>, PP. 446-450.

10- Warren Gross and Shula Schichman in Kreitner and Kinicki, <u>Organizational Behavior</u>, P. 715.

11- Robbins, <u>Organization Theory</u>, P. 445; Wagner and Hollenbeck, <u>Management of Organizational Behavior</u>, P. 696.

12- Wanger and Hollenbeck, <u>Management of Organizational Behavior</u>, P. 701.

13- Joane Martin, "Can Organizational Culture Be Managed", in Peter Frost et al (1985), <u>Organizational Culture</u>, Beverly Hills, Calif: Sage Publication, PP. 95-96.

14- Michael Albert in Robbins, <u>Organization Theory</u>, PP. 459-460.

15- Ibid.

16- George Gordon in Robbins, <u>Organization Theory</u>, PP. 460-461.

17- Jeffrey Pfeffer in Wagner and Hollenbeck, <u>Management of Organizational Behavior</u>, P. 701.

18- Ibid. PP. 702-703.

19- Robbins, Organization Theory, P. 461.

20- Ibid.

21- E. H. Schein (1987), Organizational Culture and Leadership, San Francisco, Calif., Jossey – Bass, PP. 224-237.

22- Daniel Robey (1991), Designing Organizations, 3rd ed., Homewood, Ill: IRWIN, PP. 403-404.

23- Veekay Narayanan and Raghw Nath (1993), Organization Theory, Homewood, Ill: IRWIN, P. 460.

24- Bernard Arogyawwamy and Charles M. Byles, (1987), "Organizational Culture: Internal and External Fits", Journal of Management, Winter, PP. 647-659.

25- J. P. Kotter and J. L. Heskett (1992), Corporate Culture and Performance, New York: The Free Press.

26- C. D. Pringle, D. F. Jennings, and J. G. Logenecker, (1988), Managing Organizations: Functions and Behavior, Columbus, Ohio: Merrill, P. 309.

27- Arogyaswamy and Byles, "Organizational Culture", PP, 647-659.

28- Evan, Organizational Theory, P. 239.

29- Robbins, Organizational Theory, PP. 444-445.

30- Steers and Porter, Motivation and Work Behavior, PP. 247-248.

الفصل الحادي عشر

التغيير والتطوير التنظيمي

Organizational Change and

Development

الأهداف:

بعد إتمامك دراسة هذا الفصل، سوف تكون قادراً على:

1- توضيح مفهوم التغير التنظيمي وتحديد الأسباب والقوى التي تدفع للتغيير.
2- وصف مراحل/ خطوات عملية التغيير التنظيمي.
3- شرح استراتيجيات/ مداخل التغيير التنظيمي.
4- تحديد العوامل المؤثرة في اختيار استراتيجية التغيير التنظيمي.
5- تحديد مسببات مقاومة التغيير التنظيمي، وبعض الآثار الإيجابية للمقاومة.
6- شرح وسائل وطرق تقليص مقاومة التغيير التنظيمي.

الفصل الحادي عشر
التغيير والتطوير التنظيمي
Organizational Change and Development

لقد كانت المنظمات دائماً في حالة توسع ونمو وانكماش وانحسار وتعيش حالة متغيرة. ولكن المنظمات في عصرنا الحاضر تشهد تغييرات بيئية جذرية ومتسارعة لم تشهدها من قبل، سواءً من حيث الكم والنوع والسرعة. فالبيئة أشبه ما توصف بالبيئة المضطربة، والتغيير يحيط بالمنظمات من كل حدب وصوب وموجود دائماً.

وهذا كله يضع تحديات ومتطلبات كثيرة أمام المديرين والمسؤولين في مختلف المنظمات، ربّما لم يواجهوها من قبل، فكيف يستطيع المدير مواجهة هذه التحديات، وكيف يستطيع التكيف مع هذه المتغيرات، ويحافظ على استمرارية المنظمة وازدهارها ونموّها، في ظل القوى والمؤثرات العديدة التي تحيط بها.

وقد أكد العديد من الكتاب على أهمية الدور الذي يضطلع به المدير في ظل هذه الظروف، فيقول كريس ارجايرس (Chris Argyris) "أن المديرين المبدعين، الذين يتوقعون التغيير هم الأمل الوحيد لمواجهة المستقبل بنجاح".[1] ويقول كاتب آخر "إن أعظم المديرين هم الذين سيكونون قادرين على إدارة التغيير".[2]

مفهوم التغيير التنظيمي:

في ظل ظاهرة التغيير الملحوظ والمتسارع في شتى مجالات الحياة، لا تستطيع المنظمة التي تسعى للبقاء والنمو أن تقف مكتوفة اليدين، وأن تترك الأمور للظروف والصدفة تتحكم بمصير المنظمة وتملي عليها نوع التغيير أو المحافظة على الوضع الراهن. بل يتوجب على المديرين السعي الجاد لإدارة عملية التغيير. فمن خلال الجهود الواعية المتواصلة لمراقبة ورصد وتشخيص المتغيرات البيئية الداخلية والخارجية، وتخطيط التغييرات التنظيمية اللازمة لكي تتمكن المنظمة من التكيف مع هذه المتغيرات، وتحسين قدرات المنظمة على حل مشكلاتها، يمكن أن تصبح

المـنظمات أكـثر كفـاءة وفاعليـة في تحقيـق أهـدافها، وأكـثر استجابة لحاجـات وتوقعات المنتفعين.

والتغيير المخطط الواعي ليس فقط رد فعل واستجابة لمعالجة مشكلة معيّنة، وإنما يمكن أن يتضمن رصد وتوقع أي تغيـيرات بيئيـة محتملـة، والعمـل عـلى إحداث التغيير التنظيمي الهادف المسبق قبل حدوث التغييرات المتوقعة فعلياً. كما أن التغيير التنظيمي المخطط ليس مقصوراً على السعي لمحاولة حل مشكلة معيّنة، وإنما يشمل أيضاً أي محاولة لاستغلال فرص وإمكانات معينة والاستفادة منها في تحقيق مزيد مـن النجـاح والنمو للمنظمة.

قوى وأسباب التغيير التنظيمي   Forces of Chang:

لا يحدث التغيير والتطوير في أي منظمة من فراغ أو من العدم، بـل يكـون نتيجـة قوة أو سبب ما ناشئ من داخل المنظمة أو من خارجها.

ومن أهم القوى الداخلية:

- تغيير في أهداف المنظمة، ورسالتها وأغراضها.

- إدخال أجهزة ومعدات جديدة (الأتمتة الإدارية).

- ندرة القوى العاملة.

- إدخال نظم معالجة معلومات متطوّرة.

- الدمج مع منظمات أخرى.

- تدني معنويات العاملين.

- ارتفاع نسبة الدوران الوظيفي.

- حدوث أزمة داخلية طارئة.

- تدني الأرباح.[3]

يعتقد معظم الكتاب والبـاحثين أن القوى الخارجيـة تلعـب دوراً أكبر بكثير مـن القوى الداخلية فيما يتعلق بالتغيير التنظيمي، ويرون أن القوى الخارجيـة هي الدافع الرئيس لهذا التغيير. ويرى الكاتـب لوثانز (Luthans, 1990) أن أهـم القوى الخارجيـة التي تدعو للتغيير التنظيمي هي:

- التنافس الحاد بين المنظمات.
- الأوضاع الاقتصادية، وتعتبر القوة الرئيسة بصورة دائمة للتغيير.
- ظاهرة العولمة/ الكوكبة (Globalization/ Internationalization).[4]

أما الكاتب روبنز (Robbins 1990) فيشير إلى القوى الخارجية التالية:
- إصدار قوانين وتشريعات حكومية جديدة.
- الاتحادات والنقابات المهنية/ العمالية.
- ازدياد الضغوط التي تمارسها الجماعات المنظمة.
- تغييرات سريعة في أسعار المواد.
- المنافسة الشديدة.
- حدوث أزمة خارجية طارئة.[5]

ويصنف (Ivancevich وزملاؤه 1989) القوى الخارجية إلى ثلاث فئات رئيسة
هي:
- التغييرات في الأسواق (المنافسة الشديدة).
- التغييرات التقنية (الثورة المعرفية).
- التغييرات البيئية، فالحركات الاجتماعية والاتصالات الجماهيرية المتطورة،
والأسواق العالمية، أوجدت فرصاً كبيرة وفي نفس الوقت خطراً وتهديداً
كبيرين للمديرين.[6]

وفي الغالب تتواجد أكثر من قوة/ سبب داخلي وخارجي في نفس الوقت يدفع
المنظمة إلى القيام بإحداث تغيير وتطوير تنظيمي.

إدارة عملية التغيير التنظيمي   Managing Org. Chang:
تناول كثير من الكتاب والباحثين كيفية إحداث التغيير ومراحل وخطوات عملية
التغيير، ولكن سنكتفي بمناقشة نموذج كيرت ليوين ونموذج Ivancevich وزملائه ونموذج
(Kotter) في التغيير.

1- نموذج الكاتب كيرت ليوين Kurt Lewin:

لقد طوّر ليوين نموذجاً لإحداث التغيير حظي باهتمام كبير وقبول واسع. ويعتقد الكثيرون أن هذا النموذج والمراحل التي يحددها تساعد كثيراً على إحداث التغيير بنجاح، إذا ما طبق النموذج ومراحله بصورة سليمة. وتجدر الإشارة إلى أن بعض الكتاب ينسبون هذا النموذج إلى الكاتبين Edger Schein و Kurt Lewin.

يقترح ليوين أن أي تغيير مخطط وواع هو عملية تتضمن ثلاث مراحل وهي:

1- إذابة أو إسالة الجليد (Unfreezing): وتتضمن هذه المرحلة زعزعة واستبعاد وإلغاء الاتجاهات والقيم والعادات والممارسات والسلوكيات الحالية للفرد بما يسمح بإيجاد شعور بالحاجة لشيء جديد، فقبل تعلم أفكار واتجاهات وممارسات جديدة ينبغي أن تختفي الأفكار والاتجاهات والممارسات الحالية، ومما يسهل ويساعد على إذابة الجليد – اختفاء السلوك الحالي – الضغوط البيئية الخارجية مثل تدني الأداء والإنتاجية وانخفاض الأرباح ... والاعتراف بوجود مشكلة ما، والإدراك بأن شخصاً آخر اكتشف أفكاراً جديدة.(7)

إن هذه المرحلة هامة جداً، وتلعب دوراً كبيراً في نجاح عملية التغيير، وكثيراً ما تفشل محاولات وجهود التغيير نتيجة إهمال أو إغفال هذه المرحلة وعدم إعطائها الاهتمام المناسب، وتهدف المرحلة كما يعتقد (Fulmer) إلى إيجاد الاستعداد والدافعية لدى الفرد للتغيير، وتعلم معارف أو مهارات أو اتجاهات جديدة عن طريق إلغاء أو استبعاد المعارف والمهارات والاتجاهات الحالية، بحيث ينشأ لدى الفرد نوع من الفراغ يسمح بتعلم أشياء جديدة لملء هذا الفراغ.(8)

ويعتقد شين Schein بأنه يمكن إذابة الجليد – اختفاء الممارسات والاتجاهات الحالية – بإيجاد الدافعية والاستعداد لتعلم أشياء جديدة من خلال التأكيد على عدم جدوى وملائمة الأساليب والطرق والممارسات الحالية للعمل، وإيجاد شعور لدى العاملين بعدم الرضا عنها، ويؤكد على أهمية دور الإدارة في هذه المرحلة، وضرورة السعي والعمل الجاد من جانبها لتقليص معوقات التغيير.(9)

2- التغيير (Changing): وفي هذه المرحلة يتعلم الفرد أفكاراً وأساليب ومهارات ومعارف جديدة، بحيث يسلك الفرد سلوكاً جديداً أو يؤدي عمله بطريقة

جديدة، أي أنه يتم في هذه المرحلة تغيير وتعديل فعلي في الواجبات أو المهام أو الأداء أو التقنيات أو الهيكل التنظيمي ... الخ، وكل هذا يقتضي تزويد العاملين بمعلومات ومعارف جديدة، وأساليب جديدة وآراء وأفكار جديدة، ويشير Schein إلى أن هذه المرحلة تتضمن: ارتباط العاملين بالجهات المبادرة للتغيير وتقمص دور وسيط التغيير (Change agent) وأن يدمجوا في ذاتهم منافع التغيير. [10]

ويحذر لوين (Lewin) من التسرع في الإقدام على هذه المرحلة وتغيير الأمور والأشياء بسرعة غير معقولة، لأن من شأن ذلك أن يؤدي إلى بروز مقاومة لتغيير الوضع الحالي إذا لم يتم إلغاء الوضع الحالي وإلقائه بعيداً، أي إذابة الجليد بشكل سليم، ويصاحب هذه المرحلة الإرباك والتشويش، ومزيج من الشعور بالأمل والقلق.

3- إعادة التجميد (Refreezing): وهذا يعني أن ما تعلمه الفرد من أفكار ومهارات واتجاهات جديدة، في مرحلة التغيير يتم دمجه في الممارسات الفعلية.

وتهدف هذه المرحلة إلى تثبيت التغيير واستقراره بمساعدة الأفراد على دمج الاتجاهات والأفكار وأنماط السلوك التي تعلموها في أساليب وطرق عملهم المعتادة، وتصبح الأساليب والطرق الجديدة سهلة ومرضية، ويمكن أن يتم ذلك من خلال إتاحة الفرصة للعاملين لإظهار السلوك أو الاتجاه، وينبغي استخدام التدعيم أو التعزيز الإيجابي لتعزيز التغيير المرغوب، كما يمكن استخدام التدريب الإضافي وأسلوب النمذجة (Modeling) لتعزيز استقرار التغيير. [11]

وفي هذه المرحلة يعتبر التقويم خطوة أساسية لا ينبغي إهمالها، فالتقويم يعمل على توفير البيانات للأفراد فيما يتعلق بمنافع التغيير وتكاليفه ويساعد على توفير الفرص والإمكانات لإحداث التعديلات البناءة في التغير مع مرور الوقت.

2- نموذج Ivancevich في إدارة التغيير:

يعتبر Ivancevich وزملاؤه أن إدارة التغيير عملية منظمة تتكون من عدد من الخطوات المترابطة بتسلسل منطقي (شكل رقم 1)، وسنتطرق فيما يلي بإيجاز لكل خطوة/مرحلة. [12]

1. قوى التغيير: وقد أشرنا من قبل إلى قوى ومسببات التغيير الداخلية والخارجية.

2. الاعتراف بالحاجة للتغيير: تستطيع إدارة المنظمة أن تعرف حاجتها للتغيير من خلال التقارير والإحصاءات والمعلومات التي تصلها من المصادر المختلفة، فمن خلال البيانات المالية والميزانيات وانخفاض الأرباح، وانخفاض معدلات الأداء وهبوط المبيعات، وتدني معنويات العاملين وغيرها تستطيع الإدارة أن تعرف قوة وكثافة قوى التغيير.

شكل رقم (1)

مراحل عملية التغيير

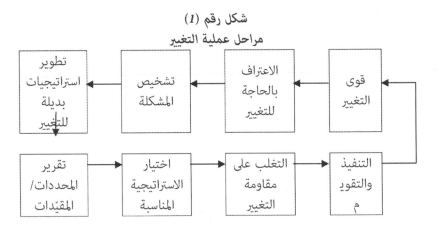

المصدر: Gibson et al, Organizations, p. 556.

3- تشخيص المشكلة: فالتشخيص يهدف إلى تعريف المشكلة وتحديدها، قبل تبني أي إجراء، وقد لا تكون المشكلة ظاهرة وواضحة للجميع، لذا فإن الخبرة وحسن التقدير والاجتهاد الصائب تعتبر أموراً حيوية في هذه الحالة. وفي النهاية، فإن مرحلة التشخيص يجب أن تحدد أهداف التغيير، فبعد تشخيص المشكلة، يجب على الإدارة تحديد الأهداف للمساعدة على توجيه مسار التغيير وتقييم نتائجه.

هذا ويمكن للمنظمة الاستعانة بوسيط تغيير (Change Agent) من داخل المنظمة أو خارجها، للمساعدة في هذه المرحلة والمراحل اللاحقة، ويتم في هذه المرحلة تحديد العلاقة بين المنظمة ووسيط التغيير، ودوره في عملية التغيير، بصورة

واضحة كما أنه يتم تقرير مدى مشاركة الأفراد العاملين في المنظمة في عملية التغيير.

4- تطوير بدائل واستراتيجيات / أساليب التغيير: تقوم الإدارة و/أو وسيط التغيير بتقرير أي من استراتيجيات التغيير الأكثر احتمالاً أن تحقق النتائج المرجوة، وهناك ثلاث استراتيجيات عامة للتغيير:

أ. تغيير البناء التنظيمي.

ب. تغيير الناس.

جـ تغيير التقنيات.

إن الاستراتيجيات الثلاث مكمّلة لبعضها البعض ومترابطة.

- **أمّا تغيير البناء التنظيمي** فيتضمن الجهود لتحسين الأداء من خلال تعديل وتغيير البناء التنظيمي الرسمي، وتصميم الوظائف، وعلاقات السلطات ... الخ.

- **استراتيجيات تغيير السلوك**، وتشمل الجهود الموجهة لتغيير دافعية العاملين ومعارفهم ومهارتهم واتجاهاتهم ومن بين الوسائل المستخدمة: التدريب، وبناء الفريق، وتدريب الحساسية.

- **التغيير التقني**، ويتضمن استخدام فنون وأساليب ومعدات وأجهزة جديدة.

5- تقرير المحددات / الظروف المقيدة (Limitations): يتوقف اختيار استراتيجية / أسلوب التغيير على تشخيص المشكلة، ولكنه يتأثر كذلك ببعض المتغيرات والظروف الآنية السائدة في المنظمة ومنها مناخ القيادة، والتنظيم الرسمي، وثقافة المنظمة. فمن ناحية يعتبر دعم الإدارة العليا وتحمسها للتغيير المقترح أمر ضروري لنجاح التغيير، ومن ناحية أخرى، يجب أن يتوافق التنظيم الرسمي مع التغيير المقترح، وتدخل في ذلك سياسات وفلسفة الإدارة العليا، وتصميم المنظمة، ونظام الرقابة، وأخيراً لا يمكن إغفال دور القيم والمعايير والقواعد السلوكية (ثقافة المنظمة).

6- مقاومة التغيير: على الإدارة أن تدرك بأن مقاومة التغيير أمر طبيعي، ويتوجب عليها معرفة مسببات المقاومة ومعالجتها، وسنناقش هذا الموضوع لاحقاً.

7- **تنفيذ التغير ومتابعته:** تتضمن هذه المرحلة عنصرين/بعدين، وهما:

1. التوقيت.
2. النطاق.

أما التوقيت فيعني معرفة متى يتم إحداث التغيير، وأما النطاق فيشير إلى معرفة مدى / مقدار التغيير الذي يجب أن يتم، وأن مسألة التوقيت هي أمر استراتيجي، وتعتمد على عوامل كثيرة، وبخاصة: دورة عمل المنظمة، والأعمال الأولية التي سبقت التغيير، فأي تغيير رئيس يجب أن لا ينافس ويعارض العمليات اليومية، وقد يكون من الأسهل تنفيذ التغيير في فترة ركود العمل، ومع ذلك إذا كان التغيير حيوياً لبقاء المنظمة، فلا مناص من التنفيذ الفوري.

أما نطاق التغيير فيتوقف على استراتيجية التغيير، وقد يتم تنفيذ التغيير في جميع أنحاء المنظمة، ويتم تكريسه بسرعة، أو يمكن تنفيذه على مراحل، ومن مستوى لآخر، ومن إدارة لأخرى.

أما المتابعة فتهدف إلى توفير معلومات عن التغذية الراجعة.

3- نموذج الكاتب كوتر (Kotter):

يقترح الكاتب أن التغيير التنظيمي الناجح يتبع الخطوات الثماني الآتية: [13]

1- إيجاد شعور بالحاجة للتغيير (Establishing a sense of Urgency): وتتضمن رصد الحقائق التنافسية، والأزمات الحالية، والأزمات والفرص المحتملة.

2 إيجاد تحالف موجه للتغيير (Creating a guiding coalition): إن جهود التغيير التنظيمي تتطلب جماعة قوية في المنظمة لتوجيه التغيير، ويجب أن يعمل هذا التحالف بمثابة فريق عمل.

3- تطوير رؤية واستراتيجية (Developing a vision and Strategy): إن قائد التغيير الناجح لديه رؤية لتوجيه التغيير والاستراتيجيات لتحقيق هذه الرؤية.

4- إيصال رؤية التغيير (Communicating the change vision): إن قائد التغيير الناجح يستخدم كل وسيلة ممكنة لتوصيل الرؤية الجديدة واستراتيجيات تحقيقها.

5- **تمكيـــن العمـــل ذي القاعـــدة العريضـــة** (Empowering broad-based action): تتطلب جهود التغيير إزالة المعوقات، وتغيير العمليات والهياكل التـي تعيق التغيير، وتشجيع الطرق غير التقليدية لإنجاز التغيير.

6- **تحقيـــق مكاسب/إنجـــاز على المـدى القصيـر** (Generating short-term wins): من الضروري التخطيط لتحسينات مرئية / ملموسة، وتحقيق التحسـين، ومكافأة أولئك الذين يسهمون بشكل فعال.

7- **تكريس المكاسب وتحقيق مزيد مـن التغييـر** (Consolidating gains and Producing more change): ومـــع تزايـــد قـوة الـدفع، تستخدم المكاسب لتحقيق مكاسب إضافية ومزيد من المشاركين الذيـن يستطيعون تجديـد وتفعيـل التغييـر بصورة أكبر.

8. **ترسيخ مناهج جديدة في ثقافة المنظمة** (Anchoring new approaches in the Organizational culture): إن قيادة التغيير الناجحة توضح بعنايـة الارتبـاط بـين السلوكيات الجديدة ونجـاح المنظمـة، وتسعى لاتخاذ الإجراءات التـي تضـمن استمرار جهود التغيير، وليست مرهونة ببقاء فرد معين، حتى وإن كان القائد،

استراتيجيات/ مداخل التغيير التنظيمي Strategis/Approaches to Chang:
مع تزايد الاهتمام بالتغيير والتطوير التنظيمـي منذ السـتينات في القرن الماضي، حاول العديد من الكتاب والباحثين والمعنيين بهذا الموضوع، تطوير استراتيجيات ومداخل متنوعة لتحقيق التغيير المخطط الواعي في المنظمات، فيما يتعلق بحشد الجهود وكسـب الدعم والتأييد للتغيير، وإحداث التغيير وتقييم نتائجه، وقد سعى عـدد مـن الكتاب إلى تصنيف هذه الاستراتيجيات والمداخل استناداً إلى أسس ومعايير عديدة، وأهمها:

1- مجال/ موضوع التغيير.

2- كيفية إحداث التغيير.

3- الجهة (الوحدة) المستهدفة من التغيير.

وقد كان اهتمام الكتاب مركزاً على الأساس الأول وهـو "مـا الـذي يجـب تغيـيره"، والذي ستتم مناقشته بمزيد من التفاصيل.

لقد صنف الكاتب ليفيت (Harold Leavitt) مداخل التغيير التنظيمي إلى أربع مداخل عامة:

1- **تغيير هيكلي**: ويركّز على تحسين أداء العمل من خلال توضيح وتحديد الأعمال، وإيجاد العلاقات المناسبة بـين الوظائف، وتحديد نطاق الإشراف، وتحديد السلطات، واللامركزية وغيرها.

2- **التغيير التقني**: ويركز على بحوث العمليات ونظم معالجة المعلومات.

3- **تغيير الأفراد**: الاهتمام بتعديل وتغيير سلوك الأفراد.

4- **تغيير الأعمال**: التي يمارسها الأفراد والجماعات.

لكن ليفيت ينظر إلى المنظمة على أنها نظام يتكون مـن محصلة تفاعـل الهيكـل التنظيمي والأعمال والتقنيات والناس، وهذه المناهج المختلفة ركزت على متغير وأهملـت الأخرى، ويقترح مدخلاً يأخذ في الاعتبار المتغيرات السابقة.(14)

أما الكاتبان (Benne, Chin) فيقترحـان التصنيـف التـالي لاستراتيجيات التغيير التنظيمي:

1- **استراتيجيات/مناهج التغيير العقلانية التجريبية (Empirical–Rational)**
وتستند هذه الاستراتيجيات إلى أن الإنسان عقلاني وراشد، وأنه سيطبق التغيير المقترح إذا اقتنع بأنه سيستفيد من التغيير، ومن هذه المناهج: البحث الأساسي، ونشر المعرفة، واختيار العاملين، وتحليل النظم، والبحث التطبيقي.

2- **استراتيجيات المعـايير وإعـادة التعليـم (Normative – Reeducative):**
وتستند هذه الاستراتيجيات إلى أن سلوك الإنسان وأفعاله تتأثر بالقيم والعادات والتقاليد، وأن التغيير في أسلوب وممارسة معينة سوف يحدث فقط حينما يغير الفرد قيمه ومعاييره نحو الممارسات والطرق القديمة، ويطور التزاماً بالجديد، وتركز هذه المناهج علـى التعلـم من خلال الخبرة والتجربة، وإعادة تعلم الفرد، والانفتاح، والثقة بين الأفراد، ويدخل ضمن هذه الاستراتيجيات تحسين قدرة المنظمة على حل المشكلات، وتطوير الأفراد.

3- **استراتيجيات الإكراه/القسر (Power - Coercive)**: وهـذه تركـز على الإجراءات والترتيبات السياسية والاقتصادية، وعلى القوة المعنوية في تغيير سلوك الفرد.[15]

ومن بيـن أساليـب ومداخـل التغيير التنظيمي التـي أشـار إليهـا الكاتـب هـيكمان (Craig R, Hickman, 1994) ما يلي:

- **التمكين والمساءلة (Empowerment and Accountability)**، وتركز على تطوير الأفراد والتزامهم وتصميمهم والشعور بالمساءلة عن نتائج أعمالهم.

- **بناء العمل الفريقي (Work Team)**، حيث يستخـدم هيكلية الفريـق (team structure) بدلاً من إسناد جزء محدد من العمل لكـل فـرد. ويشـارك أعضـاء الفريـق في إنجاز وظائف/أعمال حيوية، ويساعد ذلك على تحسـين الأداء، والفاعليـة والكفـاءة ورضـا العاملين.

- **إعادة هندسة العمليات (Reengineering of Work Processes)**: إعادة النظر في الأسلوب المتبع في تجزئة العمل إلى مهام بسيطة وبدلاً من ذلك إعادة دمج المهام الرئيسة في عمليات متماسكة (Coherent Processes) بحيث تبدأ المنظمة من الصفر في إعادة تصميم العمليات، لقد أصبحت عمليات إنتاج سلعة أو تقديم خدمة معقدة، وآن الأوان لأن يستطيع الفـرد رؤية الصـورة كاملـة عن العمل (Whole Picture).

- **إدارة الجودة الشاملة Total quality Management.**

- **المقارنـة المنتظمـة (Systematic Bench Marking)** بـالمنظمات المتميـزة في نفس المجال.

- **الاستقلالية واللامركزية (Autonomy and Decentralization).**[16]

ويمكن أن نضيف إلى هذه الاستراتيجيات والأساليب: تغيير ثقافة المنظمة، وتغيير في عمليات المنظمة (القيادة، اتخاذ القرارات والاتصالات).

أما الكاتب لاري جراينر (Greiner) فقد صـنف اسـتراتيجيات التغيـير عـلى أسـاس كيفية إحداث التغيير إلى ثلاث:

1- Unilateral، وتعتمد على دور الشخص في موقع السلطة لإحداث التغيير، وقد تتخذ شكل إصدار قانون أو مرسوم أو قرار وغيرها.

2- المشاركة في القوة (Power Sharing)، وتستخدم في صورتين: اتخاذ القرارات بوساطة الجماعة، وحل المشكلات بوساطة الجماعة.

3- السلطة المفوضة (Delegative Authority)، وهنا تعهد مسؤولية تحديد المشكلات ومعالجتها للجماعة عن طريق دراسة الحالة، وتدريب الحساسية وتدريب الجماعة، حيث التركيز على العلاقات بين الأفراد.[17]

اختيار استراتيجية/ مدخل التغيير   Selecting Change Approach:

من أهم العوامل التي تؤثر في قرار اختيار استراتيجية التغيير المناسبة هي: أهداف التغيير، والجهة المستهدفة من التغيير (الفرد أم الجماعة أم المنظمة)، والموارد المتاحة، والفرص (الإمكانات) والمقيدات، ووسيط التغيير. وسنناقش هذه العوامل باختصار.

1- أهداف التغيير:

يعتبر تحديد أهداف التغيير التنظيمي من أصعب وأهم جوانب عملية التغيير. نعم إن الهدف النهائي للتغيير التنظيمي هو المساعدة على إيجاد منظمة حيوية، ومتجددة، ومبدعة، ومتكيفة، ولكن التعارض والتضارب بين هذه الأهداف أمر محتمل جداً، وهو ما يشكل تحدياً لوسيط التغيير.

وفي عملية تحديد الأهداف يجب الأخذ في الاعتبار بعدين هامين: مضمون الأهداف وكيفية تحديد الأهداف. إذ أن تحديد الأهداف من قبل وسيط التغيير أو الإدارة العليا، أو بمشاركة العاملين سيؤثر على قرار اختيار استراتيجية التغيير.

ولا يقل مضمون الأهداف أهمية عن طريقة تحديد الأهداف، فالأهداف مثل المرونة في الهيكل التنظيمي، وتحسين الدافعية، وزيادة الإبداعية، والاتصالات المكثفة المفتوحة ... الخ، تتطلب مداخل/مناهج مختلفة للتغيير، وبصورة عامة يمكن القول بأنه يتم اختيار الاستراتيجية التي تناسب مدى التغيير السلوكي المطلوب لسد الفجوة بين المرغوب وبين الواقع.

ومـن بـين الأمـور الأخـرى المتعلقـة بأهـداف التغيـير والتـي لا ينبغـي إغفالهـا أو إهمالها، درجة الإلحاح، وإمكانية تحقيق الأهداف.

2- الجهة المستهدفة (Target of Change):

يمكن أن تكون الوحدة/الجهـة التـي يسـتهدفها التغيـير التنظيمـي أحـد الجهـات التالية (أو جهتين أو جميعها)، وهي: الفرد، والجماعـة، والمنظمـة. إن التغيـير عـلى المـدى البعيد سيتناول الجهات الـثلاث، ولكـن القـرار الحسـاس الهـام هـو فـيما يتعلـق بالجهـة المسـتهدفة مـن التغيـير في المـدى القصـير، وهـذا القـرار سـيكون لـه تـأثير عـلى اختيـار استراتيجية التغيير.

3- الموارد المتاحة (Resources Available):

يمكن النظر إلى جهود التغيير التنظيمي باعتبارها نـوع مـن أنـواع الاسـتثمار الـذي يستلزم توافر الموارد للبدء في عملية التغيير وتنفيذه ومتابعتـه وتقـويم نتائجـه والحفـاظ على استمراريته، وتشتمل الموارد اللازمة على: القوى العاملـة، والمـال، والأجهـزة، والمعرفـة والخبرة، والوقت، وكذلك الإرادة والنية الحسنة والثقة وغيرها.

وتتطلب كل اسـتراتيجية مزيجـاً مـن المـوارد يختلـف عـما تتطلبـه الاسـتراتيجيات الأخرى.

4- الفرص المواتية والقيود (Opportunities and Limitations):

من الأمور الواجب تقييمها الإمكانيات والفرص المتاحة التي يمكن أن تسـاعد عـلى تسهيل عملية التغيير، وكذلك القيود والمحددات (القـوى المضـادة) التـي يمكـن أن تعيـق عملية التغيـير، فكـل اسـتراتيجية أو مـدخل للتغيـير يتطلـب مزيجـاً مختلفـاً مـن المـوارد والظروف المفضلة، وبذلك فإن الاختيار الصائب للاستراتيجية يتوقف على التقييم الـدقيق للمنظمة وبيئتها، والعاملين فيها، ووسيط التغيير، والاستراتيجية ذاتها.

5- وسيط التغيير (Chang Agent):

وسيط/وكيـل التغيـير هـو مهنـي (Professional) يسـاعد المنظمـة عـلى إحـداث التغيير سواء فـيما يتعلـق باسـتثارة اهتمامهـا بـالتغيير أو تخطيطـه أو توجيـه التغيـير أو

تقييمه، وقد يكون وسيط التغيير فرداً أو جماعة أو منظمة، وقد يكون من داخل المنظمة التي يشملها التغيير أو من خارجها.

لقد انتشرت ظاهرة وسطاء التغيير في التغيير التنظيمي منذ الحرب العالمية الثانية، وقلما نجد محاولة جادة في التغيير التنظيمي تتم بدون وسيط تغيير.

فالأمر الهام هنا هو تحديد العلاقة بين وسيط التغيير والمنظمة التي يحاول الوسيط مساعدتها، وتختلف طبيعة هذه العلاقة باختلاف الظروف. أما الأمر الثاني بشأن من سيقوم بالتغيير فهو يتعلق بأعضاء المنظمة نفسها، ولا بد من اتخاذ قرار بشأن مشاركة أفراد المنظمة في عملية التغيير.

وبغض النظر عن الاستراتيجية التي يتم اختيارها، يرى الكاتب ارجايرس (Argyris) أن أي نشاط أو منهج للتغيير يجب أن يفي بثلاثة متطلبات رئيسة، وهي:

1. الحصول على المعلومات الصحيحة الصادقة، فبدون المعلومات الصادقة سيكون من الصعب على المنظمة المهتمة بالتغيير التعلم، كما يصعب على وسيط التغيير تقديم المساعدة الناجحة.
2. الاختيار الحر المبني على المعلومات.
3. التزام المنظمة بالتعلم والتغيير، والتزامها بالخيارات التي تتخذها.

هذه المتطلبات والشروط الثلاثة: المعلومات الصحيحة، والاختيار الحر، والالتزام الداخلي تعتبر جزءاً رئيساً لا يتجزأ من أي نشاط تغييري في المنظمة.(18)

مقاومة التغيير **Change Resistance:**

تعتبر مقاومة الناس للتغيير أمراً حتمياً، مثلما أن التغيير أمر حتمي ولا مناص منه، فالإنسان بطبعه يميل إلى مقاومة تغيير الوضع الراهن لما قد يسببه التغيير من إرباك وإزعاج وقلق وخوف وغيرها.

الأسباب التي تدعو الأفراد لمقاومة التغيير (Reasons for Resistance):

هنالك أسباب عديدة قد تدفع الفرد لمقاومة التغيير التنظيمي، بعضها ناشئ عن الفرد ذاته، وبعضها الآخر ناشئ عن الجماعة، وهناك أسباب مصدرها المنظمة.

ومن أهم مصادر مقاومة التغيير التي أشار إليها (Shermerhorn) وزملاؤه:

- الخوف من المجهول.
- الحاجة للأمان والاستقرار.
- عدم وجود شعور بالحاجة للتغيير.
- تهديد مصالح ومزايا مكتسبة.
- تفسيرات متباينة.
- توقيت سيئ.
- الافتقار للموارد.[19]

أما (Kinicki و Kreither) فيقترحان أن الأفراد يقاومون التغيير للأسباب الآتية:

- المفاجأة والخوف من المجهول.
- مناخ عدم الثقة.
- الخوف من الفشل.
- فقدان المركز أو الأمان الوظيفي.
- الضغط من الزملاء على الفرد باتجاه مقاومة التغيير.
- إرباك العلاقات الاجتماعية.
- تضارب الشخصيات.
- افتقاد الحصافة والحنكة، إضافة إلى التوقيت السيئ.[20]

ويشير الكاتبان إلى العلاقة بين نوع التغيير المطلوب والمخطط وشدة (قوة) مقاومة التغيير، ففي حالة التغيير التكيفي (adaptive) – مثلاً إدخال أسلوب عمل مألوف – تكون المقاومة منخفضة، وتزداد شدة المقاومة في حالة التغيير الإبداعي (Innovative) – إدخال أسلوب عمل جديد – وتبلغ المقاومة ذروتها في حالة الإبداع الجذري (Radical innovation) مثل إدخال أسلوب جديد بالنسبة لمجال / نشاط المنظمة.[21]

معالجة مقاومة التغيير **Handling Resistance**:

لا يمكن إغفال مقاومة التغيير وتأثيرها على نجاح وفاعلية التغيير، ومع ازدياد شدة مقاومة التغيير في جميع مستويات وأجزاء المنظمة، فإن احتمالات نجاح التغيير تصبح محدودة جداً وتكاد لا تذكر، ومن هنا يجب على الإدارة أن تسعى بجد وأن تبذل قصارى جهدها وتتخذ شتى الإجراءات والوسائل الكفيلة بتخفيف مقاومة التغيير.

ومن بين الاستراتيجيات / الوسائل العامة لتقليص مقاومة التغيير:(22)

1- التعليم والاتصال (Education and Communication): وتتضمن مناقشة موضوع التغيير مسبقاً مع العاملين، وإعلامهم من خلال المناقشات والمذكرات واللقاءات بالتغيير المزمع إحداثه ومبرراته وأهدافه ... الخ.

2- المشاركة (Participation): وتتضمن السماح للآخرين بالمساعدة في تخطيط وتصميم التغيير وتنفيذه، والطلب من الأفراد تقديم مقترحاتهم وأفكارهم ومشورتهم، أو تشكيل لجان وفرق عمل.

3- الدعم والمؤازرة (Facilitation and Support): تقديم المساندة الاجتماعية/العاطفية للتغلب على صعوبات ومخاطر التغيير، والإصغاء بعناية للمشكلات والتذمر، وتوفير التدريب على الأساليب الجديدة وغيرها.

4- التفاوض والقبول (Negotiation and Acceptance): تقديم الحوافز للأفراد المحتمل قيامهم بمقاومة التغيير، وإجراء بعض المساومات ... تقديم مزايا خاصة مقابل الحصول على تعهد بعدم إعاقة التغيير.

5- التحكم والاستمالة (Manipulation and Cooptation): وتشمل استخدام المحاولات والجهود الخفية للتأثير على الآخرين، وتزويد الأفراد بالمعلومات بصورة انتقائية.

6- الإكراه الصريح والضمني (Explicit and Implicit Forcing): استخدام القوة/السلطة لإجبار الآخرين على قبول التغيير، وتهديد أي فرد يقاوم التغيير بأنواع النتائج السلبية الممكن اتخاذها في حال عدم الموافقة على التغيير.

فوائد محتملة للمقاومة   Positive Outcomes of Resistance:

يرى بعض الكتاب والباحثين أنه ليست كل أشكال وصور مقاومة التغيير فردية أم جماعية، سيئة، بل إن مقاومة التغيير يمكن أن تحقق النتائج الإيجابية الآتية:

1- يمكن لمقاومة التغيير أن تشجع الإدارة على تفحص مقترحاتها للتغيير بشكل متعمق وبجدية متناهية للتأكد من أنها مناسبة، وفي هذه الحالة يعمل الأفراد نوعاً من التدقيق والتوازن للتأكد من أن الإدارة تخطط وتنفذ التغيير بشكل سليم، وهكذا فإن المقاومة المعقولة إذا ما دفعت الإدارة لتفحص التغييرات المقترحة يكون الموظفون قد منعوا الإدارة من اتخاذ قرارات غير سليمة.

2- مقاومة التغيير يمكن أن تساعد على اكتشاف بعض مجالات ومواطن المشكلات/الصعوبات التي يحتمل أن يسببها التغيير، وبذلك تقوم الإدارة باتخاذ الإجراءات الوقائية قبل أن تتطور وتتفاقم المشكلة، وفي ذات الوقت يمكن أن تشجع الإدارة على بذل مزيد من الجهد والاهتمام في إعلام الموظفين وإحاطتهم علما بالتغيير، والذي يؤدي بالنهاية إلى تقبل أفضل للتغيير.

3- المقاومة تزود الإدارة بالمعلومات حول حدة وشدة مشاعر الأفراد بشأن قضية معينة، كما توفر متنفساً للأفراد للتعبير عن مشاعرهم، ويمكن أن تشجع الأفراد على التفكير والتحدث عن التغيير بصورة أكبر حتى يتفهموه بصورة أفضل. [23]

ونخلص إلى القول بأن مقاومة التغيير أمر طبيعي بين الأفراد وعلى الإدارة (ووسيط التغيير) أن تعي وتدرك ذلك وتتفحص مسببات مقاومة التغيير، ودوافعه وأبعاده، وأن تحرص على اختيار المنهج أو الأسلوب الذي يحقق التوافق الأنسب بين التغيير وظروف الموقف والناس الذين سيتأثرون بالتغيير.

أسئلة للمراجعة والنقاش

س1: وضح مفهوم التغيير التنظيمي؟

س2: اشرح باختصار الأسباب والقوى الداخلية التي تدعو للتغيير التنظيمي؟

س3: ما هي الأسباب والقوى الخارجية للتغيير التنظيمي؟ اشرح باختصار.

س4: ناقش نموذج الكاتب كيرت ليوين في إدارة عملية التغيير التنظيمي؟

س5: اشرح نموذج الكاتب (Ivancevich وزملاؤه) في إدارة التغيير؟

س6: ناقش نموذج الكاتب كوتر (Kotter) في إدارة التغيير التنظيمي؟

س7: اشرح باختصار أهم استراتيجيات/مداخل التغيير التنظيمي؟

س8: نافش أهم العوامل المؤثرة في اختيار استراتيجية التغيير؟

س9: ما هي المتطلبات الثلاثة الواجب توافرها في أي جهد للتغيير التنظيمي حسب رأي الكاتب ارجايرس (Argyris)؟

س10: اشرح باختصار الأسباب التي تدعو الأفراد في المنظمات لمقاومة التغيير التنظيمي؟

س11: ناقش الفوائد المحتملة للمقاومة؟

س12: اشرح طرق ووسائل معالجة مقاومة التغيير التنظيمي؟

قائمة الهوامش

1- Robert M. Fulmer, (1983), <u>The New Management</u>, 3rd ed. New York: Macmillan Publishing Co., Inc., P. 349.

2- <u>Ibid.</u>, P. 348.

3- Stephen P.Robbins, (1983), <u>Organization Theory: The Structure and Design of Organizations</u>, (Englewood Cliffs, N. J.: Prentice – Hall, Inc. PP. 269-272.

4- Fred Luthans (1989), <u>Organizational Behavior</u>, 5th ed. (N.Y.: McGraw– Hill, Co., PP. 593-598.

5- Robbins, <u>Organization Theory</u>, PP. 269-272.

6- John Ivancevich, James Donnelly, jr. and James Gibson (1989), <u>Management: Principles and Functions</u>, 4th ed. Homewood, Ill.: IRWIN, PP. 558-559.

7- John R. Schermerhorn, Jr., James G. Hunt, Richard Osborn (1991), <u>Managing Organizational Behavior</u>, 3rd rd., New York: John wiley and sons, P. 469.

8- Fulmer, <u>The New Management</u>, P. 362.

9- Robert Kreither and Angelo Kinicki (1992), <u>Organization Behavior</u>, Home wood, Ill: IRWIN, P. 739.

10- Fulmer, <u>The New Management</u>, P. 365.

11- Kreitner and Kinicki, <u>Organization Behavior</u>, P. 739.

12- Ivancevich et al, <u>Management</u>, PP. 559-580.

13- John P. Kotter (1996), <u>Leading Change</u>, Boston: MA: Harvard University Press, P. 21.

14- Harold J. Leavitt in, <u>Applied Organization Change and Development</u>, edited by Gene Dalton, Paul Lawrence and Larry Greiner (1970), (Homewood, Ill. Richard D. Irwin, Inc. PP. 198-212.

15- Robert Chin and Kenneth Benne, "General Strategies for Effecting Changes in Human Systems", "<u>in Tomorrow's Organization: Challentes and Strategies</u>", edited by Jony S. Jun and William B. Storm (1973), (Glenview, Ill.: Scott, Foresman and Co., PP. 310-330.

16- Craig R. Hickman (1994), <u>The Organization Game</u>, Englewood Cliffs, N. J.: Prentice – Hall.

17- Larry Greiner, "Patterns of Organization Change" in Dalton et al, <u>Applied Organization Change</u>, PP. 213-229.

18- Chris Argyris (1970), <u>Intervention Theory and Methods: A Behavioral Science Review</u>, Reading, Mass.: Addison – Wesley Publishing Co., PP. 16-17.

19- Shermerhorn et al, <u>Managing Organizational Behavior</u>, P. 500.

20- Kreitner and Kinicki, <u>Organization Behavior</u>, P. 733.

21- <u>Ibid.</u>, P. 738.

22- John Kotter and Leonard A. Schlesinger in Schermerhorn et al, <u>Managing Organizational Behavior</u>, PP. 502-503.

23- Keith Davis and John Newstrom (1989), <u>Human Behavior at Work</u>, 8th ed., New York: McGrow – Hill Book Co., PP. 292-293.

الفصل الثاني عشر

إدارة الإبداع في المنظمات
Managing Innovation in

Organizations

الأهداف:

بعد أن تكون قد أنهيت دراسة هذا الفصل، سوف تكون قادراً على:

1- توضيح مفهوم الإبداع وحاجة المنظمات إليه.

2- وصــف أنــواع الإبــداع التنظيمــي ومسـتوياته وكيـف يـتم الإبداع.

3- شرح أهمية إدارة الإبداع في المنظمات.

4- التعرف على معوقات الإبداع في المنظمات.

5- التعرف على وسائل وطرق تنمية وتطوير القدرات الإبداعية للمنظمات.

الفصل الثاني عشر

إدارة الإبداع في المنظمات

Managing Innovation in Organizations

الإبداع ظاهرة قديمة، فمنذ بدء الخليقة والإنسان يبدع ويخترع في كل المجالات، سعياً للتكيف مع الظروف من ناحية وإيجاد الظروف المرغوبة، من ناحية أخرى.

وفي هذا الفصل ستتم مناقشة مفهوم الإبداع، والحاجة إلى الإبداع، وأنواعه وعملية الإبداع ومستوياته، ثم معوقات الإبداع وكيفية تنميته وتطويره في المنظمات.

مفهوم الإبداع:

الإبداع في اللغة العربية من "بدع"، وبدع الشيء أي "أنشأه على غير مثال سابق".[1] وفي اللغة الإنجليزية تعني كلمة "Innovate" "إحداث/إيجاد شيء جديد"،[2] وقد عرف الإبداع بأنه "تطبيق فكرة طورت داخل المنظمة أو تمت استعارتها من خارج المنظمة سواء كانت تتعلق بالمنتج أو الوسيلة أو النظام أو العملية أو السياسة أو البرنامج أو الخدمة، وهذه الفكرة جديدة بالنسبة للمنظمة حينما طبقتها".[3] كما عرف الإبداع بأنه "تغيير في ناتج الموارد، أو بلغة الاقتصاد تغيير في القيمة والرضا الناتج عن الموارد المستخدمة من قبل المستهلك".[4]

وعرفه كاتب ثالث بأنه "عملية معينة يحاول فيها الإنسان عن طريق استخدام تفكيره وقدراته العقلية وما يحيط به من مثيرات مختلفة وأفراد مختلفين، أن ينتج إنتاجاً جديداً بالنسبة له أو بالنسبة لبيئته، شريطة أن يكون هذا الإنتاج نافعاً للمجتمع الذي يعيش فيه".[5] وترى الكاتبة أمابيل (Amabile , 1983) بأنه يمكن القول بأن إنتاجاً أو استجابة ما إبداعية بقدر ما تكون جديدة أو مناسبة أو مفيدة أو صحيحة ... وأن العمل الإبداعي استكشافي وليس مسألة حسابية، فالأعمال الحسابية تخضع لقواعد ثابتة والطريق إلى الحل واضح ومباشر، بينما العمل الاستكشافي ليس محدداً ولا يوجد طريق واضح للحل.[6]

يمكن الاستنتاج من التعاريف السابقة وغيرها بأن الإبداع عملية تتضمن النظر إلى الظواهر والأشياء والمشكلات بمنظور وعلاقات جديدة غير مألوفة، يتفاعل فيها الفرد والعمل وبيئة المنظمة والبيئة العامة، ويقوم الفرد (أو الجماعة أو المنظمة) بالبحث والاستقصاء والربط بين الأشياء بما يؤدي إلى إنتاج شيء جديد وأصيل وذي قيمة للمجتمع، وقد يتعلق هذا الشيء الجديد بسلعة أو خدمة أو أسلوب عمل جديد أو أداة جديدة أو عملية مثل أفكار جديدة في القيادة والإشراف والاستراتيجيات واتخاذ القرارات أو طرق جديدة في تصميم العمل أو تصميم الهيكل التنظيمي وغيرها.[7]

يلاحظ أن بعض الكتاب يميز بين الإبداع والاختراع، حيث يرون أن الاختراع يسبق الإبداع ويتوقف عند مستوى/مرحلة الوصول إلى الفكرة، أما الإبداع فيشمل تطبيق الفكرة، في حين يرى آخرون أن الاختراع درجة من درجات الإبداع حيث تكون جدة الإبداع على المستوى العالمي، أما الإبداع فيتضمن الجدة على المستوى المحلي.[8]

الحاجة للإبداع The Need for Innovation:

تعمل المنظمات المعاصرة في ظل ظروف متغيرة ومعقدة تفرض عليها تحديات عديدة وكبيرة لم تشهدها من قبل، وينبغي على المنظمات مواجهة هذه التحديات بسرعة ولكن بكفاءة وفعالية، الأمر الذي يتطلب قدرات إبداعية عالية لدى المنظمات تتمكن من تطوير حلول وأفكار وآراء جديدة تمكن المنظمات من الاستمرار بل والنمو. ويزداد الاهتمام بموضوع الإبداع في ظل التحديات المتنامية التي تفرضها ظاهرة العولمة/الكوكبة والتغيرات التقنية المتسارعة والمنافسة الشديدة والثورة المعلوماتية والاتفاقيات الدولية بشأن التجارة الحرة وغيرها، وقد أكد العديد من الكتاب والباحثين على حاجة المنظمات للإبداع من خلال تأكيدهم على أن الإبداع أصبح من بين وظائف المدير الرئيسة، وإن من واجب كل مدير أن يتعلم كيف يدير عملية التغيير والإبداع، وأصبح الإبداع أمراً ضرورياً وحيوياً للمنظمة، وليس ترفاً أو أمراً ثانوياً.

وقد استجابت المنظمات للحاجة إلى الإبداع بطرق مختلفة وبدرجات متفاوتة من الاهتمام والعناية، فالبعض قد تبنى سياسات شاملة للإبداع على مستوى الأفراد

والجماعة والمنظمة، وقام البعض بإنشاء وحدات تنظيمية خاصة لتطوير الإبداع وتنميته مثل وحدات التطوير الإداري والتطوير التنظيمي، والبحوث والتطوير وغيرها. كما قامت منظمات عديدة بتدريب الأفراد والجماعات فيها على السلوك والتفكير الإبداعي، وأخذت المنظمات تتنافس فيما بينها في مجال الإبداع، وتنظر إليه باعتباره ميزة تنافسية، وهذه المنافسة الحادة تؤدي إلى ظهور إبداعات سريعة أكثر جدة، مما لا يسمح بالاستفادة من الإبداع لفترة طويلة، وبالتالي ينخفض مردود الاستثمار في الإبداع وتتزايد تكاليفه مع مرور الزمن. [9]

أما في وطننا العربي، فهنالك حاجة ماسة للإبداع على مستوى الأفراد والجماعات والمنظمات، وفي شتى المجالات والميادين لتحقيق التنمية الشاملة بجميع أبعادها، والصمود في مواجهة التحديات الكبيرة، الداخلية منها والخارجية، وتمكينه من صنع حضارة جديدة تعيد له مكانة الصدارة بين حضارات الأمم.

أنواع الإبداع   Types of Innovation:

يصنف الإبداع إلى نوعين:

1- إبداع إداري.

2- إبداع فني. [10]

يشتمل الإبداع الإداري على تغييرات في الهيكل التنظيمي، وتصميم الوظائف، وعمليات المنظمة، وسياسات واستراتيجيات جديدة، ونظم رقابة جديدة، وغيرها. أما الإبداع الفني فيمكن أن يشمل تطوير منتجات أو خدمات جديدة أو تغييرات في التقنيات التي تستخدمها المنظمة، وتغييرات في فنون وأساليب الإنتاج، وإدخال الحاسوب في العمل، وغيرها. [11]

لقد ركزت المنظمات على الإبداع الفني أكثر بكثير من الإبداع الإداري، ونشأ عن ذلك فجوة ثقافية، وأصبحت النظم والممارسات الإدارية والتنظيمية متخلفة كثيراً عن الجوانب الفنية، وقد اهتم الكتاب والباحثون بدراسة العلاقة بين الإبداعات الفنية والإبداعات الإدارية في المنظمات المختلفة ومدى تأثير التفاوت في مدى وسرعة الإبداع في كلا النوعين على أداء المنظمة، وكشفت الدراسات عن وجود فجوة تنظيمية

ناتجة عن التفاوت الكبير بين الإبداع الفني والإبداع الإداري، فالمنظمات تميل إلى الاهتمام والتركيز على الإبداع الفني أكثر من الإبداع الإداري، وكشفت الدراسات أن نسبة الإبداعات الفنية أكبر بكثير من الإبداعات الإدارية، ونتج عن ذلك فجوة بين النوعين أثرت بصورة سلبية على أداء المنظمة.

ووجدت الدراسات أن المنظمات التي تقل فيها الفجوة بين الإبداع الفني والإبداع الإداري كان أداؤها أفضل، كما كشفت الأبحاث أن الإبداع الإداري يميل إلى تشجيع إبداعات فنية لاحقة باستعداد أكبر من العكس (أي أن الإبداع الفني لا يميل إلى تشجيع إبداع إداري لاحقاً). [12]

عملية الإبداع   Innovation Process:

هنالك نماذج عديدة اقترحها الكتاب والباحثون بشأن مراحل وخطوات عملية الإبداع، تختلف عن بعضها البعض بدرجات متفاوتة، وسنكتفي بمناقشة نموذجين يعتبران الأكثر قبولاً كما أنهما لا يختلفان كثيراً عن بعضهما البعض.

يقترح الكاتبان كرايتنر وكينيكي (Kreitner & Kinicki) أن عملية الإبداع تتضمن المراحل الخمس الآتية:

1- الإعداد (Preparation): وتتضمن المدة التي يقضيها الفرد في التعلم والقراءة والتدريب في العمل، وحضور المؤتمرات والندوات وغيرها، ليتمكن الفرد من الإحاطة بكل أبعاد المشكلة والإحساس بها.

2- التركيز (Concentration): وفي هذه المرحلة يركز الفرد اهتمامه وجهوده وتفكيره على المشكلة.

3- الاحتضان (Incubation): وهنا ينخرط الفرد في أعماله اليومية بينما يجول ذهنه في البحث عن المعلومات.

4- الشروق/الإلهام (Illumination): بينما يبحث الفرد عن المعلومات يعمل على ربطها وإيجاد العلاقات فيما بين الأشياء.

5- الإثبات/التحقق (Verification): إعادة العملية بكاملها من أجل إثبات الفكرة أو تعديلها أو تجربتها. [13]

أما عالم النفس الأمريكي والاس (Wallace) فحدد مراحل الإبداع كما يلي:

1- **الاهتمام (Interest)**: تبدأ عملية الإبداع بالاهتمام (أو الشعور بالحاجة)، إذ لا بد من وجود شيء يفرض نفسه.

2- **الإعداد (Preparation)**: وتتمثل في جمع المعلومات حول موضوع المشكلة التي تمثل محور اهتمام المبدع، وهنا يتم تخطيط رحلة التفكير.

3- **الاحتضان (Incubation)**: تشهد هذه المرحلة عمليات التفاعل وارهاصاتها، وتتداخل خلالها العوامل الشعورية واللاشعورية في شخصية الإنسان، وتحدث محاولات كبيرة إرادية وعفوية لتلمس حقيقة المشكلة، أو موضوع البحث والحلول المناسبة، وباختصار إنها مرحلة: التفاعل بين شخصية الباحث ومعلوماته وموضوع البحث، ومرحلة توالد الحلول الممكنة، وبعبارة أخرى حل المشكلة عن طريق الحدس والبديهة.

4- **البزوغ/الشرق (Illumination)**: وفيها تنبثق بشكل مفاجئ الفكرة الجوهرية، أو العمل النموذجي، إنها الحالة التي يستطيع فيها الإنسان إعادة ترتيب أفكاره بما يسمح له بالوصول إلى ما يمثل حلاً نموذجياً.

5- **التحقق (Verification)**: وتشمل عملية التبصر بالعقل الظاهر، وبالاستعانة بأدوات البحث المتاحة، في الفكرة التي نتجت خلال مرحلة الشروق، وذلك للتحقق من صحتها ولتحديد طريق تطبيقها، وما هي مضاعفات التطبيق والمستلزمات المطلوبة لذلك.(14)

إن الإبداع لا يتم في كثير من الحالات وفق المراحل/الخطوات السابق ذكرها بالتتابع والتسلسل الذي أشار إليه الكتاب، فالمراحل والخطوات المختلفة في العملية الإبداعية متداخلة ومتشابكة في معظم الأوقات، كما أنها ليست دائماً عملية عقلانية توجهها أهداف المنظمة، ففي حالات كثيرة تتوالد أفكار جديدة قبل الشعور بالمشكلة.

ومن ناحية أخرى، يشير بعض الكتاب إلى أهمية البيئة في عملية الإبداع، وأن البيئة تؤثر في عملية الإبداع بطرق ثلاثة وهي:

- إن مشكلات الأداء يتم الاعتراف والشعور بها في الغالب من قبل العملاء.
- البيئة هي مصدر المعلومات الفنية (الأفكار والتقنيات).
- البيئة يمكن أن تكون مصدراً مالياً وبخاصة للمنظمات العامة.(15)

مستويات الإبداع في المنظمات   Levels of Innovation:

يمكن التمييز بين ثلاثة أنواع من الإبداع في المنظمات، وهي:

1- الإبداع على مستوى الفرد.

2- الإبداع على مستوى الجماعة.

3- الإبداع على مستوى المنظمة.

والأنواع الثلاثة تكمل وتعزز بعضها البعض، وجميعها ضرورية للمنظمات المعاصرة، وسنناقش الأنواع الثلاثة باختصار.

1- **الإبداع على مستوى الفرد (Individual Innovation):**

وهو الإبداع الذي يحققه الأفراد الذين يمتلكون قدرات وسمات إبداعية. لقد كتب الكثير عن الشخصية المبدعة، وتناول كثير من الكتاب والباحثين هذا الموضوع سعياً لتحديد السمات التي تميز الشخصية المبدعة عن غيرها، كما عقدت عشرات المؤتمرات والندوات، ونشر الكثير من الأبحاث والمقالات التي تحاول التعرف على قدرات واستعدادات وميول الفرد المبدع وخصائص وسمات شخصيته المختلفة التي يتميز بها والتي لا تتوافر في الشخص غير المبدع.

ومن بين خصائص الفرد المبدع:

- **المعرفة:** يبذل الفرد وقتاً كبيراً لإتقان عمله.

- **التعليم:** التعليم الذي يؤكد على المنطق يعيق الإبداع.

- **الذكاء:** الإنسان المبدع ليس بالضرورة عالي الذكاء، ولكنه يتمتع بالقدرات التفكيرية على تكوين علاقات مرنة بين الأشياء.

- **الشخصية:** يحب الفرد المبدع روح المخاطرة، ومستقل، ومثابر، وعالي الدافعية، ومتشكك ومنفتح على الآراء الجديدة، وقادر على التسامح مع العزلة، ولديه إحساس كبير بالفكاهة.

- **الطفولة:** طفولته اتسمت بالتنويع، ومن المألوف أن يكون قد واجه اضطرابات عائلية وأوضاعاً اقتصادية صعبة.

- **العادات الاجتماعية:** الإنسان المبدع ليس منطوياً على نفسه، بل يميل إلى التفاعل، وتبادل الآراء مع الآخرين. [16]

أما الكاتب روبي (Robey) فيشير إلى السمات الآتية التي يتميز بها الإنسان المبدع:
- الميل نحو الفضول وحب الاستطلاع، وعدم الرضا عن الوضع الراهن.
- الالتزام بهدف سام والتفاني في العمل والقدرة على تقديم الأفكار.
- التلقائية والمرونة.
- تشجيع تبادل الرأي والنقد الذاتي.
- الأصالة، أي التحرر من النزعة التقليدية والتصورات الشائعة، والخروج عن المألوف في التفكير والتعبير.
- شفافية تجاه المشكلات.
- وضوح الرؤية. [17]

ويلاحظ عدم الإجماع بين الكتاب والباحثين على قائمة موحدة حول سمات الإنسان المبدع، إلا أن هنالك اتفاقاً مبدئياً على مجموعة من السمات هي: حب الاستطلاع، والمثابرة، والثقة بالنفس، والاستقلالية في الحكم، وتأكيد الذات والتلقائية والتنافس، وعدم الكبت، وتحمل الغموض، والقدرة على تحمل المخاطرة، والمرونة وعدم الانصياع أو المجاراة. [18]

2- الإبداع على مستوى الجماعة (Group Innovation):

هو الإبداع الذي يتم تحقيقه أو التوصل إليه من قبل الجماعة (قسم، أو دائرة، أو لجنة، ... الخ)، واعتماداً على خاصية التداؤب (Synergism) فإن إبداع الجماعة يفوق كثيراً مجموع الإبداعات الفردية للأعضاء، وذلك نتيجة للتفاعل فيما بينهم وتبادل الرأي والخبرة ومساعدة بعضهم البعض وغيرها. والتحديات الكبيرة التي تواجهها المنظمات المعاصرة تتطلب تطوير جماعات العمل المبدعة.

هذا ويتأثر إبداع الجماعة، كماً ونوعاً، بالعوامل الآتية:[19]

- **الرؤية (Vision)**: حيث تزداد احتمالات الإبداع لدى الجماعة حينما يشاطر أفرادها مجموعة قيم، وأفكار مشتركة تتعلق بأهداف الجماعة.

- **المشاركة الآمنة (Participative safety)**: إن البيئة والمناخ اللذين يشجعان الأفراد على التعبير بحرية عن أفكارهم (بدون اتهام مضاد)، تعززان الإبداع الناجح.

- **الالتزام بالتميز في الأداء**: فالالتزام بالتميز والتفوق في الأداء يشجع على إيجاد مناخ يسمح للأفراد بتقييم إجراءات العمل والعمل على تحديها بشكل مستمر.

- **دعم ومؤازرة الإبداع**: فحتى يتحقق الإبداع، يجب توفير المساندة والدعم لعملية التغيير، ويمكن أن يتأتى هذا الدعم من زملاء الجماعة أو المنظمة.

كما تشير الأبحاث إلى العوامل الآتية التي تؤثر في إبداع الجماعة:[20]

- **جنس الجماعة**: الجماعة المختلفة من حيث الجنس تنتج حلولاً أفضل من الجماعة أحادية الجنس.

- **تنوع الجماعة**: يزداد إبداع الجماعة بوجود جماعة من شخصيات مختلفة.

- **تماسك الجماعة**: الجماعة المتماسكة أكثر استعداداً وحماساً ونشاطاً للعمل من الجماعة الأقل تماسكاً.

- **انسجام الجماعة**: الجماعة المنسجمة أكثر ميلاً إلى الإبداع من الجماعة التي تفتقر للانسجام.

- **عمر الجماعة**: الجماعة حديثة التكوين تميل إلى الإبداع أكثر من الجماعة القديمة.

- **حجم الجماعة**: يزداد الإبداع مع ازدياد عدد أعضاء الجماعة.

3- الإبداع على مستوى المنظمة (Organizational Innovation):

لا بد من التأكيد مرة أخرى على أن الإبداع في المنظمات المعاصرة، على اختلاف أنواعها، لم يعد مسألة ترف أو شيئاً كمالياً، وإنما بات أمراً ضرورياً وملحاً، ولا غنى لها عنه إذا ما أرادت البقاء والازدهار، وعليها أن تجعل الإبداع أسلوب

عملها وممارساتها اليومية، ويمكن تحقيق ذلك بتوافر الشروط الأساسية التالية التي اقترحها الكاتب هارولد لافيت (Harold Leavitt)[21]:

1- ضرورة إدراك أن الإبداع والريادة تحتاج إلى أشخاص ذوي تفكير عميق، وذات علاقة بالمفاهيم، ويقدرون القيمة العلمية للنظريات الجيدة، ولديهم رغبة الاستطلاع، ولتنمية هذه الأشياء وتعزيزها على المنظمة أن تعمل على توسيع إدراك الفرد من خلال التعلم والتدرب والمشاركة في الندوات والمؤتمرات.

2- ضرورة تعلـم حـل المشكلات بصورة إبداعيـة (Creative Problem Solving): وهذا يعني ترويض التفكير وتشجيعه ليكون أكثر مرونة وسلاسة، بحيث يستطيع أن ينفذ مـن الأطر والأساليب المحددة أو المألوفة في التعامـل مـع المشكلات، ليخرج من قيدها بحثاً عن أساليب وطرق وبدائل جديدة وغير عادية.

3- ضرورة تنمية المهارات والقدرات الإبداعية في إيجاد المشكلات وتعزيزها (Creative Problem Finding): ممـا يساعـد على تنميـة المهارات الإبداعية لاكتشاف المشكلات هو التعود على التفكير المطلق والشامل، وتقصي أبعاد أية مشكلة مما هو غير مباشر وفيما هو غير مألوف.

4- ضرورة تنمية المهارات الإبداعية في صنع المشكلات أو بناء المشكلات (Creative Problem Making) من العدم والعمل على حلها، فالمشكلة الإدارية لا تعلن عن نفسها بل هي التي نضعها ونعمل على حلها، ولعل الإبداع الحقيقي يتعلق ويتصل بهذا المطلب ويكون أكثر أهمية من الإبداع في المطالب السابقة، لأن الإبداع على هذا المستوى سيقود المنظمات والجماعات والمجتمعات إلى تجارب ريادية لم يسبق لها مثيل.

ويمكن تنمية المهـارة والقـدرة الإبداعيـة في صنع المشكلات مـن خلال التشكيك وإثارة التساؤلات بشأن الواقع الحالي في المنظمة سواء فيما يتعلـق بالهيكـل التنظيمي أو العمليات أو أساليب العمل أو أدواته وغيرها.

وفي دراسة - تعتبر من أشهر الدراسات - حول فعالية المنظمات، قام الكاتبان (Tom Peters و Robert Waterman) بدراسة (40) منظمة مـن المنظمات الأمريكيـة المتميزة والمبدعة، تبين أن تلك المنظمات تتصف بالخصائص المشتركة التالية:

- الاتجاه والميل نحو الفعل والإنجاز والتجربة المستمرة.

- الصلة الوثيقة والقرب من المستهلكين لكي تستطيع المنظمة تفهم حاجاتهم والاستجابة لمقترحاتهم بشأن تطوير السلع والخدمات.

- السماح للعاملين بدرجة عالية من الاستقلالية، وتعزيز روح الريادة والإبداع.

- السعي لزيادة وتحسين الإنتاجية من خلال مشاركة العاملين وإسهامهم الفعال.

- تطوير قيم ومثاليات وافتراضات واعتقادات (التوجه القيمي) في العمل يدركها الجميع ويتمسكون باحترامها وتطبيقها.

- بساطة الهيكل التنظيمي من حيث عدد المستويات والوحدات التنظيمية، مع وجود حد أدنى من العاملين في أنشطة الخدمات المساندة.

- استمرار تركيز الاهتمام على مجال العمل الذي تفهمه وتعرفه المنظمة وعدم الانتقال إلى مجالات أخرى لا تملك المنظمة مهارة متأصلة في هذا المجال.

- الجمع بين الحزم واللين في آن واحد، فهنالك رقابة مركزية متشددة لحماية قيم وأهداف المنظمة، وفي نفس الوقت هنالك استقلالية وتفويض السلطة (رقابة فضفاضة Loose Control) في الأمور الأخرى لتشجيع روح المخاطرة والإبداع.

أهمية إدارة وتطوير الإبداع   Managing Innovation:

لقد أصبح الحديث عن إدارة وتطوير الإبداع أمراً مألوفاً بين أوساط الكتاب والباحثين والمديرين، وهو يمثل أحد محاور اهتمامات المديرين في الكثير من المنظمات المختلفة، وينظر الكثيرون إلى إدارة الإبداع على أنها عامل منافسة بالغ الأهمية والحيوية، وليس شيئاً حسناً فقط. فالإبداع مورد قيم مهم ينبغي تعزيزه وتطويره وعدم السماح بهدره، في ضوء التكاليف العالية المرتبطة بالمواهب المبدعة، والبنية التحتية لمساندة العمل الإبداعي، وبقدر ما تولي المنظمات اهتمامها وعنايتها لإدارة الإبداع بقدر ما سيكون لذلك تأثير بالغ على بقائها وازدهارها، فالمنظمات ستواجه تحديات جديدة وكبيرة مثل ظاهرة العولمة أو الكوكبة، والمنافسة الشديدة، والاتفاقيات الدولية بشأن حرية التجارة، والثورة المعلوماتية، والتعامل مع قوى بشرية متعددة الجنسيات، وبناء ثقافة تساند النشاط الإبداعي، وتحقيق العدالة.

إن تسارع التغيير التقني يفرض تحديات لا يمكن تجاهلها، فالإبداع ميزة تنافسية وبخاصة في الصناعات الناشئة، والانفجار الإبداعي الذي تعيشه المنظمات الصناعية لا يتضمن فقط التقنية الجديدة، بل يشمل أيضاً استراتيجيات وسياسات وممارسات وخبرات وتجارب تنظيمية وإدارية متنوعة حول كيفية تحقيق أقصى إبداعية ممكنة.

ومن ناحية أخرى، فإن جموع الموظفين الجدد الذين يلتحقون بالمنظمات المختلفة يحملون معهم توقعات بأن العمل الذي سيمارسونه سيكون أكثر إبداعية، والموجات الجديدة هذه، ذات اهتمام أكبر بتحقيق الذات، ومتطلبات العمل الإبداعي.

والإبداع لا يستحوذ اهتمام المنظمات الناشئة فقط، لكنه يحتل قلب وجوهر كثير من السياسات والأعمال والأنشطة في منظمات الأعمال العتيدة الراسخة.

ويلاحظ ارتفاع مزيد من الأصوات الداعية إلى الاهتمام بالإبداع والمبدعين ومؤازرتهم وتنمية قدراتهم واستعداداتهم في وطننا العربي، سواء في المنظمات الحكومية أو منظمات الأعمال الخاصة.

إن عملية الإبداع المنظمي لا تقتصر فقط على تقديم واقتراح الأفكار الجديدة الخلاقة، وإنما تستدعي الاهتمام بجميع مراحل العملية ابتداء من تطوير الأفكار وانتهاء بالتطبيق والمتابعة والتقييم، وتتطلب من المديرين والمعنيين تسخير جميع ما لديهم من موارد وإمكانات لهذا الغرض. ولا بد من النظر للإبداع باعتباره وظيفة/ نشاط مثل الوظائف الأخرى، ويجب إدارة هذه الوظيفة ولكن بطرق مختلفة عن الوظائف الأخرى.

معوقات الإبداع في المنظمات **Barriers to Innovation:**

من المفيد، بل ومن الضروري، التعرف على العوامل والمؤثرات التي تعيق تحقيق الإبداع والإنجازات الإبداعية، قبل البحث في السبل والوسائل التي تساعد على تنمية وتطوير الإبداع.

يمكن تصنيف العوامل والقوى التي تقف عائقاً أمام الإبداع وتطويره إلى عوامل فردية، وتنظيمية وثقافية واجتماعية. وسنناقش هذه العوامل باختصار.

أ- المعوقات الشخصية/الفردية:

من أهم المعوقات الفردية للإبداع ما يلي:

- البحث باستمرار عن "الجواب الصحيح".
- المحاولة الدائمة لاستخدام المنطق.
- البحث عن حلول تتبع قواعد محددة.
- السعي لأن يكون الفرد عملياً جداً.
- تجنب الغموض.
- الخوف من الفشل.
- عدم اللعب واللهو أثناء العمل.
- إهمال المشكلات التي تقع خارج مجال التخصص.
- اعتقاد الفرد بأنه ليس مبدعاً.
- الرغبة في عدم ظهور الفرد وكأنه أحمق.
- انخفاض إحساس الفرد بأهميته، وشعوره بأنه لا قيمة له.
- الخوف من تحمل المسؤولية.
- شعور الفرد بأن العمل الذي يؤديه غير ذي قيمة. [23]

ب- معوقات من قبل المدير:

إن ممارسات المدير غير السليمة قد تشل الإبداع، ويشير الكاتب كاتنر (Katner) إلى القواعد العشرة الآتية التي تشل الإبداع:

1- النظر إلى الأفكار الجديدة الصادرة من المستويات الدنيا بنوع من الشك لأنها جديدة ولأنها صادرة من المستوى الأدنى.

2- إصرار المدير على أن العاملين الذين يحتاجون لموافقته يجب أن يمروا عبر مستويات إدارية أخرى للحصول على تواقيعهم.

3- الطلب من الإدارات والأفراد أن يتحدى وينتقد كل منهم الآخر.

4- النقد بحرية والامتناع عن المديح، وإشعار العاملين بأنه يمكن فصلهم من العمل في أي وقت.

5- النظر إلى معرفة وتحديد المشكلات على أنها علامة فشل، وعدم تشجيع الأفراد على إطلاعه على المشكلات التي تواجههم في العمل.

6- السيطرة على كل شيء بعناية، والتأكد من قيام الأفراد بتعداد أي شيء يمكن تعداده تكراراً.

7- اتخاذ القرارات المتعلقة بإعادة التنظيم والتغيير بسرية، وإعلانها للعاملين بصورة مفاجئة.

8- التأكد من وجود مبررات كافية لطلب أي معلومات من جهة أخرى، والتأكد من أن هذه المعلومات لا تعطى للمديرين بحرية.

9- تكليف الموظفين في المستويات الدنيا، باسم تفويض السلطة والمشاركة، مسؤولية البحث عن الطرق لتقليص القوى العاملة، والاستغناء عن العاملين، ونقلهم، وإلا التهديد بتنفيذ قرارات معدة مسبقاً، والطلب من العاملين إنجاز ذلك بسرعة.

10- وفوق كل شيء، أن لا ينسى أنه هو المستوى الأعلى، ويعلم كل شيء هام عن العمل. [24]

جـ- المعوقات التنظيمية (Organizational Barriers):

أما المعوقات التنظيمية التي تقف عائقاً أمام الإبداع فهي كثيرة، ومن أهمها: [25]

- الالتزام الحرفي بالقوانين والتعليمات والإجراءات.

- عدم ثقة بعض المديرين بأنفسهم وبالعاملين معهم.

- المناخ التنظيمي غير صحي.

- عدم وجود قيادة إدارية مؤهلة.

- تطبيق هيكل تنظيمي غير سليم لا يسمح للأفراد بحرية الرأي والاجتهاد والتصرف والحكم ... الخ.

- سوء إدارة الصراع واللعبة السياسية في المنظمة.

- العمليات الإدارية غير السليمة، بما في ذلك القيادة واتخاذ القرارات والاتصالات وغيرها.

- عدم توافر الموارد اللازمة.

- عـدم تـوافر دعـم ومسـاندة الإدارة للمبـادرة واختبـار الأفكـار والآراء والحلـول الجديدة.
- تطبيق مبدأ التخصص الضيق في تصميم الأعمال.

د- المعوقات الثقافية والاجتماعية والاقتصادية:

قد تقف القيم والاعتقادات والاتجاهات والتقاليد السـائدة في المجتمـع والضـغوط الاجتماعيـة عائقـاً أمـام تنميـة وتعزيـز القـدرات الإبداعيـة لـدى الأفراد، كـما أن بعض المؤسسات والسياسات (مثلاً التعليمية والعائلية) قد لا تشجع عـلى الإبـداع، وكذلك فـإن الأوضاع الاقتصادية والسياسية هي الأخرى قد لا تكون عـاملاً ميسراً ومسـاعداً في تعزيـز الإبداع وتنميته.

تطوير وتنمية الإبداع   Innovation Development:

لو رجعنا إلى سمات الشخصية المبدعة، نلاحظ أن معظم هـذه السـمات مكتسـبة والقليل منها موروثة، لذا من الممكن تطوير وتنميـة القـدرات والاستعدادات الإبداعيـة لدى الأفراد، ويستطيع المدير تنميـة وتعزيـز الإبداع لـدى الأفراد والعاملين معـه، مـن خـلال الوسائل والطرق الآتية:[26]
- إيجاد بيئة تدعم السلوك الإبداعي.
- تجنب الأسلوب الأوتوقراطي في القيادة.
- تشجيع العاملين ليكونوا منفتحين على الأفكار والخبرات الجديدة.
- توفير عمل مثير لاهتمام العامل يساعد على إيجاد الشعور بالنمو الشخصي.
- تشجيع العاملين على النظر للمشكلات باعتبارها فرص وإمكانات.
- أن لا يدع المدير أسلوبه في اتخـاذ القـرارات يشـل أولئك الـذين لـديهم أسـلوب مختلف.
- منع العاملين من الانخراط الكبير في "إطفاء الحرائق" ومعالجة المشكلات الآنية.
- التأكد من أن المبدعين ليسوا منشغلين في واجبات محددة طيلة اليوم.
- السماح للعاملين باللهو والمرح.

- تشجيع بيئة عمل منفتحة وخالية من السلوك الدفاعي.
- التعامل مع الأخطاء على أنها فرص للتعلم.
- السماح للعاملين أحياناً باختبار أفكارهم والسماح بهامش من الخطأ.
- على المدير أن يكون مساعداً وميسراً بدلاً من أن يكون عائقاً.
- تجنب العقلية السلبية حينما يتقدم عامل بفكرة جديدة.
- تشجيع المبدعين على الاتصال فيما بينهم.
- الترحيب بالآراء الجديدة والأفكار المتباينة.
- المشاركة في التدريب الإبداعي.
- مكافأة السلوك المبدع.

أما على مستوى المنظمة، فيمكن أن تساعد الإجراءات التنظيمية التالية على تعزيز وتنمية الإبداع:[27]
- إيجاد هيكل تنظيمي منفتح، وليس مركزياً.
- تشجيع ودعم ثقافة تسمح بقدر من التجارب والخبرات الإبداعية.
- تشجيع اتجاه التجربة والاختبار.
- تعميم قصص وروايات النجاح.
- التأكيد على دور البطولة.
- الاهتمام بالاتصالات الفعالة في جميع المستويات.
- توفير حرية ارتكاب الأخطاء.
- تجنب البيروقراطية في تخصيص الموارد.
- تقديم مكافآت مادية للنجاح.
- تقليص التدخل الإداري.
- توفير التحرر من الرقابة والتقييم.
- تخفيف التشديد على المواعيد النهائية للإنجاز.
- تفويض المسؤولية للمبادأة بنشاط جديد.
- إدارة الصراع واللعبة السياسية ببراعة.

ومن بين الوسائل الأخرى لتعزيز وتشجيع الإبداع التنظيمي:

1- **بناء تقبل للتغيير:** على أفراد المنظمة أن يعتقدوا بأن التغيير يفيدهم ويفيد المنظمة، وتزداد احتمالات بناء هذا الاعتقاد إذا ما شارك العاملون مع المديرين في اتخاذ القرارات، وإذا ما تمت معالجة بعض القضايا مثل الاستقرار الوظيفي بعناية حين تخطيط التغيير وتنفيذه.

2- **تشجيع الأفكار الجديدة:** يجب أن يوضح جميع العاملون، من أعلى مستوى حتى أدنى مستوى، قولاً وفعلاً بأنهم يرحبون بالمناهج/الطرق الجديدة، ولتشجيع الإبداع يجب أن تكون القيادة مستعدة للإصغاء لمقترحات المرؤوسين وتنفيذ ما هو جيد منها أو تقديمها للإدارة العليا.

3- **السماح بمزيد من التفاعل بين الأفراد في نفس الجماعة والجماعات الأخرى،** فمثل هذا التفاعل يشجع تبادل المعلومات المفيدة، وانسياب الأفكار بحرية، وتبني نظرة جديدة للمشكلات.

4- **التسامح مع الخطأ:** إن كثيراً من الأفكار الجديدة قد يثبت أنها غير عملية أو غير نافعة، والمدير الناجح يتقبل حقيقة أنه يجب استثمار الموارد والوقت في اختبار أفكار جديدة قد لا تنجح.

5- **وضع أهداف واضحة وتوفير الحرية لتحقيقها: يريد الأفراد أن يكون لإبداعهم هدف ومسار واضح.** ووجود بعض الإرشادات والقيود المعقولة يوفر أيضاً للمديرين نوعاً من الرقابة على مقدار الوقت والمال المستثمر في السلوك الإبداعي.

6- **منح الاعتراف والتقدير:** إن الفرد المبدع، مثل بقية الأفراد، يشعر بالسعادة إذا ما تمت مكافأته مقابل عمله الجيد. إن قيام المديرين بمنح الاعتراف بشكل ملموس من خلال الحوافز والمكافآت والزيادات يثبت أن السلوك الإبداعي في المنظمة تتم مكافأته.[28]

وأخيراً لا بد من الإشارة إلى ضرورة مواجهة المعوقات الثقافية والاجتماعية، وهذا يتطلب توجيه الجهود المكثفة المخططة المستمرة للتأكيد على القيم والاعتقادات والمثاليات التي تشجع الإبداع في المجتمع، وتطوير المؤسسات والسياسات وبخاصة التعليمية والأسرية وغيرها بما يسمح باكتشاف المواهب وتشجيعها ورعايتها، ومكافأتها.

أسئلة للمراجعة والنقاش

س1- وضح ماهية الإبداع وأهميته للمنظمات؟

س2- ما هي أنواع الإبداع التنظيمي؟

س3- ناقش مراحل/ خطوات عملية الإبداع؟

س4- ناقش أهم الخصائص والسمات التي يتميز بها الفرد المبدع؟

س5- اشرح العوامل التي تؤثر في إبداع/ الفريق؟

س6- ما هي الشروط الواجب توافرها لتكون المنظمة بصورة عامة مبدعة، وجعل الإبداع
على مستوى المنظمة ممارسة يومية؟

س7- ما هي خصائص المنظمات المبدعة في رأي الكاتبين Waterman وPeters؟

س8- ناقش أهمية إدارة الإبداع في المنظمات؟

س9- ناقش المعوقات الشخصية/ الفردية للإبداع؟

س10- ما هي ممارسات المدير التي قد تعيق الإبداع من قبل الأفراد؟

س11- اشرح المعوقات التنظيمية للإبداع؟

س12- ناقش كيف يمكن للمنظمة تطوير وتنمية قدراتها الإبداعية؟

قائمة الهوامش

1- إبراهيم أنيس وآخرون (1972)، المعجم الوسيط، المجلد الأول، استنابول، تركيا، دار الدعوة، ص.43.

2- A. S. Hornby (1980), Oxford Advanced Learner's Dictionary of Current English, London: Oxford University Press, P. 439.

3- William N. Evan (1993), Organization Theory, New York: Macmillan Publishing Co., PP. 120-121.

4- Peter Drucker (1985), Innovation and Entrepreneurship, London: Heinemann, P. 30.

5- إبراهيم الغمري (تاريخ النشر غير معروف)، السلوك الإنساني في الإدارة الحديثة، الإسكندرية: دار الجامعات المصرية، ص.79.

6- Terea Amabile (1983), The Social Psychology of Creativity, New York: Springer Verlag, P. 138.

7- لمزيد من التعاريف انظر أميمة الدهان (1992)، نظريات منظمات الأعمال، عمان، مطبعة الصفدي، ص179.-182.

8- المرجع السابق.

9- Chris Argyris (1965), Organization and Innovation, Ill.: Richard Irwin and the Dorsey Press, P. 2.

10- Evan, Organization Theory, PP. 121-124.

11- Daniel Robey (1991), Designing Organizations, 3rd ed. Homewood, Ill.: IEWIN, P. 424.

12- Evan, Organization Theory, PP. 122-134, Robey, Designing Organizations, PP. 426-427.

13- Robert Kreitner and Angelo Kinicki (1992), Organizational Behavior, 2nd ed., Homewood, Ill.: IRWIN, P. 578.

14- عبد المعطي عساف (1994)، السلوك الإداري "التنظيمي" في المنظمات المعاصرة، عمان، مكتبة المحتسب، ص277.-278.

15- Kreitner and Kinicki, Organizational Behavior, P. 580; Robey, Designing Organizations, PP. 430-431.

16- Kreitner and Kinicki, Organizational Behavior, P. 580.

17- Robey, Designing Organizations, P. 432.

18- آرثر فان جاندي (Arthur Van Gundy) في أميمة الدهان، <u>نظريات المنظمات المعاصرة</u>، ص185. ولمزيد من التفاصيل حول الموضوع انظر حسن حريم (1997)، <u>السلوك التنظيمي</u>، عمان، دار زهران للنشر والتوزيع، ص474.-475.

19- Mike Smith, ed. (1991), <u>Analyzing Organizational Behavior</u>, London: The Macmillan Press, Ltd., PP. 165-166.

20- الدهان، <u>نظريات المنظمات المعاصرة</u>، ص193.-194.

21- عساف، <u>السلوك الإداري</u>، ص277.-278.

22- Thomas Peters and Robert Waterman (1982), <u>In Search of Excellence</u>, New York: Harper and Row.

23- حريم، <u>السلوك التنظيمي</u>، ص.476

24- Rosabeth Moss Kanter (1983), <u>The Change Masters</u>, New York: Simon and Schuster, P. 101.

25- حريم، <u>السلوك التنظيمي</u>، ص476. الدهان، <u>نظريات التنظيمات المعاصرة</u>، ص.195

26- Kreitner and Kinicki, <u>Organizational Behavior</u>, P. 581.

27- John J. Kao (1991), <u>Managing Creativity</u>, Boston: Mass.: Harvard Business school.

28- John M. Ivancerich, Peter Lorenzi, Steven J. Skinner and Philip B. Crosby (1997), <u>Management: Quality and Competitiveness</u>, 2nd ed., Boston, Mass: McGraw – Hill, P. 550.

الفصل الثالث عشر

منظمات المستقبل
Future Organizations

الأهداف:

بعد إتمامك دراسة هذا الفصل، ستكون قادراً على:

1- وصف أهم التغييرات البيئية في المستقبل.

2- وصف التغييرات المتوقعة في التقنيات المستخدمة مـن قبـل المنظمات.

3- شرح أهم التغييرات في القيم والأخلاق الإنسانية.

4- وصـف أهـم التغيـيرات المتوقعـة في تصـميم مـنظمات المستقبل.

الفصل الثالث عشر
منظمات المستقبل
Future Organizations

سنحاول في هذا الفصل تسليط الضوء على الاتجاهات المستقبلية والتغييرات والتحديات التي ستواجه المنظمات، وما تتطلبه من تغييرات في تصميم المنظمات. من المتوقع جداً أن تستمر المنظمات في القيام بدور حيوي وأساسي في المجتمعات، وسيصبح تصميم المنظمات وإدارتها مجالاً مهنياً عالياً، ومجزياً وأكثر تحدياً مما هو عليه في الوقت الحاضر، وسيتحمل المديرون في المنظمات المختلفة عبئاً كبيراً متزايداً.

قوى التغيير المستقبلية Future Change Forces:

هنالك ثلاث قوى/ مؤثرات تغيير رئيسة ومترابطة سوف تحدّد تصميم منظمات المستقبل. وهذه القوى هي: المتطلبات البيئية، والتقنيات المتاحة، والقيم الإنسانية والاعتبارات الأخلاقية.[1] ونستعرض فيما يلي هذه القوى باختصار:

1- البيئة (Environment):

أشرنا في الفصل الثالث إلى أن البيئة تفرض دائماً متطلبات وقيوداً على المنظمات، وهي من المحددات الهامة التي تؤثر في تصميم المنظمات. وبالنسبة لبيئة المستقبل، فمن المتوقع أن تكون أقل تأكداً (ذات درجة عالية من عدم التأكد وعدم التنبؤ)، وستكون الموارد المتاحة للمنظمات أقل وفرة مما عليه الآن، وستتصاعد الثورة المعلوماتية، حيث ستواجه المنظمات تدفقاً متزايداً من المعلومات المتزايدة في درجة تعقدها ومعدل تغيّرها.

وعلى المنظمات في المستقبل أن تواجه هذه المتطلبات والتحديات البيئية بطرق وتوجهات تختلف عن تلك التي اعتادت عليها في السابق. فمن ناحية لن يكن بوسع المنظمات هدر مزيد من الموارد الطبيعية والتي ستكون شحيحة ونادرة في

المستقبل. ومن ناحية أخرى، فإن تزايد وعي وإدراك الشعوب بأهمية البيئة الطبيعية ومستقبل الأجيال القادمة سوف يضع ضغوطاً متزايدة على المنظمات ويحدّ من حرية استغلال واستنزاف هذه الموارد.

ومن بين القوى البيئية ذات الأهمية الخاصة في هذا القرن (الحادي والعشرين) ظاهرة العولمة/ الكوكبة (Globalization) (International Business). حيث من المتوقع جداً أن تزداد أهمية الأنشطة والأعمال الدولية، وعولمة المنظمات. فمن ناحية، سيتزايد كثيراً عدد المنظمات التي تمتد أنشطتها وعملياتها خارج حدود بلدها الأصلي، وستتصاعد العمليات والجهود المشتركة بين المنظمات في بلدان مختلفة، من ناحية أخرى. وهذا يتطلب من المديرين العاملين في هذه المنظمات تعلّم كيفية الاستجابة للأسواق الأجنبية، وإدارة الأعمال في الاقتصاد العالمي، والإشراف على قوى عاملة ذات ثقافات مختلفة.

ومن المتغيرات البيئية الأخرى التي ستواجه المنظمات في المستقبل: تغييرات في القوى العاملة، إذ سوف تتزايد موجات الأفراد ذوي التعليم العالي والتطلعات العالية الذين سيلتحقون بالمنظمات. كما ستتزايد نسبة الإناث العاملات، علماً بأن العديد من النساء قد وصلت إلى مناصب رفيعة في العديد من المنظمات، وكثيرات يطمحن للوصول إلى وظائف عليا.

إن التغييرات البيئية المتسارعة سوف توجد قوى وضغوطاً متناقضة على المنظمات، لتكون مرنة (flexible) وكفؤة (efficient) في نفس الوقت. فمن ناحية، إن درجة عدم التأكد العالية التي ستميّز بيئة المستقبل، تتطلب من المنظمات أن تكون قادرة على الاستجابة بسرعة للتغييرات البيئية المتسارعة؛ وهذا سيجعل المنظمات تأخذ في الاعتبار التصاميم التنظيمية العضوية، والاستقلالية واللامركزية للوحدات الأصغر. وهذه التصاميم توصف في الغالب بأنها مبدّدة للموارد، أي أنها ليست كفؤة (efficient). وأمّا الكفاءة فتتطلبها العولمة والمنافسة الشديدة وندرة الموارد. وأن التصميم الأكثر كفاءة هو النموذج البيروقراطي، إلا أنه يعرف عن هذا التنظيم عدم مرونته وعدم استجابته بسرعة لعدم التأكد.[2]

ومن الواضح أن هذه المتطلبات المتناقضة للمرونة والكفاءة في نفس الوقت تمثل معضلة كبيرة للمعنيين بتصميم المنظمة. هذا بالإضافة إلى أن المديرين مطالبون بموجب المتطلبات البيئية باتخاذ قرارات أكثر وأسرع مبنية على معلومات أوسع وأشمل، وهكذا فإن القرارات نفسها ستكون أكثر تعقيداً وتتطلب الأخذ في الاعتبار مزيداً من العناصر والمتغيرات الأكثر ترابطاً أيضاً. ولا بد أن تكون هذه القرارات أكثر إبداعية وأقل روتينية لأن الاعتماد على الظروف السابقة لن يصلح لأن يكون أساساً سليماً للحكم في الظروف المستقبلية.

ومن ناحية أخرى فإن سرعة التغييرات خارج المنظمات ستقلل من أهمية التخطيط طويل المدى، ولكن في نفس الوقت، وبصورة متناقضة سيجعل التخطيط أمراً حيوياً. ولكن هذه الخطط ستكون أكثر قابلية للاستغناء عنها، وأكثر مرونة في توجيه المديرين في أفعالهم وتصرفاتهم. [3]

2- التقنيات (Technology):

من المتوقع جداً استمرار، بل وتصاعد، الثورة المعلوماتية وبخاصة في مجالات تقنيات المعلومات، وستوفر هذه التقنيات الإمكانات والفرص للمديرين لمعالجة المعلومات الغزيرة وسريعة التغيّر في المستقبل. وسيكون لهذه التقنيات تأثيرها على تصميم المنظمات مستقبلاً، نظراً لمقدرتها على حل بعض المشكلات الناشئة عن المتطلبات البيئية.

ومن بين تقنيات المعلومات التي يتوقع أن يكون لها تأثير كبير في المستقبل هي:

1- **تقنيات التفاعل الإنساني (Human Interface):** وتتضمن تلك التقنيات التي تتيح للإنسان فرصة التفاعل مع الوسائل الإلكترونية.

2- **تقنيات الاتصالات** ومنها: الإنترنت، البريد الإلكتروني E-mail، البريد الصوتي Voice-mail، والفاكس وغيرها. [4]

-323-

من الصعب تجاهل آثار ونتائج التطور المتزايد في تقنيات المعلومات والحواسيب والأنظمة والبرمجيات وبنوك المعلومات وشبكات الاتصال والأقمار الصناعية والنظم الخبيرة والذكاء الاصطناعي وغيرها. [(5)]

ومن ناحية أخرى تشهد تقنيات التصنيع تطورات ملحوظة وهامة في مجالات استخدام الحاسوب والإنسان الآلي (Robotics) وغيرها. وقد ساعدت هذه التقنيات على تطوير تقنية التصنيع المرنة (Flexible Manufacturing) أو تقنية التصنيع المتكامل باستخدام الحاسوب (Computer Integrated Manufacturing-CIM). وتسمح هذه التقنية للمنظمات وتساعدها على تحقيق التكامل والتنسيق بين الوظائف الثلاث: تطوير المنتج، والإنتاج، والتسويق. [(6)]

كما أن تقنيات الأنظمة المبرمجة تمكن الصانع والمنتج من تقصير دورة الإنتاج (Production run)، والاستجابة بسرعة لتغييرات السوق. ويمكن إنجاز الإنتاج من خلال التقنية المرنة باستخدام الليزر والحواسيب لتعديل المكائن والمعدات لأغراض التصميم حسب الطلب. [(7)]

3- القيم والأخلاق الإنسانية (Values and Human Ethics):

من المتوقع أن ينال موضوع القيم والأبعاد الأخلاقية في أداء المنظمات وأنشطتها وعملياتها اهتماماً أكبر في المستقبل، وذلك نتيجة لبعض الأزمات الخطيرة التي سبّبتها، ولا تزال تسببها، بعض المنظمات. ومن بين التحديات التي ستواجه المديرين والمعنيين بتصميم المنظمات هي كيف يمكن جعل المنظمات أفضل من الناحية الأخلاقية. فعلى المستوى الداخلي (بالنسبة للعاملين) ستواجه المنظمات ضغوطاً متزايدة لتحسين نوعية حياة الفرد العامل في المنظمة، وتوفير فرص النمو والتطور وتحقيق الذات، وتخفيف سيطرة المنظمة عليه.

وأمّا على مستوى المجتمع، فستواجه المنظمات ضغوطاً وقيوداً لتبني أهداف وتوجهات وسياسات وقرارات أكثر نبلاً وأكثر شفافية تجاه مصالح المجتمع وموارده وأجياله المستقبلية وقيمه وتقاليده، والاضطلاع بمسؤولياتها الاجتماعية والأخلاقية بأمانة.

ومما يساعد المنظمات على التعامل مع هذه الضغوط هـو تبنّي ناموس/ قانون أخلاقي للسلوك (Ethical Code of Conduct). ولكن هذا وحده لا يكفي، بـل يتطلـب أن تكون سياسات المنظمات وممارساتها وعملياتها وأنشطتها واضحة وتعكس القيم الفاضلة والأخلاق الحسنة، وتعمل على زرعها في نفوس العاملين والتمسك بها.[8]

الاتجاهات المستقبلية في تصميم المنظمات   Organization Design:

إن قوى التغيير السابق ذكرها –البيئة والتقنيات والقيم الإنسانية- سوف تدفع منظمات المستقبل إلى الميل نحو الخصائص الرئيسة الثلاث المترابطة والمكمّلة لبعضها البعض؛ وهذه الخصائص/ الأبعاد هي:

1- صغيرة ونحيلة (Mean, and lean).

2- لامركزية وريادية (Decentralized-entrepreneur).

3- دولية/ كونية (Internalization/ Globalization).

وسنناقش باختصار هذه الأبعاد الثلاثة:[9]

1- صغيرة ونحيلة (Mean and Lean):

يتوقع أن تصبح منظمات المستقبل أصغر مما هي عليه الآن، وأن تستخدم عـدداً أقل من العاملين.[10] ويطلق البعض على هذه الخاصية أيضاً (downsizing) وتعني تقليص المنظمة من خلال تخفيض عـدد المستويات الرأسية، وتقليص عـدد المـديرين في خط الوسط (Middle managers)، وتوسيع نطاق الإشراف، ونقل السـلطة للمستويات الدنيا.[11] وأحـد أسباب ذلك أن التقنيات المستقبلية المحتملة ستنجز كثيراً مـن الأعمـال والتي كانت تنجز في السابق من قبل العاملين، وأن انتشار شبكات الحواسيب الصغيرة ونظم المعلومات المتقدمة (النظم الخبيرة والذكاء الاصطناعي وغيرهما) في مكاتب معظم المديرين سيؤدي إلى الاستغناء عن كثير من الوظائف التي تحتاجها المنظمة. ومن ناحيـة أخرى، سيكون من الصعب على المـديرين مقاومـة الضغوط في ظل المنافسة العالميـة الشديدة مع المنظمات الأخرى التي تستخدم التقنيات بدلاً من الناس.[12]

وبالنسبة للهيكل التنظيمي في منظمات المستقبل فيتوقع أن يكون أكثر انبساطاً (مستويا Flatter) بمستويات إدارية أقل... وسوف تختفي عدة مستويات من الإدارة الوسطى في المنظمات نتيجة زيادة قدرات عدد أقل من المديرين على معالجة مزيد من المعلومات باستخدام النظم المحوسبة.[13] وسيعوض النقص في عدد العاملين باستثمارات كبيرة، ولكن بحذر وعناية، في تقنيات المعلومات. والأمر النقيض أيضاً هو انخفاض عدد العاملين في نظم المعلومات، مما ينتج عنه وفورات إضافية. أما تطوير نظم المعلومات وصيانتها فسيتولى مسئوليتها المستفيدون (Users) أنفسهم، لأنه سيكون بالإمكان تصميم تقنيات المعلومات واستخدامها بسهولة أكبر.[14]

ومن الاتجاهات المستقبلية الأخرى في هذا الصدد، أن التنظيم الهرمي التقليدي سيختفي ليفسح المجال أمام أشكال أخرى، وفي مقدمتها شبكة الاختصاصيين (Network of Specialists)، كما أن تقسيم العمل أفقياً سيحل محل التقسيم الرأسي.[15]

ومن ناحية أخرى، شهد العقدان الأخيران من القرن الماضي (العشرين) حالات عديدة من الدمج بين المنظمات أو قيام منظمات بشراء منظمات أخرى، لأغراض تخفيض التكلفة التي تعتبر أمراً حيوياً وضرورياً لبقاء المنظمات، والسهولة النسبية لشراء المنظمات الرئيسة سوف يشجع على مزيد من حالات الدمج أو الشراء التي يصاحبها في بعض الحالات أساليب وممارسات لاأخلاقية، وهذا سيؤدي إلى أن تصبح حدود المنظمات هلامية يصعب ملاحظتها وتحديدها، ومع تزايد المشاريع والجهود المشتركة والتعاقد مع أطراف أخرى لإنجاز بعض أعمال المنظمات، فإن أعمال المنظمات سيتقاسمها عدد من الوحدات/ الكيانات المستقلة، كبيرة وصغيرة، ومع تزايد عدد المنظمات التي تتعاقد مع عاملين في منظمات أخرى لإنجاز بعض الأعمال، فإن الأشخاص الذين يعملون معاً سوف يتبعون لكيانات قانونية مختلفة، وسيكون لذلك تأثير كبير على الهيكل التنظيمي، حيث أن العاملين يستجيبون للمتطلبات الرسمية من منظماتهم وللمتطلبات غير الرسمية من الجماعات المباشرة التي يعملون معها.[16]

والسؤال الذي تجب الإجابة عليه هنا هـو: إلى أي مـدى يمكـن أن يتحقـق هـذا التوقع؟ أي أن تصبح المنظمات نحيلة وصغيرة (Lean and Mean).

إن المنظمات تقاوم أي تغييرات جذرية في هياكلها التنظيمية، ذلك لأن الإدارة ترى أن الوحدات الكبيرة والأعداد الكبيرة من العاملين التابعين لها تـوفر لهـا الـدعم والنفوذ والمكانة، لذا لا يمكن إحداث تغييرات هيكلية جذرية بدون مساندة القوى المهيمنة في المنظمة، ويبرز دور هذه القوى بشكل خـاص في حـال تقلـيص الوحـدات وتقلـيص عـدد العاملين. [17]

2- اللامركزية والريادة (Decentralization and Entrepreneurial):

من المتوقع أن تميل المنظمات الكبيرة مستقبلاً نحو تطبيق المزيد مـن اللامركزيـة، وان يـزداد اعتمادهـا مسـتقبلاً عـلى وحـدات العمـل (Business Units) التـي تتمتـع بالاستقلالية وستكون مسؤولة عـن أدائهـا، ولـن تكـون خاضعة لرقابـة مشـددة، ونتيجـة لتخفيف الرقابة ستكون المنظمات الكبيرة قادرة على خفض المصروفات الإدارية الثابتة, [18] ومن أسباب ذلك ما تتطلبه المتغيرات البيئية والمنافسة والعولمة وزوال الحمايـة الجمركيـة من مرونة وإبداع وسرعة في الاستجابة لمتطلبات واحتياجات العملاء، هذا بالإضافة إلى أن تقنيات المعلومات المتاحة سوف تسـمح لـلإدارة العليـا وتشـجعها عـلى تطبيـق لامركزيـة اتخاذ القرارات ومركزية الرقابة.

والسؤال هنا كيف سيتحقق الترابط والتنسيق بين تلك الوحدات؟

والإجابة على ذلك هـو أن الـروابط الضـرورية سـيتم تحقيقهـا مـن خـلال التقنيـة والترتيبات التعاقدية، إن هذه الكيانات المتنافسة لن تكون محمية مـن قبـل المنظمـة المركزية، كما اعتادت عليه الأقسام المتصارعة سابقاً، بل سيتغير عددها وتركيبها باستمرار لملء المجالات البيئية السانحة مؤقتاً، وتحل (الوحدات) حينما لم يعد لهـا فائـدة، وهـذا النوع من الهيكل التنظيمي (المؤقت) سيثبت أنه أكثر فعاليـة مـن تنظيم المصفوفة (Matrix Organization) أو البيروقراطيـة الكبيرة المركزيـة، وفي حـال فشـل وحـدات العمل (Business Units) يمكن إعادة تدوير العاملين بين وحـدات جديـدة تحتاج إلى مهاراتهم ومواهبهم. [19]

يرى بعض الكتاب أن الثقافة والأهداف العليا (Superordinate goals) هما اللتان تربطان التنظيمات اللامركزية ببعضها البعض، ويصف الكاتبان (Allan Kennedy , Terrence Deal) منظمة المستقبل النووية (atomized) على النحو الآتي:

1- وحدات عمل صغيرة تستند إلى مهام معينة (Small task – Focused work unit).

2- تملك كل وحدة السيطرة الاقتصادية أو الإدارية بشأن مصيرها.

3- ترتبط الوحدات بالكيانات الأكبر بروابط حاسوبية أو اتصالاتية دقيقة.

4- ترتبط الوحدات بالمنظمات الأكبر بوساطة روابط ثقافية قوية.

ومثال على ذلك حق الامتياز (Franchising)، فالثقافة القوية لدى ماكدونالد (McDonald's) توفر الروابط اللازمة لتماسك هوية الشركة.[20]

ولكن الثقافة القوية تتعارض مع متطلبات الريادة والإبداع، فإذا رغبت المنظمات فعلاً أن تكون ريادية، فهي تحتاج إلى ثقافة أقل هيمنة وليس أكثر، فالوحدات الصغيرة يجب أن تشعر بالحرية في تصميم ثقافتها وتفصل نفسها عن الشركة الأصل / الأم قدر الإمكان، وحق الامتياز من هذه الناحية، هو نموذج للرقابة المحكمة من خلال المتطلبات المشروعة الصارمة في تشغيل الامتياز.[21]

وهكذا يعتقد الكاتب (Robey) بأن على المنظمات اللامركزية أن تكون على استعداد لاحترام استقلالية الوحدات الفرعية، وإلا فإنها ستفقد الريادة التي يمكن أن تجلبها هذه الوحدات، وسيكون دور الإدارة المركزية مساعدة الوحدات/المشروعات الصغيرة وممارسة رقابة مالية عليها، وستحتفظ بالمسؤولية العامة عن مكانة المنظمة وسمعتها، وهذا التصميم يسمح للمنظمات بالبقاء كبيرة، وفي نفس الوقت مرنة وتتكيف مع متطلبات البيئة.[22]

ولكن هذا النوع من الهيكل التنظيمي سيوجد تحدياً جديداً وهو المحافظة على السلوك الأخلاقي، فاللامركزية من ناحية وعدم مقدرة الإدارة المركزية على وضع تشريع للممارسات الأخلاقية أو الرقابة عليها، سوف تشجع على استغلال مبدأ "الغاية

تبرر الوسيلة"، وهكذا تستمر مشكلة الأخلاقيات في المنظمة قائمة، وليس من السهل معالجتها بوساطة الهياكل التنظيمية المستوية النحيلة والتنظيمات اللامركزية. لقد أصبحت أزمة القيم والأخلاق موضوعات هامة في كليات الإدارة وبرامج التدريب في المنظمات، وسيؤدي التعليم العالي للمديرين دوراً مهماً في توجيههم في المسائل والقضايا القيمية والأخلاقية التي سيواجهونها في المستقبل.[23]

3- الخاصية الدولية (تعدد الجنسيات) Multinational:

لا يشك أحد في تزايد عولمة الأعمال، والأنشطة متعددة الجنسيات في المستقبل، ومما يساعد على ذلك التطور التقني المتوقع والذي سيضمن بأن ما يحدث في أي جزء من العالم سرعان ما تنقله الأقمار الصناعية إلى باقي أرجاء العالم، وبذلك لن تستطيع المنظمات غير الكفوءة أن تخفي فشلها، وسوف تشهد المنظمات في المستقبل زوال الحدود الدولية تدريجياً والحماية الجمركية التي اعتادت الدول فرضها، ولا سيما في ظل تطبيق اتفاقيات التجارة الدولية.

ومن بين الأمور التي تتطلبها العولمة (اتفاقيات التجارة الدولية) هو تكييف المنتجات والخدمات لاحتياجات الأسواق العالمية المختلفة (Customization)، وهذا يتطلب استراتيجية عمل عالمية، وليس منهجاً محلياً متعدد الجوانب، ومفتاح الحل هنا هو ربط الأنشطة التي يتم إنجازها في دول مختلفة.[24]

إن التصاميم الهيكلية الملائمة للمنظمات متعددة الجنسيات هي من النوع المزيج/المركب (Hybrid) الذي يجمع أكثر من أساسين/طريقتين للتنظيم (التنظيم الوظيفي، التنظيم على أساس المنتج، أو التنظيم على أساس المنتفعين، والتنظيم على أساس جغرافي، والتنظيم على أساس مراحل العمل)، فهذا النوع من التنظيم يتيح للمنظمة تنظيم الوظائف الرئيسة على أساس المركزية (مثل وظائف المالية والتسويق وغيرها)، وفي نفس الوقت إيجاد وحدات مستقلة تتبع التنظيم على أساس المنتج أو المنتفعين أو التنظيم على أساس جغرافي، وهي التي تنجز معظم العمل.

هنالك أربعة أنواع من التنظيم يمكن استخدامها في المنظمات متعددة الجنسيات، وهي:⁽²⁵⁾

1- تنظيم وظيفي على المستوى الدولي (وظيفي):

Worldwide Functional Divisions

وهذا التنظيم يسمح بإنشاء وحدات وظيفية في الفروع الدولية، ولكنها مسؤولة مباشرة أمام الوحدات الوظيفية في البلد الأم/المقر. أما أهم مزايا هذا النوع من التنظيم فهو ضمان تنسيق الاستراتيجيات الوظيفية في مختلف المناطق، وأهم سلبياته عدم الاستجابة للفروق الإقليمية.

2- إيجاد إدارة/وحدة دولية (مركب) International Division:

وبموجب هذا التنظيم تتبع جميع الفروع الدولية (في المناطق المختلفة) للإدارة الدولية – منفصل (اسمياً) عن العمليات المحلية. ومن مزايا هذا النوع من التنظيم أنه يتيح لبعض الوظائف (التسويق والمبيعات مثلاً) الدولية/ في الدول المختلفة نوعاً من اللامركزية والاستقلالية، والاستجابة لحاجات الأسواق الدولية. وأهم سلبياته هي صعوبة التنسيق بين الوظائف والأنشطة التي تبقى مركزية وتدار من قبل التنظيم في البلد الأم، والعمليات الدولية في المناطق المختلفة.

3- التنظيم الجغرافي (Geographical Regions):

يقوم هذا التنظيم بتقسيم العالم إلى مناطق، لكل منها مقرّها الرئيسي. وتصبح كل منطقة مسؤولة عن منتجات الشركة وأعمالها في منطقتها، ولديها منتجاتها وموظفوها. وهذا النوع من التنظيم يتيح استقلالية المنطقة، ولكنه لا يسمح بالتنسيق بين تلك المناطق.

وهذا التصميم مناسب حينما تكون العمليات ضمن المنطقة الواحدة متميّزة عن غيرها، ومعقدة، وتختلف عن المناطق الأخرى.

4- التنظيم على أساس المنتج (مركب):

Worldwide Product division (Global)

تنشأ في المناطق المختلفة وحدات على أساس المنتج مناظرة للوحدات المتواجدة في البلد الأم. ويكون مديرو الوحدات في المناطق المختلفة تابعين لمديري الوحدات المركزية في البلد الأم. وبهذه الطريقة تتم الرقابة المركزية على استراتيجيات المنتجات، بينما تتم مواءمة العمليات الأخرى لاحتياجات المناطق.

وأهم سلبيات هذا التنظيم هو عدم التنسيق الكافي بين العمليات الدولية والمحلية (في دولة الأم). ويرجّح تطبيق النوع الأخير في ظل التغييرات المتوقعة السابق ذكرها. ومن أجل نجاح هذا التنظيم لا بد أن يشارك مديرو المنتجات في المناطق المختلفة بصفة قيادية على قدم المساواة مع مديرو المنتجات في البلد الأم وأن لا يكونوا تحت هيمنتهم، من أجل استمرار استجابة المنظمة لاحتياجات المناطق الدولية المختلفة.

ومن ناحية أخرى، فإن البرامج والمشروعات الدولية المشتركة بين المنظمات المتنافسة والتي تستضيفها دول مختلفة، قد أصبحت طريقة مألوفة لعولمة نشاط منظمة معيّنة. وهذه الاستراتيجية الجماعية (Collective) يمكن أن تساعد المنظمة على التغلغل في مناطق جديدة، وتقليص تكاليف تطوير برامج التصنيع. ومن أمثلة ذلك صناعة السيارات التي تتطلب تكاليف كبيرة لبناء مصانع جديدة، فعمدت الشركات العاملة في هذا المجال إلى المشروعات المشتركة لتخفيض التكاليف (مثلاً قيام شركة فورد وشركة فولكس فاجن بمشروع لإنتاج سيارات من نوع فورد وفولكس فاجن).[26]

أما الكاتب (Walter Kiechel) فيتوقع الاتجاهات المستقبلية الآتية بالنسبة لمنظمات المستقبل:

1- المنظمات المتوسطة ستصبح أصغر وسوف تستخدم عدداً أقل من العاملين.

2- التنظيم الهرمي التقليدي سيختفي ليفسح الطريق أمام أشكال أخرى ومن أبرزها شبكة الاختصاصيين (Network of Specialists).

3- سوف يحل الفنيون، من فنيّ صيانة الحاسوب إلى اختصاصي العلاج بالأشعة، محل عاملي التصنيع، ليشكلوا النخبة العاملة.

4- تقسيم العمل أفقياً سيحل محل التقسيم الرأسي.

5- إن نموذج إنجاز العمل (Paradigm of doing business) سيتحول من إنتاج السلع إلى تقديم الخدمات.

6- سيتم إعادة تعريف/ توصيف العمل نفسه على أنه تعلم مستمر مع تركيز على التفكير أكثر من الالتزام بمواعيد ساعات عمل محددة. [27]

وأخيراً نستعرض وجهة نظر الكاتبين روزنفيلد وويلسون (Rosenfeld and Wilson) بشأن منظمة المستقبل (المنظمة الجديدة). حيث يركّز الكاتبان على خمس مجالات رئيسة وهي: [28]

1- المنظمة المتعلمة   The Learning Organization

2- رأس المال الفكري   Intellectual Capital

3- الريادة الداخلية   Intrapreneurialism

4- تزايد قطاع الأعمال الصغيرة

The Growth of the small business sector

5- عولمة الأعمال   Globalization of business

6- تزايد أهمية أخلاقيات العمل

The Increasing importance of business ethics

1- تتزايد حاجة المنظمات لتصبح متعلّمة مما يقتضي ـ تطوير عمليات وإجراءات تمكّنها من التعلم من خبراتها وتجاربها وتجارب الآخرين ونشر هذا التعلم داخل المنظمة حيثما يقتضي الأمر ذلك. ومما يزيد في قدرة المنظمة على التعلم والتركيز على التعلم:

- اتباع منظور النظم في التفكير Systems thinking.

- الإتقان الشخصي Personal mastery.

- تجنب نماذج عقلية تعيق قدرة المنظمة على التبصر والإبداع.

- تطوير رؤية مشتركة Building shared vision.

- التعلم الفريقي Team learning.

2- أما بالنسبة لمنظمة المعرفة ورأس المال الفكري، فإن المستقبل سيشهد تزايد اعتماد المنظمات على المعرفة التي يمتلكها الأفراد. وستصبح المنظمات ذات كثافة معرفية Knowledge-Intensive وسيصبح أهم مورد للمنظمة هو الفكر (الإبداع) وتكريس العاملين وتصميمهم على تحقيق رؤية المنظمة وتطويرها. ومن هنا تبرز أهمية الاستفادة القصوى من رأس المال (المعرفة والفكر) والعمل على تطويره وتشجيعه.

3- إن الفصل التقليدي بين أن يكون الإنسان عاملاً في منظمة ما أو ريادياً (يؤسس منظمته الخاصة به) يتداعى بصورة مضطردة. فمن أجل تحقيق الإبداع والشعور بالملكية في المنظمات الكبيرة، عمدت كثير من المنظمات إلى تبني سياسة (Corporate Venturing) للمحافظة على مركزها التنافسي. حيث تقوم المنظمة بتقديم رأس المال لمجموعة من العاملين فيها لإقامة مشروع عمل خاص بهم، مقابل امتلاك حصة من رأس مال المشروع.

4- لقد نجحت في ألمانيا وكثير من الدول الأوروبية الأخرى الشركات صغيرة ومتوسطة الحجم والتي تمتلكها في الغالب العائلات. وهنالك عوامل اجتماعية واقتصادية شجعت على نمو قطاع الأعمال الصغيرة، ومنها الاستقرار الذي توفره هذه المنظمات للقوى العاملة فيها، والدعم الذي تتلقاه من الحكومات المركزية والمحلية. كما أن ازدياد حق الامتياز (Franchising) هو وسيلة أخرى لإنشاء المشروعات الصغيرة.

5- أما بالنسبة لعولمة الأعمال وأخلاقيات العمل فقد تم الحديث عنهما سابقاً. ولكن يعتقد الكاتبان بأن العولمة يمكن أن تؤدي وبسرعة إلى عالم مقسّم بصورة حادة إلى مستغلِّين ومستغلَّين، ويؤدّي إلى دول غنية وأخرى فقيرة. وما ينتج عن ذلك من اضطرابات سياسية واجتماعية يمكن أن يؤثرا على عمليات العولمة.

أما من الناحية الأخلاقية، فإن القضية الأهم على المدى البعيد هي قضية الضمير الاجتماعي للمنظمة. فمع تزايد حماية البيئة، تزداد الدعوات للمنظمات إلى ضبط أعمالها. ولا بد من التعامل مع الضغوط المتعارضة فيما بين تحقيق أعلى عائد للمساهمين وتأمين منفعة أكبر للمجتمع. ولا بدّ من تسوية موضوع دور المنظمة

كمواطن صالح في هذا المجتمع الكوني، وإلا ستبقى المنظمات تسعى للربح، ولكن إلى أي مدى؟

ويلخص الكاتبان روزنفيلد وويلسون إلى أن التغيرات السابقة من المحتمل أن تؤدي إلى الخصائص الآتية في منظمات المستقبل:

على المدى القصير	على المدى البعيد
- تركيز على النوعية/ الجودة. - اهتمام كبير بالمنتفعين/ العملاء.	- وضع رؤية مستقبلية. - تطوير فكرة التكامل بصورة غير رسمية مع الموردين والعملاء لتأمين نقل القيمة إلى جميع الشركاء في السلسلة.
- تنظيم على أساس الأسواق/ المنتجات الحالية.	- إيجاد وتطوير قدرات ومعارف جديدة تقود إلى تطوير أسواق/ منتجات جديدة.
- استراتيجيات موارد بشرية تعتمد على النصح والإرشاد والتدريب ومتابعة التقدم ووضع الأهداف الشخصية.	- استراتيجيات موارد بشرية موجهة نحو دعم وتشجيع رأس المال الفكري الذي يمكن للمنظمة الاستفادة منه حين الحاجة، والتوافق بين أهداف الفرد المعرفية وأهداف المنظمة المعرفية.
- المرونة والقدرة على الاستجابة للتغيير.	- هنالك شهية للتغيير تقودها الحاجة للإبداع والتجديد في المنتجات والأسواق والعمليات الداخلية.

المصدر: Rosenfeld and Wilson, Managing Organizations, p. 540.

أسئلة للمراجعة والنقاش

س1- ناقش أهم التغييرات المتوقعة في البيئة الخارجية لمنظمات المستقبل؟

س2- اشرح التغييرات الهامة المتوقعة في مجال التقنيات التي تستخدمها المنظمات مستقبلاً؟

س3- صف التغييرات الرئيسة المتوقعة في جانب القيم والأخلاق الإنسانية في المستقبل؟

س4- ناقش أهم التغييرات في الهيكل التنظيمي المتوقعة مستقبلاً؟

س5- اشرح كيف ستؤثر قوى التغيير (البيئة والتقنية والقيم الإنسانية) على درجة المركزية والريادة في المنظمات؟

س6- ناقش بدائل تصميم المنظمات الكونية (Global) مع بيان مزايا وسلبيات كل منها؟

س7- ما هي الاتجاهات المستقبلية لمنظمات المستقبل كما يتوقعها الكاتب (Walter Kiechel)؟

س8- ناقش وجهة نظر الكاتبين (Rosenfeld و Wilson) فيما يتعلق بمنظمة المستقبل؟

قائمة الهوامش

1- Daniel Robey (1991), <u>Designing Organization</u>, 3rd ed., Homewood, Ill.: IRWIN, PP. 483-490.

2- Tom Peters (1988), "Restoring American Competitiveness: Looking for New Models of Organizations", <u>The Academy of Management Executive</u>, II, no. 2, PP. 103-109.

3- George P. Huber (1984), The Nature and Design of Post – Industrial Organizations", <u>Management Science</u>, 30, P. 933.

4- Detmar W. Straub and James C. Wetherbee in <u>Designing Organizations</u> by Robey, P. 486.

5- لمزيد من التفاصيل راجع الفصل الثامن "إدارة المعلومات"

6- James Gibson, John Ivancevich, and James Donnelly, Jr. (1994), <u>Organizations: Behavior, Structure, Processes</u>, 8th ed., Homewood, Ill.: IRWIN, PP. 549-550.

7- <u>Ibid</u>.

8- Alvin Toffler (1980), <u>The Third Wave</u>, New York: William Morrow, P. 197.

9- Robey, <u>Designing Organizations</u>, PP. 489-490.

10- Walter Kiechel III in The <u>Organization Game</u> by Craig Hickman (1994), Englewood Cliffs, N. J.: Prentice – Hall, P. 15.

11- Stephen Robbins (1990), <u>Organization Theory: Structure, Design and Applications</u>, 3rd ed. Englewood Cliffs, N. J.: Prentice – Hall, PP. 475-476.

12- Robey, <u>Designing Organizations</u>, PP. 490-491.

- راجع أيضاً، الفصل السابع "التقنيات في المنظمات"

13- Robey, <u>Designing Organizations</u>, P. 491.

14- <u>Ibid</u>.

15- Hickman, <u>The Organization Game</u>, P. 15.

16- Terrence E. Deal and Allan A. Kennedy, (1982), <u>Corporate Culture</u>, Reading, Mass.: Addison – Wesley, PP. 182-183.

17- Robey, <u>Designing Organizations</u>, P. 491.

18- <u>Ibid</u>., P. 491; Hickman, <u>The Organization Game</u>, PP. 277-278.

19- Robey, <u>Designing Organizations</u>, P. 493.

20- Deal and Kennedy, <u>Corporate Culture</u>, P. 183.

21- Roby, <u>Designing Organizations</u>, P. 492.

22- <u>Ibid</u>, P. 493.

23- <u>Ibid</u>.

24- Jeremy Main in <u>Designing Organizations</u>, by Roby, P. 494.

25- William G. Egelhoff, "Strategy and Structure in Multinational Corporations", <u>Administrative Science Quarterly</u> 27 (1982), PP. 435-58; Theodore T. Herbert, "Strategy and Multi-national Organization Structure", <u>Academy of Management Review</u> 9 (1984), PP. 259-71.

26- Andrew Kupfer in Robey, <u>Designing Organizations</u>, P. 495.

27- Hickman, <u>The Organization Game</u>, PP. 15-16.

28- Robert H. Rosenfeld and David C.Wilson (1999), <u>Managing Organizations</u>, 2nd ed. (London: McGraw – Hill Publishing Co.),   PP. 536-547.

Managing Organizations:
A Macro Perspective

Today, Organizations are the dominant institutional form in contemporary societies, and they control national resources. Organizations have very noticeable influence on all life spheres and aspects of individuals and societies, whether economic, financial educational, health, social, cultural, recreational and so on. Organizations surround us every where and from birth to death. It is through and by organizations that individual and societal needs and wants of all kinds of goods and services are satisfied. Not to mention that in every society a considerable percentage of population work in organizations, and thus affected by such organizations.

All this makes studying, analyzing, understanding and managing organizations successfully, essential and vital more than any time. This work is an attempt to present the current theories, principles and concepts discussing and analyzing organization dynamics, from a macro perspective. It consists of thirteen chapters: Chapter one presents **an overview of the evolution of organizational thought**. Chapter two deals with the **organizational external environment**. Chapter three discusses organizational **mission, Goals, strategies and Performance Evaluation**. Chapter four and five deal with **organizational structure**: elements, dimensions, significance and **alternative organization designs**. Chapter six deals with **Organization Size, Age and Life Cycle**. Chapter seven presents a brief discussion of **Technology in organizations**. Chapter eight discusses **Information Management**. In chapter nine, a brief discussion is presented about **Power, Politics and Organizational Conflict**. Chapter ten discusses **Organizational Culture**. Chapters eleven and twelve deal respectively with **organizational change** and **organizational innovation**. Finally, the last chapter presents future trends and expectations a bout **future organizations**.

Hussein Harrim
2003